W0173811

Bruder Benno Kehl

Gott ist gratis, aber nicht umsonst

Ein franziskanischer Streetworker unterwegs

Diederichs Gelbe Reihe

FSC
Mix
Produktgruppe aus vorbildlich
bewirtschafteten Wäldern und
anderen kontrollierten Herkünften

Zert.-Nr. SGS-COC-1940
www.fsc.org
© 1996 Forest Stewardship Council

Verlagsgruppe Random House FSC-DEU-0100
Das für dieses Buch verwendete FSC-zertifizierte Papier *Munken Premium*
liefert Arctic Paper Munkedals AB, Schweden.

Bibliografische Information der Deutschen Bibliothek:
Die Deutsche Bibliothek verzeichnet diese Publikation in der
Deutschen Nationalbibliografie; detaillierte bibliografische
Daten sind im Internet unter http://dnb.ddb.de abrufbar.

Mit kirchlicher Druckerlaubnis

Redaktion: Dr. Andrea Fausel, Wendlingen
Umschlaggestaltung: Weiss/Zembsch/Partner: Werkstatt/München,
unter Verwendung eines Motivs von mauritius images/workbookstock
Satz: EDV-Fotosatz Huber / Verlagsservice G. Pfeifer, Germering
Druck und Bindung: GGP Media GmbH, Pößneck
Printed in Germany

ISBN 978-3-7205-3066-8

INHALT

VORWORT

Es war eine Überraschung, als ich gefragt wurde, ob ich etwas über meine Erfahrungen mit der Drogenszene schreiben würde. Vieles habe ich darüber bereits im Fernsehen und im Radio erzählt. Aber es ist ja schon eine besondere Ehre, wenn ein Verlag anfragt, ob man etwas schreiben möchte. Und als ich es mir genauer überlegte, sah ich ein solches Projekt als Chance, nicht nur die großen wundersamen und traurigen Geschichten wiederzugeben, sondern auch kleine alltägliche Einblicke in das Leben mit suchtbetroffenen Menschen zu geben. Außerdem ist es eine Möglichkeit, einige von ihnen selbst zu Wort kommen zu lassen, damit sie von ihren Erfahrungen berichten und ihre Sucht- und Krisengeschichten verarbeiten können.

Zugleich schreibe ich dieses Buch aus Dankbarkeit gegenüber Gott und den vielen Menschen auf der Gasse, in der Kirche und in der Gesellschaft, denn diese Begegnungen waren entscheidend dafür, dass ich der bin, der ich heute bin. Kaum ein soziales Umfeld lässt den Glauben so reifen und wachsen wie die Menschen auf der Gasse. In der Kirche sind wir oft sehr höflich, so höflich, dass wir Wahrheiten häufig verschweigen, um nicht zu verletzen. Bei Vorträgen bin ich meist der große Referent auf der Kanzel, dem man nur schwer widersprechen kann oder will. Bei den meisten Gottesdiensten sind wir in unseren genau abgesteckten Rollen und auch mit den Brüdern lernt man ein Gleichgewicht von Nähe und Distanz zu finden, sodass man gut in seinem Lebenstrott voranschreiten kann. Ebenso ist es an vielen

Arbeitsplätzen und in den Familien. Alles hat seinen Rhythmus, damit man sich im unsicheren Alltag doch relativ sicher bewegen kann. Eines ist gewiss: Wer mit Suchtbetroffenen auf der Gasse zu tun hat, der bekommt einen Spiegel vorgehalten, der das eigene Leben unverblümt zeigt.

Viele dieser Menschen sind an dem Punkt angekommen, an dem sie die höflichen und netten Verhaltensspiele der »normalen« Gesellschaft nicht mehr mitmachen müssen oder können. Natürlich gibt es auch auf der Gasse gewisse »Benimm-Regeln«. Aber viele haben schlichtweg nichts mehr zu verlieren und können so Dinge sagen oder veranstalten, die sonst undenkbar wären. Manchmal scheint es mir, als ob das Leben, ja Gott selber durch solche Menschen zu uns spricht, uns belehrt, korrigiert und weiter in die Wirklichkeit hineindrängt.

Hinter all diesen Geschichten, die ich aus meiner Erinnerung wiedergebe, sehe ich Heilsgeschichte, die Geschichte Gottes mit mir und den Mitarbeitern, mit den Suchtbetroffenen und auch mit der Kirche selbst. Diese Geschichten sind alle in sich abgeschlossen und trotzdem möchte ich den roten Faden der Heilsgeschichte durch alles hindurchleuchten lassen.

Die Zeit mit den Süchtigen ist immer wieder der traurige Marsch vom Berg Tabor hinab in den Alltag, hin zum gemeinsamen letzten Abendmahl, mit dem Kreuz der Sucht und der Konflikte hinauf zum Berg Golgota, wo Tod und Verzweiflung das letzte Wort zu haben scheinen. Aber letztlich leben wir Christen von der Auferstehung her und nur aus dieser Hoffnung heraus können wir immer wieder neu an die Tragik der Menschen mit Suchtgeschichten herangehen. Dabei ist der Pfingstgeist, der Heilige Geist oder eben der Geist des Trostes immer wieder ein wunderbarer Beistand und Paraklet (Anwalt).

Natürlich weiß ich inzwischen, dass wir auch »gut« ohne Gott oder das Göttliche leben können. Er hat diesen Planeten so wunderbar gemacht, dass wir auch ohne ihn leben können. Sei es ohne die personale Beziehung zu diesem Gott, der sich in Jesus in besonderer Weise offenbarte, oder zu diesem Göttlichen, ewig Seienden, dem wir kaum einen Namen geben können. Mir jedenfalls wurde der Glaube an eben diesen Jesus von Nazareth geschenkt und auch wenn ich ohne ihn leben könnte, ich möchte es nicht, da mit ihm die buntesten, schrägsten, spannendsten und auch traurigsten Geschichten in meinem Leben geschrieben wurden.

Bruder Benno-Maria Kehl

AUF DER SUCHE

Eine der besonders schönen und wertvollen Lebensge-schichten führte mich mit Roger Gartenmann zusammen. Ihn habe ich gebeten, etwas für das Buch zu schreiben.

Fälschlicherweise wird das Wort »Sucht« oft nur mit »Suchen« in Verbindung gebracht. Man ist auf der Suche, man vermisst, es wird versucht, es wird probiert. Die Deutung des sehr strapazierten Begriffes »Sucht« ist neudeutsch wohl korrekt, wenn aber Wortstamm und Wortherkunft analysiert werden, entdeckt man, dass der altdeutsche Begriff »Siechtum«, Krankheit, der Ursprung des heutigen Begriffes »Sucht« ist.

Verständnisvolle ereifern sich, dass das »Suchen« in der heutigen Zeit beinahe nicht möglich ist, ohne sich dem Rauschkonsum hinzugeben. Die Wahrheit? Verbietende Instanzen weisen in gleichem Eifer darauf hin, dass »Labilität«, Faulheit und Desinteresse an den wichtigen Dingen die primären Auslöser für den enormen Missbrauch von Rauschmitteln in unseren Breitengraden sind. Die Wahrheit? Kann es sein, dass das Verhältnis zu Drogen und deren Interpretation einem ähnlichen Nichtwissen unterliegt, wie es auch mit der Herkunft des Wortes »Sucht« geschieht?

Als Suchtmittelkonsument empfindet man den Weg vom Suchen bis zum Aufprall auf die Gefängnismauern oder die Gitterstäbe der Akutpsychiatrie oft als einen schnurgeraden und kurzen Weg. Das verlorene Zeitempfinden, das hämmernde 1000-fache Stakkato des sich wiederholenden »Ich brauche wieder etwas« hat bald das anfängliche Suchen in Form von »In sich kehren« – »Großes Denken« – »Sich anderem hingeben« abgelöst. Still hat diese Sucht der Sucht des »Siechtums« Platz gemacht. Die fehlende Einsicht der Suchtmittelkonsumenten, das Treiben der Abhängigkeit, das Hoffen auf das »große nächste Gefühl«, das sehr wohl in den ersten Phasen des Konsums auftaucht, sind denkbar ungünstige Voraussetzungen, um einen Wirklichkeitsbezug von außen her zum Rauschmittelkonsumenten zu vermitteln.

Für die Umwelt (Familie, Partner, Freunde, Behörden, Pflegeinstanzen) ist es nicht nachvollziehbar, dass vielfaches Warnen, Einreden und Verhaften nicht genügend wirksam sind, um den »Siechtum-Süchtigen« von seinem Verlangen abzubringen. Der Weg des Verlorengehens ist aus der Sicht der Umwelt, im Gegensatz zum Süchtigen, gespickt mit vielfach fürchterlichen Ereignissen; der Verursacher jedoch kann diese nicht nachvollziehen, da er ein völlig verschobenes Werteempfinden besitzt.

Wenn ich meinen Freundeskreis betrachte, sehe ich mannigfaltiges Verhalten, das der Sucht nahekommt oder diese bereits beinhaltet – sei es der abendliche Joint oder das wöchentliche Besäufnis in der nahe liegenden Bar. Dies sind eindrückliche und zugleich »laute« Hinweise darauf, dass »Sucht-Suchen« und »Sucht-Siechtum« einen schmalen Grat innerhalb unseres Verständnisses von Gut und Böse und Richtig und Falsch bilden.

Auf der Gasse wird mit »Sucht-Siechtum« Marktwirtschaft in Reinkultur, nämlich ohne Haken und Ösen, betrieben. Einerseits der Konsument, der alles tut und in Kauf nimmt, um das Produkt seiner Begierde zu bekommen, und andererseits der Anbieter, der alles tut, um sein Produkt zu einer maximalen Rentabilität dem Käufer anzubieten.

Traumhafte Margen. Kein Debitorenrisiko – Barzahlung garantiert! Der lästige Werbeetat muss nicht einer unberechenbaren Generalversammlung vorgelegt werden. Die Kundenstruktur ist nachhaltig und erneuert sich mit jeder Generation neu. Ein rechnerisch beinahe unerschöpfliches Kundenpotential. Unzählige Nennungen der Produkte in den Medien. Zahlreiche Berühmtheiten, die für diese Produkte werben in Form von Koks-Heroin-Alkohol-Tabletten-Rund-um-die-Uhr-Berichterstattungen – und das kostenlos.

Ich weiß, natürlich sind es nicht die Medien und auch nicht die Banken, die die Drogengelder verwahren; natürlich sind es nicht die Gemeinden oder die Schulen, die nicht mehr wissen, wie sie die Jugendlichen fördern können; natürlich sind es nicht die Eltern, die keine Zeit mehr für die Kinder haben; natürlich sind es nicht die Politiker, die entsprechende Gesetze erlassen oder es unterlassen, diese einzuführen; natürlich ist es nicht die Polizei, die mit zum Teil fragwürdigen Methoden versucht, Süchtige aus ihrem Einsatzradius zu verdrängen; natürlich ist es nicht die Wirtschaft, die immer mehr fordert; natürlich sind es nicht die zum Teil merkwürdigen Therapieangebote, die exorbitante Geldsummen der Krankenkassen und Gemeinden verschlingen; natürlich sind es nicht die Kirchen, die es nicht mehr schaffen, Jugendlichen das Evangelium nahezubringen.

Wie, niemand ist für den Umstand verantwortlich, dass jemand Rauschmittel konsumiert!? Der Antrieb, Neues und Schönes erleben zu wollen, Unbekanntes zu erforschen, auszuprobieren – wo wäre unsere Zivilisation ohne diese angeborenen Eigenschaften? Diese Eigenschaften führen im positiven Fall zu Entdeckungen und Entwicklungen, die unser Leben bereichern können, im negativen Fall geraten wir dabei unter Umständen in einen Strudel, der tödlich enden kann.

Regulierungen, Gesetze und fehlende Wertemaßstäbe stehen einer konsumwütigen Gesellschaft gegenüber, die sich durch materiellen Besitz auszeichnet. Schneller, größer, mehr – noch mehr – alles! Devisen, die das Menschsein auf ein Minimum reduzieren, da praktisch sämtliche Ressourcen, die uns zur Verfügung stehen, dafür aufgewendet werden müssen, Geld zu verdienen, um uns dann mit dem korrekten Konsumverhalten in der Gesellschaft positionieren zu können.

Gerät ein Jugendlicher aus dieser Konsumgesellschaft in ein Drogenumfeld, kann es geschehen, dass Drogen und Gleichgesinnte ihm auf einmal ein neues, bisher unbekanntes Gefühl vermitteln. Ein Gefühl der Wärme, der Geborgenheit, der Ruhe. So paradox und unverständlich dies für viele auch klingt – es entspricht der Wahrnehmung vieler Süchtiger und schließt meine Erfahrung mit ein.

Bruder Benno hat auf seinem Weg »Sucht-Siechtum« in tausendfacher Art und Weise erlebt. Einerseits erstaunt er mich immer wieder aufs Neue, wie er auf sehr pragmatische Art und Weise seinen süchtigen Mitmenschen begegnet, und andererseits ist es beeindruckend, wie er und sein Team mit den vielen Widrigkeiten mit dieser scheinbar hoffnungslosen Arbeit umgehen. Ich bin aus meiner Erfahrung heraus überzeugt, dass Glaube, Hoffnung, Liebe, Humor und eine Portion Ironie dafür sorgen, den Realitätsbezug im Umgang mit »Siechtum-Süchtigen« nicht zu verlieren. Bruder Benno zeigt, dass auch Schwerstabhängige, unabhängig von Verschulden und Schuld, betreut, versorgt und geliebt werden können.

Roger Gartenmann

1. WIE ALLES BEGANN

Spiritualität und Strenge

Nachdem ich mich entschieden hatte, Franziskaner zu werden, lebte ich die ersten drei Jahre völlig zurückgezogen im Kloster und hatte kaum Kontakt nach außen. Es war eine harte und zugleich schöne Zeit, mir war, als ob ich einen neuen Kontinent bereisen würde. Es war unglaublich, als ich die verschiedenen alten Schätze der Spiritualität, welche in der kirchlichen Tradition und besonders in den Traditionen der alten Orden liegen, zu entdecken begann.

Damals hatte ich die echte Gnade des Gebets: Ich konnte stunden-, ja tagelang im Gebet verweilen und war überglücklich, als ich nach dem Noviziat zu Bruder Eugen in die Berge gehen durfte. Er bewohnte eine kleine Einsiedelei bei der Kapelle der Heiligen Maria vom Wiesenberg und war bekannt für seine asketische und eher konservative kirchliche Praxis.

In dieser Zeit konnte mir nichts hart genug sein, denn ich wollte Gott ganz und gar finden und ihm dienen. So gehörten die tägliche Messe, das Fasten, das Rosenkranzgebet, das Stundengebet, die Züchtigung des Leibes und die schlichte Hausarbeit zu meinem Alltag in der Einsiedelei. Als einmal meine Schwester zu Besuch kam und ich sie zur Begrüßung auf die Wangen küsste, verlangte Bruder Eugen, dass ich in Zukunft keiner Frau mehr so nahe kommen dürfte, auch nicht meiner Schwester. Zudem sollte ich alle Frauen siezen und so weiter, denn es sei besser für die Reinheit der Seele.

Es war die echte asketische Schule und ich dachte wirklich, dass ich Gott durch solche Übungen näherkommen kann. In den Büchern von den alten Mystikern las ich, dass es am wichtigsten ist, Dunkelheit und Leiden durchzustehen, und da ich von Natur aus auch eine etwas selbstquälende Seite habe, fielen mir die Übungen nicht einmal so schwer, denn es war wie Leistungssport, der nach großer Anstrengung ein befriedigendes, gutes Gefühl in einem hinterlässt. Viele Menschen, die als Asketen leben oder gelebt haben, sind jedoch stolz geworden und haben sich innerlich über andere erhoben und diejenigen verurteilt, welche nicht die asketischen oder moralischen Höchstleistungen bieten konnten. Immer wieder war es ein Kampf, in der Liebe zu bleiben oder wenigstens die Liebe nicht aus dem Blick zu verlieren, da Asketen meist etwas überhöhte Ideale haben und schnell einmal recht lieblos miteinander umgehen. Ihnen geht es um das »religiöse Leben« und weniger um einen konstruktiven, von Wohlwollen geprägten Umgang mit der konkreten Realität des Alltags.

So hatte ich manchmal Tränen in den Augen, weil ich das Zusammenleben in der Einsiedelei und die Botschaft der Liebe trotz aller Meditation und allen Betens oft nicht zusammenbrachte. In meinem Eifer habe ich viele Menschen, auch nahe Familienangehörige, ziemlich vor den Kopf gestoßen. Zum Beispiel verbot ich meinem Schwager im Namen des rechten Glaubens, die Eucharistie zu empfangen. Wenn man richtig hinschaut, habe ich vielleicht nichts wirklich Falsches gemacht, aber dahinter steckte die harte, lieblose Frömmigkeit, die auch in mir schlummerte und sich immer wieder zeigte. Im Großen und Ganzen jedoch war die zurückgezogene Zeit in der Einsiedelei eine Zeit des Segens und des Glücks. Vieles begann sich in meinem Geist zu weiten und zu vertiefen.

In dieser Zeit wurden mir auch verschiedene Texte in die Hände gelegt, von denen eine tiefe Spiritualität und Frömmigkeit ausging, welche in schlichten Worten die Beziehung und Liebe zu Gott umschrieb. Sie klingen bis heute in mir nach, was ich von der harten Askese nicht gerade behaupten kann, auch wenn es ab und zu guttut, etwas Entsagung zu pflegen. Die Texte waren eine große Inspiration für meinen Weg und ich wollte dies auch anderen weitergeben. So traf ich mich bald alle zwei Wochen mit einigen wenigen frommen Bergbauern, um gemeinsam zu singen, zu beten und miteinander über die Bibel und andere geistliche Texte zu sprechen. Die frommen, aber doch sehr bodenständigen Bergbauern taten mir gut und ihre kernige, ungespielte Frömmigkeit, die gesund in den Alltag eingebettet war, gefiel mir.

Von diesen geistlichen Texten ging für mich damals eine ungeheure Kraft, ja Macht aus. Diese Worte waren ein wichtiger Wegweiser hin zum Geheimnis des lebendigen Gottes. Jetzt, bald zwanzig Jahre später, nachdem ich durch so manche charismatischen, spirituellen und kirchlichen Strömungen gegangen bin, kann ich solche Texte achten, ohne sie überzubewerten.

Inzwischen ist mir sehr wohl bewusst, welche Gefahr manche Texte in sich bergen, da sie fundamentalistischer oder abgehobener Spiritualität Nahrung geben können. Gelingt es nicht, die aufkeimende Spiritualität und Geistigkeit gut zu erden, wird sie kaum fruchtbar und befreiend auf das Leben einwirken. Ich muss eingestehen, dass ich damals eindeutige Tendenzen zu einer religiösen Abhängigkeit oder gar Sucht hatte. Vielleicht war ich sogar ein Jesus-Junkie. Das sind Menschen, die zwar nicht mit Drogen in eine andere Welt flüchten, die aber eine individuelle religiöse Welt »erschaffen« – ein eigenes religiöses Bewusstsein, welches so wenig mit der Realität, die uns im Alltag begegnet, übereinstimmt wie das Bewusstsein eines Drogensüchtigen. Viele Jesus-Junkies sind sehr fromm und verteidigen auf verschiedenste Weise ihre Vorstellungen vom richtigen Glauben.

In mir waren damals noch viele meist unbewusste Ängste, welche mit religiösen Praktiken sozusagen auf Distanz gehalten wurden. Ähnlich wie bei einem Drogensüchtigen, der seine Ängste, seine Selbstzweifel und die Tatsache, dass er nicht mit der Realität fertig wird, mit Drogen auf Distanz zu halten sucht. Ein wahrer Mann Gottes sagte einmal: »Gott umfängt uns in unserer konkreten Wirklichkeit.« Ein Jesus-Junkie flüchtet geradezu aus der konkreten »bösen« Wirklichkeit, meist hinein in eine schwarz-weiße Weltsicht.

Aber es gehörte zu meinem Weg, diese Tendenzen auszuleben, und vielleicht waren solche Texte für mich ähnlich wie für einen Drogenkonsumenten der Stoff, welcher kurzfristig beflügelt. Was davon bis heute blieb, ist das tiefe Vertrauen in den Geist Jesu, der mit jedem Menschen eine Heilsgeschichte schreiben will, auch mit den extrem Veranlagten. Wer sich auf den Weg der Wahrheit und des Lebens macht, kommt nicht darum herum, gewisse Extreme des Lebens zu durchschreiten und sie im Alltag zu läutern. Letztlich bleibt die Liebe und ein Bewusstsein, dass ich im »Großen Ganzen« einen einmaligen Platz ausfüllen darf, dass ich und letztlich jede und jeder Einzelne, der sich auf den lebendigen Gott einlässt, in seiner je eigenen Art am Reich Gottes mitarbeitet.

Einen Abschnitt aus einem solchen, für mich noch immer sehr wertvollen Text, möchte ich hier wiedergeben – und jeder ist frei, ihn zu lesen oder nicht:

So spricht der Herr

Ich bin der Herr, der lebendige, heilige, ewige Gott, der dich mein Volk liebt mit unverbrüchlicher Treue. Ich habe dich heimgesucht; ich gebe dir Zeichen meiner Gegenwart; sei nicht blind, sie zu sehen.

Ich bin der Heilige und Ewige, der die Welt geschaffen hat, der Abraham und Mose geleitet hat, der die Propheten reden ließ, der über diese Erde ging, tiefer litt als alles Leiden der ganzen Menschheit, der alle Menschen freigekauft hat zu Kindschaft und Freude, weil ich die Sünde weggenommen habe, der ich Euch heute so nahe bin, wie nach dem Herausgerissensein aus dem Grab, der ich meinen Geist in Fülle auf meine Gemeinde gegeben habe.

Ich gebe auch heute meinen Geist in der Fülle; nur mein Volk ist (oft) nicht bereit. Sie sind abgeirrt zum Verstand. Ich will ihnen Antwort geben durch mein Wort, aber sie suchen nach dem Menschen, der es aufgeschrieben hat. Ich will reden als der Lebendige, aber sie bleiben am Grabe stehen – und mein Wort wird für sie »Menschenwort«.

So spricht der Herr der Lebendige: »Nimm mein Wort in dein Leben hinein! Lasst mich nicht bei den Altären! Ich will das Wort wie ein Feuer in euch sein lassen, das in euch brennt in der Freude meiner lebendigen Gegenwart. Ich will eure Probleme verbrennen und euch Antwort geben, wenn ihr nach ihr sucht. Ich will, dass ihr in Wogen und Stürmen den Weg wisst, und die Feuerzeichen seht, die ich setze.

Ich will euch selbst zu Feuerzeichen machen, wenn ihr mir nur gehorcht; wenn nur mein Wort für euch ohne Zweifel verbindlich wird.

Ich will, dass ihr mein Wort lernt und es Tag und Nacht in euch lebt und brennt und euch tröstet und euch auf die Knie drängt, dass ihr mich preist.

Ich will euch zu Inseln der Freude machen mitten im Meer der Verzagtheit.

Ich will wohnen im Lobpreis eurer Gebete, eurer Worte und eurer Gedanken.

Ich will, dass ihr euch leiten lasst von mir. Ich will nicht eure langen Diskussionen und Sitzungen, sondern dass ihr mich fragt, damit ich euch antworten kann. Sucht in meinem Wort, lernt es, lebt es aus, dann will ich eurem Herzen Gewissheit geben. Mir ist der Zigarettenrauch eurer langen Sitzungen ein Gräuel und euer Unglaube.

Ich will ein gehorsames Volk haben, das ich segnen kann. Ich der Herr, habe dich lieb, überströmend lieb. Und ich will euch überströmend füllen mit meiner Liebe, mit meiner Gegenwart, mit meiner Freude, wenn ihr mir in meinen Gaben nur gehorsam seid. Jeder Verzicht um meinetwillen wird in euch neu ein Feuer der Freude entzünden.

Bis heute bin ich davon überzeugt, dass der Heilige Geist weht, wo er will, und durch Menschen und solche Texte auch in unsere Zeit des 21. Jahrhunderts hineinsprechen kann. Die heiligen Texte fallen freilich nie direkt vom Himmel, sondern werden immer von Menschen verfasst und in ihrer sozialen und kulturellen Umgebung eingefärbt. So hält die Kirche daran fest, dass die Bibel ganz von Gott inspiriert wurde und zugleich ganz von Menschen in ihrem zeitlichen Kontext geschrieben ist. Unvermischt und zugleich untrennbar hängen solche Sätze ineinander und doch steht das Entscheidende zwischen den Zeilen.

Der Weg der »Erdung«

Wie kam ich von dieser doch sehr verklärten Spiritualität in die Schrecken der Drogenszene?

Bruder Eugen, der Einsiedler, wurde plötzlich schnell gebrechlicher und ich war mit der Pflege des nunmehr achtzigjährigen Mitbruders sehr beschäftigt. Es gab rührende Momente voll von Liebe und ich versprach Bruder Eugen, solange es möglich sei, würde ich ihn pflegen und alles dafür tun, damit er eine gute Zeit in der Einsiedelei haben könnte. So machte ich mit ihm täglich einige Turn- und Yogaübungen und ging in dem kleinen Klostergarten mit ihm spazieren, da er alleine nicht mehr gut gehen konnte. Ich brachte ihm seine Medikamente und betete manchmal Rosenkranz mit ihm, wobei er regelmäßig einschlief. Es gab auch Momente, die nicht so einfach waren, weder für Bruder Eugen, der schwächer und schwächer wurde, noch für mich – mit meinem Temperament.

Eine kleine Geschichte: An einem Donnerstag, dem Fest vom Fronleichnam, wünschte sich Bruder Eugen Kartoffelpüree, Gemüse und ein zartes Stück Fleisch. Als ich die Kartoffeln zubereiten wollte, sah ich, dass sie voller großer kräftiger Keime waren. Na, dachte ich, die pflanze ich jetzt schnell ein, dann wachsen daraus schöne neue Fronleichnamskartoffeln. Singend drückte ich die Kartoffeln in die feuchten Erdhügelchen. Eugen rief mich zu sich und ich unterbrach die Arbeit kurz. Als er meine erdigen Hände sah und erfuhr, dass ich am heiligen Fronleichnamsfest Kartoffeln pflanzte, erlebte ich eine regelrechte Höllenpredigt. Was mir eigentlich einfalle, er hätte den Bauern immer wieder gepredigt, dass sie am Sonntag und an den heiligen Festtagen keine Feldarbeit machen sollen und ich pflanzte Kartoffeln am Fronleichnamsfest, wenn das die Bauern sähen. Ich schaute ihn etwas verdutzt an und sagte, ich würde sofort aufhören. Für mich dachte ich: Was kann der liebe Gott dagegen haben, wenn ich einige Kartoffeln mit Keimen liebevoll in das kleine Gartenbeet drücke?

Am Freitagmorgen pflanzte ich die restlichen Kartoffeln. Bald schon begannen sie zu wachsen und etwa drei Wochen später spazierte Bruder Eugen auf mich gestützt durch den Garten. Er betrachtete die Kartoffeln und begann nochmals mit der Moral, denn für ihn war Glaube und Moral praktisch dasselbe. Ich hatte die Frechheit, zu sagen, dass der liebe Gott das alles vielleicht nicht so eng sehe.

Er schaute mich ernst an, worauf ich mit einem Lächeln sagte: »Schau dir die Kartoffeln an! Das Kraut der Kartoffeln, die ich an Fronleichnam liebevoll gepflanzt habe, ist schon bald fünfzig Zentimeter hoch. Und schau, hier habe ich die restlichen Kartoffeln, die ich am Fronleichnamsfest nicht mehr pflanzen durfte. Ich habe sie nur einen Tag später gepflanzt, aber das Kraut ist erst zehn Zentimeter hoch. Sie sind im Wachstum mehr als zehn Tage zurückgeblieben.« Wortlos gingen wir zurück ins Haus.

Ich bin nach wie vor überzeugt, dass Gehorsam sehr wichtig ist, denn wenn man nicht gehorchen kann, wenn Menschen etwas von einem verlangen, wie soll man dann gehorchen, wenn Gott etwas von einem wünscht? Für mich aber wurde klar, dass ich – sollte ich einmal in die Position kommen, dass andere mir gehorchen sollten – nach der Motivation der Liebe suchen werde. Denn Gehorsamsübungen, die nicht aus der Liebe kommen, sondern aus einer kühlen Moral, die Angst davor haben, was die anderen denken, dieser Gehorsam ist nicht grundsätzlich falsch, aber er hemmt das Wachstum in uns beträchtlich. Jedenfalls waren mir die Kartoffeln Lehrmeister genug.

So lernte ich Lektion um Lektion über das Leben in der Einsiedelei, sei es durch das Lesen von franziskanischer und biblischer Literatur, sei es durch die Gespräche mit Bruder Eugen oder durch feine Impulse in der Meditation. Besonders gut gefiel es mir, wenn das Leben (Gott) durch die schlichten Alltagssituationen sprach und ich sie wie das Gleichnis der Kartoffeln zu verstehen begann.

Heute finde ich es fast schade, dass ich alle Notizen aus dieser und der folgenden Zeit verbrannt habe. Es ist für mich immer wieder ein Akt franziskanischen Loslassens: Einen Tag nach dem Abschluss des Theologiestudiums verbrannte ich alle Studienmaterialien. Ich tanzte betend um das Feuer und sagte mir, wenn das Wissen in mir nicht Fleisch geworden ist, kann ich es ohnehin nicht wirklich gebrauchen. Manchmal wäre ich froh, ich hätte noch einige Notizen, aber es ist sehr befreiend, nicht ständig die ganze Vergangenheit mit sich herumzutragen.

Himmel und Hölle beginnen sich zu berühren

Ich freute mich, als Bruder René für eine Woche auf den Wiesenberg kam, um nach Bruder Eugen zu sehen. In dieser Woche durfte ich die Brüder in Zürich besuchen. Zu reisen war immer spannend, denn ich bewegte mich damals nur per Autostopp und zu Fuß fort, da wir in der Einsiedelei ganz radikal lebten. Wir hatten kein Geld und wenn wir zum Beispiel etwas zu essen brauchten, gingen wir betteln. Im Gegenzug durften uns die Bauern als Gehilfen holen, zum Misten, Heuen, Holzmachen und so weiter. Ich muss sagen, dieser radikale Lebensstil hat seinen ganz eigenen Reiz und manchmal sehne ich mich heute noch danach.

Nach etwa zwei Tagen bei den Franziskanern in Zürich fragte mich Bruder Leonhard: »Bruder Benno, du hast doch bei dir in der Einsiedelei so schön Zeit für das Gebet. Ich kenne viele gefährdete Seelen, die auf dem Weg sind, sich ganz in den Drogen zu verlieren, und für die du sicher gut beten könntest. Komm doch mal mit auf die Gasse.«

Bruder Leonhard erzählte mir, wie er früher mit Traktaten vor den Hallen der großen Rockkonzerte gestanden hatte und die jungen Menschen vor den dämonischen Einflüssen gewisser Musikstilrichtungen warnen wollte. Aber die Konzertbesucher lächelten nur über den Mönch in der braunen Kutte. »Als ich nach einem solchen Konzert nach Hause ging, kam ich am Platzspitz vorbei und sah Hunderte von Drogensüchtigen. Da war mir, wie wenn Gott sagt: He, Bruder Leonhard, hier kannst du nicht vorbeigehen, da gibt es wirklich etwas zu tun.« So ging Bruder Leonhard nicht mehr zu den Konzerten, sondern war seit diesem Abend regelmäßig auf der Gasse, bei den Drogensüchtigen, zu finden.

Ich lebte damals in einer vollkommen anderen Welt und wusste nicht einmal richtig, was ein Drogensüchtiger ist, aber ich begleitete Bruder Leonhard auf den Platzspitz. Als wir hinter dem Zürcher Hauptbahnhof beim Landesmuseum vorbeigingen, waren wir plötzlich in einem Park, der ursprünglich wohl sehr schön gewesen war, aber jetzt lag überall Abfall, der Rasen war zertrampelt und Tausende von Spritzen lagen auf dem Boden. Überall irrten bleiche, verwahrloste Menschen herum. Der eine rief laut: »Sugar, Cola!« Ein anderer bot verschiedenste Tabletten an, wieder ein anderer versuchte, sein oder ein gestohlenes Mountainbike für einige wenige Franken zu verkaufen. Ich traute meinen Augen nicht. Es sah aus wie in einem Vorhof der Hölle und ich bekam ein sehr beklemmendes Gefühl.

Bruder Leonhard ging zwischen die Leute hinein, klopfte einem auf die Schulter und ich hörte ihn noch sagen: »Na, Bruder, willst du so weitermachen, du wirst ja deine Seele in diesem Drogensumpf noch ganz verlieren. Komm, kehre doch um und suche etwas Besseres im Leben.« Wie angewurzelt stand ich am Rand des Getümmels und sah, wie Bruder Leonhard zwischen den Süchtigen verschwand. Ich setzte mich auf eine Bank, die etwas weiter weg war, und schaute dem Treiben irgendwie geschockt zu. Es war so schlimm, dass der Nadelpark von Zürich weltweit bekannt wurde. Sogar Polizisten aus Amerika machten busweise »Ausflüge« zum Nadelpark und konnten kaum glauben, was sie dort zu sehen bekamen.

Verunsichert über das, was ich da sah, nahm ich den Rosenkranz in die Hand und begann zu beten. Dabei fragte ich mich: Lieber Gott, was soll das, was soll das?! Ich betete leise: Gegrüßet seist du Maria, voll der Gnade, der Herr ist mit dir, du bist gebenedeit unter den Frauen und gebenedeit ist die Frucht deines Leibes Jesus, der für uns das schwere Kreuz getragen hat. Heilige Maria Mutter Gottes, bitte für uns Sünder jetzt und in der Stunde unseres Todes. Amen. Ich ließ die Perlen durch die Finger gleiten und schaute immer wieder ungläubig auf das traurige Treiben vor meinen Augen.

»Kann ich mich neben dich setzen?«, fragte mich eine junge, recht hübsche Frau. Ich lächelte ihr scheu zu, nickte und betete weiter. Aus meinen Augenwinkeln sah ich, wie sie etwas Wasser und Pulver auf einen Löffel gab, ihr Feuerzeug unter den Löffel hielt und dann durch ein kleines Stück Zigarettenfilter den aufgekochten Saft in eine kleine Spritze zog. Ich versuchte weiterzubeten. Gegrüßet seist du Maria … Dann legte sie einen Gurt um den Arm, hielt ihn mit ihren Zähnen fest und begann, mit der Spritze nach einer Vene zu suchen. Ich betete wieder: Heilige Maria, Mutter Gottes, bitt für uns Sünder jetzt und in der Stunde … Dann begann das Mädchen mit dem Gurtende im Mund zu fluchen: »Verdammt noch mal, ich finde keine Venen mehr …«. Ich schaute jetzt ohne Umschweife auf die Frau und dachte nur: Lieber Gott, was soll das? Ich sah noch nie jemand fixen, vor allem war alles so unangemeldet und unausweichlich nahe bei mir. Nach einigen Flüchen fand sie endlich eine Vene, ich sah, wie sie zuerst etwas Blut in die Spritze einsog, dann drückte sie sich langsam die braungoldene Flüssigkeit in die völlig zerstochenen Arme. Tief atmend lehnte sie sich etwas zurück und schien den Moment irgendwie zu genießen.

Damals wusste ich überhaupt nichts über Drogen, ihre Wirkung und ihre Nebenwirkungen. Ich wusste nicht, dass der Flash, der Moment nachdem die Spritze gesetzt wurde, verschiedene positive Gefühle von Wärme, Kraft, Energie, Geborgenheit, innerer Wichtigkeit, Größe und Ähnlichem wecken konnte. Dieses Gift ist schon ein teuflisches Wundermittel. Für einige Zeit müssen alle Schmerzen, negativen Gefühle und das fehlende Selbstbewusstsein wie weggeblasen sein. Warum sonst opfert jemand alles für die Drogen – Geld, Freunde, Familie, Beruf, Gesundheit und Selbstachtung? Um Drogen zu kaufen, sind viele bereit, ihren Körper zu verkaufen, zu stehlen, zu lügen, zu betrügen und zu dealen. Sie sind bereit, schreckliche Raubüberfälle zu begehen, nur um wieder dieses Gefühl des Flashs zu bekommen.

Das alles wusste ich nicht, ich saß einfach neben dem Mädchen, das entspannt zu sein schien, und betete mit dem Rosenkranz in den Händen leise weiter. Mir kam die Geschichte von Franz von Assisi in den Sinn, als er dem Aussätzigen begegnete.

Franziskus und der Aussätzige

Als Franziskus bereits von Gott angerührt war, aber immer noch bei seinem Vater, einem reichen Tuchhändler, mitarbeitete, ritt er von einem erfolgreichen Markttag zurück nach Assisi. Er hatte viele teure Stoffe verkaufen können. Plötzlich stand ein mit Aussatz gezeichneter Mann vor ihm und rasselte von Weitem.

Man muss wissen, dass die Aussätzigen in der damaligen Zeit – vor nunmehr rund 800 Jahren – mit einer Beerdigungsmesse von den Menschen verabschiedet oder eben ausgestoßen wurden. Sie durften nicht mehr mit den »Gesunden« in Kontakt kommen und lebten im Elend, bis sie starben. Ihre Bleibe waren die Siechenhäuser, die sich außerhalb der Städte und Dörfer befanden. Mit einer Rätsche oder einer Rassel warnten sie die Leute und baten sie, ihnen ein Almosen zu geben, etwas zu essen, Kleidung oder sonst etwas zum Leben. Sie waren gesellschaftlich vollkommen isoliert, sie waren lebende Tote, und die Menschen hatten Angst, dieselbe Krankheit zu bekommen und hielten sich instinktiv von ihnen fern.

Franziskus war da nicht anders. Er war es gewohnt, das Gesicht zu verdecken und sich die Nase zuzuhalten, da von den Aussätzigen ein furchtbarer Gestank ausging. Normalerweise gab er seinem Pferd die Sporen und machte einen großen Bogen um diese kranken Menschen. Als Angehöriger der reichen Oberschicht feierte Franziskus rauschende Feste und trug schöne Kleider, er hatte es nicht nötig, die harte Wirklichkeit der normalen Menschen kennenzulernen, geschweige denn sich um Aussätzige zu kümmern.

Aber es ist nicht leicht, gänzlich unbeschwert Feste zu feiern und unbekümmert weiterzuleben, wenn man mit der Not in Kontakt gekommen ist. Dass dieses Leben in Freude und Wohlstand Franziskus nicht mehr erfüllte, war daran zu sehen, dass er nach tieferen Wahrheiten zu suchen begann. So wird berichtet, Franziskus sei durch die Wälder gestrichen, habe in alten Kapellen gesessen oder sei in Höhlen gekrochen, um eine Antwort zu finden auf seine innere Leere. Ein Gebet aus dieser Zeit seines existentiellen Suchens ist uns überliefert. Er betete:

Höchster glorreicher Gott, erleuchte die Finsternis meines Herzens, gibt mir rechten Glauben, gefestigte Hoffnung und vollendete Liebe, dass ich deinen heiligen und wahrhaften Auftrag erfüllen kann.

Diese Suche begann sicher nicht plötzlich, vielmehr waren ihr schon verschiedene Erfahrungen vorausgegangen, die das oberflächliche Leben und den Alltag von Franziskus aufgebrochen hatten. Ein Grund für die tiefere Suche nach Gott lag in der Zeit, als er sich als Ritter versucht hatte und in Gefangenschaft geraten war. Andere erleben Krankheiten, Gewalt und sind innerlich verwundet wegen eines fehlenden oder zu dominanten Elternteils. Es gibt viele Gründe, die unser Leben für die tiefen Fragen aufbrechen.

Irgendwie ahnten die Menschen schon immer, dass sie, wenn es ihnen gelingt, den Willen Gottes für ihr Leben zu entdecken, auch inneren Frieden finden werden. Allerdings ist die Frage nach dem Willen Gottes nicht ganz harmlos, denn wenn jemand Fragen stellt, beginnt Gottes Geist Einfluss zu nehmen auf ein Menschenleben, auch wenn er immer die Freiheit des Menschen achtet. Und Gottes Wege sind oft ganz und gar anders, als man es sich vorstellt.

Der Heilige Geist gibt spätestens von dem Tag an, an dem wir nach Gott zu suchen beginnen, seine sanften Impulse in unser Leben hinein. Diese Impulse sind häufig so, dass wir meinen, es seien unsere eigenen. Aber genau an dieser Stelle geht es um das Geheimnis der Gnade, die uns Wege aufzeigt und uns dann doch selber wählen und entscheiden lässt. So ist der Geist Gottes in uns wirksam, sobald wir selber die Frage nach Sinn und Willen stellen.

Ich sage immer, der Geist Gottes ist ein Gentleman. Er ergießt sich wohl in uns, aber er bringt damit unser inneres Wesen erst hervor. Er ist die Armut Gottes, er kommt in uns hinein, »löscht sich selber sozusagen aus« und lässt uns ganz uns selbst werden. Wie das genau vor sich geht, das ist ein Geheimnis, welches sich bei jedem Menschen auf seine ganz eigene Art manifestiert. Aber die Menschen, die aus diesem lebendigen Geist heraus leben, sind sehr natürlich. Sie sind weder ferngesteuert noch in ihrer Freiheit beschnitten.

Franziskus, der sich schon ganz bewusst dem Geist des Höchsten geöffnet hatte, folgte dem Impuls. Er entschied sich gegen seine Ängste und seinen natürlichen Ekel gegenüber dem Aussätzigen und stieg vom Pferd. Er kam vom hohen Ross herab auf den Boden, in die Realität dieser Welt, die nicht nur wunderschön ist, sondern auch von Krankheit, Gewalt und Bosheit gezeichnet.

Eine der ersten Qualitäten, die der Geist Gottes in einer Seele hervorbringt, ist, dass er Mitgefühl und Barmherzigkeit entstehen lässt. Menschen, die in die richtige Richtung suchen, können plötzlich nicht mehr einfach wegschauen, sondern sehen hin und versuchen Not zu lindern, wo es nur geht. So schenkte Franziskus dem Aussätzigen freudig seinen ganzen Tagesgewinn. Aber damit nicht genug: Er überschritt auch alle kirchlichen und gesellschaftlichen Normen, welche den Kontakt mit Aussätzigen verboten. Franziskus nahm den Aussätzigen in die Arme und küsste ihn. Dieser Moment wurde für ihn zu einer Art Initiation.

Die Begegnung mit dem Aussätzigen änderte sein Leben ganz wesentlich. Er spricht immer wieder davon, sogar in seinem Testament erzählt er von dieser Begebenheit. Das ist es auch, was Franziskus uns weitergeben will, dass uns solche oder ähnliche Begegnungen geschenkt werden. Es geht darum, dass wir den armen leidenden Christus in der Krankheit und Not der Mitmenschen zu entdecken beginnen. Im Testament des Franziskus lesen wir:

So hat der Herr mir, dem Bruder Franziskus, gegeben, das Leben der Buße zu beginnen: denn als ich in Sünden war, kam es mir sehr bitter vor, Aussätzige zu sehen. Und der Herr selbst hat mich unter sie geführt, und ich habe ihnen Barmherzigkeit erwiesen. Und da ich fortging von ihnen, wurde mir das, was mir bitter vorkam, in Süßigkeit der Seele und des Leibes verwandelt.

Diese Zeilen stehen ganz am Anfang des Testaments und werden vielleicht erst verstanden, wenn man selbst solche oder ähnliche Begegnungen erlebt hat.

Die Künstlerin, die diese Szene für unsere Vereinsgründung der Franziskanischen Gassenarbeit gemalt hat, stellt die Begegnung so gut dar, wie man sie besser wohl kaum beschreiben könnte: Sie zeigt den heiligen Franziskus von der Seite mit hellbraunem lockigem Haar. Er schaut mit großen Augen auf und blickt über die Schulter des Aussätzigen, während er ihn in die Arme nimmt und ihm ganz nahe ist. Der Aussätzige hat überall Wunden und Flecken, seine leeren Augen sind traurig und doch irgendwie dankbar für die Berührung. Die offene Hand des Aussätzigen ist groß im Vordergrund und scheint auf Gaben zu warten.

Das Besondere an dieser Begegnung ist, dass Christus hinter dem Aussätzigen steht. Es ist jedoch kein herrlicher Christus, vielmehr hat er dieselben leicht traurigen und doch erwartungsvollen Augen wie der Aussätzige. Die Umarmung des heiligen Franziskus mit dem Aussätzigen wird wiederum umarmt von dem Auferstandenen. Hier liegt die Quelle, weshalb Franziskus in seinem Testament schreibt, dass die Bitterkeit in Süßigkeit der Seele und des Leibes verwandelt wurde. Das Bittere liegt darin, dem Leiden hilflos begegnen zu müssen, das Süße wird spürbar, wenn das Geheimnis des Auferstandenen durch das Leiden hindurchstrahlt. Wenn beides zusammenkommt, wenn man die Spuren und die Gegenwart des Auferstandenen erkennt und zugleich den Schmerz und das Leid liebevoll umarmen kann, dann entsteht die Süße an Leib und Seele.

Ich durfte einige solche Begegnungen erleben, vermutlich nie so intensiv wie Franziskus, aber ich erinnere mich zum Beispiel an einen sterbenden Aidskranken, mit dem ich lange sprach. Damals – 1990 – war die Angst vor Aids bedeutend größer als heute, da der Medizin noch nicht viele Medikamente zur Verfügung standen, um der Krankheit entgegenzutreten. Auch darüber, wie die Ansteckungswege verlaufen, waren noch viele diffuse Geschichten zu hören. Es kam zu einer innigen Umarmung zwischen uns beiden und ich wusste in diesem Augenblick nicht, wer wen hält: Ich den Aidskranken oder er mich – oder war es Christus der Auferstandene, der uns beide in unserer Umarmung hält? Im Nachhinein war ich einfach dankbar und mit Frieden erfüllt.

Nachdem Franziskus den Aussätzigen also wieder losgelassen hatte, sich auf sein Pferd schwang und nochmals nach ihm umschaute, war dieser verschwunden. Franziskus ist Christus hier in Leid und Auferstehung begegnet. Später gingen er und die Brüder immer wieder zu den Aussätzigen und erwiesen ihnen Barmherzigkeit.

»Bring uns Hoffnung«

Ich saß immer noch mit dem Rosenkranz in den Händen neben dem Mädchen, das jetzt voller Drogen war. Plötzlich sprach sie mich an. »Bist du ein Mitbruder von Leonhard?« Ich sagte nur etwas scheu »Ja« und war froh, dass sie Bruder Leonhard kannte. Dann begann sie zu erzählen. Mit großen Augen und Ohren hörte ich zu. Sie erzählte mir vieles, von der Familie, wie sie schon früh dies und jenes erlebte, wie sie an die falschen Leute geriet, die ihr Drogen anboten, und wie sie immer tiefer in die Sucht hineingekommen war. Jetzt müsse sie sich das Geld für die Drogen auf dem Strich erarbeiten … Irgendwie empfand ich Liebe und Achtung vor dieser Frau.

Vom Glauben her war mir klar, dass Christus oft durch Menschen, die sich am Rande der Gesellschaft befinden, wichtige Dinge in mein Leben hineinsagt. So hörte ich ganz genau hin, aber es waren alles nur Geschichten, die um ihr eigenes verpfuschtes Leben kreisten. Ich schaute das Mädchen, das auf der Gasse »Engeli« genannt wurde, immer wieder an, und fragte mich, wie ein so hübsches Mädchen, das scheinbar auch nicht auf den Kopf gefallen war, so weit herunterkommen und in diesem Dreck den Drogen hinterherrennen konnte.

Als wir uns verabschiedeten sagte ich zu ihr: »Was soll das Ganze hier und was soll ich hier?« Sie schaute mich mit ihren blauen und mit Tränen gefüllten Augen an und sagte zwei Mal hintereinander: »Bruder Benno, komm wieder zu uns und bring uns Hoffnung. Komm, bring uns etwas von deiner Hoffnung.«

Wenn ich das hier schreibe, kann ich es selbst kaum glauben, dass ich das so erlebt habe. Eine andere Erinnerung hab ich nicht mehr, außer dass ich froh war, bald wieder in meiner kleinen, überschaubaren Einsiedelei zu sein. Wenn ich in der Stille war, hörte ich aber immer wieder die Stimme vom

Engeli: Komm, bring uns Hoffnung, komm, bring uns etwas von deiner Hoffnung. Und als unser Provinzoberer fragte, was ich in Zukunft innerhalb des Ordens machen möchte, was ich mir vorstellen könnte, sagte ich: »Ich werde Bruder Eugen so lange wie möglich pflegen und begleiten, aber dann würde ich gerne wie Bruder Leonhard auf die Gasse gehen.«

Dann ging plötzlich alles sehr schnell. Bruder Eugen wurde immer schwächer und eines Tages, als auch Bruder Leonhard zu Besuch in der Einsiedelei war, schlief der alte, etwas knorrige und doch liebenswürdige Einsiedlerfranziskaner ganz alleine für immer ein. Ich erinnere mich, wie ich am Sarg die ganze Nacht in der dunklen Kirche Totenwache hielt. Zwischendurch sang ich laut Lieder, schwieg, betete Rosenkranz und dann war es mir, als ob Engel um den Sarg tanzten, sodass ich mittanzte. Es war irgendwie ein schönes Fest und ich empfand einen tiefen Frieden und viel Freude in der Begegnung mit Bruder Tod.

Ich kam in die Gemeinschaft von Zürich und am liebsten wäre ich sechs Mal die Woche auf die Gasse gegangen. Der damalige Guardian – der Guardian ist der Haus- oder Klosterobere und trägt letztlich die Verantwortung für die Gemeinschaft – wollte das nicht. Er erlaubte mir nur, je einen, später zwei Tage auf die Gasse zu gehen.

2. VOM ALLTAG AUF DER GASSE

Meine ersten Einsätze

Ich informierte mich bei Bruder Leonhard darüber, wie man sich auf der Gasse verhielt und was zu tun war. Er zeigte mir einige Prospekte, in denen Menschen Zeugnis über ihren Glauben ablegten und die beschrieben, wie Jesus Menschen von der Sucht erlöste, ein Buch von Wilhelm Busch, kleine Bibeln, Kreuze und Rosenkränze. Ebenso gab er mir ein Fläschchen Weihwasser und meinte, ich solle ruhig kräftig mit den Leuten beten. Das war praktisch meine Einschulung; ohne jegliches Wissen stürmte ich mit einem unglaublichen missionarischen Eifer auf die Gasse.

In dieser ersten Zeit hatte ich immer eine große Tasche mit frommen Dingen dabei. Ich sprach die Süchtigen an und wenn es mir irgendwie gelang, verwickelte ich sie in ein Gespräch über Jesus. Ich sagte dann: »Du musst dich nur Jesus öffnen und ihn in dein Leben hineinlassen.«

Wir schrieben auch ein kleines Gebetbüchlein, das ABC des Betens mit den christlichen Grundgebeten, welches nach wie vor gefragt ist. Heute geben wir es nur noch auf Wunsch ab, denn mit der Glaubensverkündigung bin ich mit den Jahren viel vorsichtiger geworden. Später schrieb ich einmal ein ABC des Glaubens – der Eifer für den Glauben war ja nicht grundsätzlich falsch und die Liebe bringt immer Früchte. Außerdem durchschreitet jede gesunde Glaubensentwicklung verschiedenste Phasen, wobei das ABC des Glaubens, das ich heute sicher ganz anders schreiben würde, zu gegebener Zeit für mich und für andere sehr wichtig war und sein kann. Es ist eine Art Grundlage für das Leben als Christ. Wir wollten darin die Schritte zeigen, wie man im Glauben wachsen kann und das Christsein im täglichen Leben umsetzt. Zudem enthält es wichtige Bibelworte und ganz praktische Hinweise für den Alltag.

So war ich immer glücklich, wenn ich wieder jemanden für den Glauben gewinnen konnte. Aber schon sehr bald sah ich, dass ein Großteil meiner Flyer, Visitenkärtli oder Büchlein dazu verwendet wurden, Briefchen für Heroin oder Kokain zu falten, und dass die Visitenkarten oder die Buchdeckel für Filter von Joints gebraucht wurden. Als ich meine Büchlein, ja auch Bibeln und Flyer, zwischen den gebrauchten Spritzen im Schmutz der Gasse sah, gingen mir langsam die Augen auf. Mir wurde klar, dass ich mit der Botschaft des Glaubens anders umgehen sollte, aber wie? Ich erinnerte mich an die Worte vom Engeli, sie sagte nicht: »Bring uns Glauben«, sondern: »Bring uns Hoffnung«.

Als Bruder Leonhard mir seinen Traum erzählte, wurde vieles noch klarer. Er hatte geträumt, dass ihm ein ganzes Kuchenblech voller kleiner, neugeborener Kätzchen übergeben wurde. Alle waren ganz schwach, weil sie keine Nahrung hatten. Sie waren kurz vor dem Sterben. Er habe im Traum einfach eine Tüte Milch ins Blech geleert und dachte, sie würden dann schon trinken, aber sie sind in der Milch ertrunken … Jedes Kätzchen sollte einzeln mit einer kleinen Pipette aufgepäppelt werden. Auf diese Weise kann man wenigstens einige stärken, ansonsten erreicht man überhaupt nichts.

Außerdem erkannte ich, dass ich nicht die ganze Drogenszene »bekehren« und füttern oder retten musste, sondern meine Aufgabe darin bestand, nur mit jenen die Tür der Hoffnung zu suchen, denen ich konkret begegnete. Denn es gibt noch Tausende andere Christen und gute Menschen, die Hoffnung haben für diejenigen, die vom Weg abgekommen sind.

Es war schwierig, meinen etwas blinden missionarischen Eifer zu zügeln und einfach nur mit einem horchenden Herzen da zu sein, die Menschen zu segnen, ihnen Gutes zu wünschen und geduldig zu warten, bis die Süchtigen auf mich zukamen. Eigentlich dauerte es nie lange, bis jemand zu mir kam, um mit mir zu reden – aber eben meistens dann, wenn sie mit irgendeiner Droge vollgepumpt waren und jemanden zum Zuhören brauchten. Langsam lernte ich, zu einigen eine zaghafte Beziehung oder Freundschaft aufzubauen. Ich lernte zu verstehen, welches die einzelnen Drogen sind und welche Wirkungen sie haben, und ich lernte die tragischen Geschichten von vielen Süchtigen kennen. Aber es fiel mir sehr schwer, den Schmerz und die ungelösten tragischen Geschichten anzunehmen und auszuhalten. Ich wollte alle Probleme und Drogendämonen am liebsten wegbeten.

Der Letten

Bald schon wurde der Platzspitz von der Polizei geschlossen und die Drogenszene verschob sich auf den stillgelegten Lettenbahnhof. Es war wie ein Geisterbahnhof, die letzte Station vor der Hölle, wo Geisterzüge ankamen und die Süchtigen abzuholen schienen.

Damals war es an der Tagesordnung, dass auf der Gasse Menschen an einer Überdosis zusammenbrachen und eine Atemlähmung bekamen oder gar starben. Ich hätte nie gedacht, dass mein Wissen vom Erste-Hilfe-Kurs je eingesetzt werden könnte. Als ich das erste Mal vor einem Süchtigen kniete und sah, wie er blau anlief, weil er nicht mehr atmete, rief ich: »Kann denn niemand einen Sanitäter holen oder den armen Kerl beatmen?« Die meisten Süchtigen gingen achtlos weiter, andere blieben kurz stehen, aber niemand half. Ich überwand mich, legte noch ein Taschentuch über seine Nase und begann ihn zu beatmen. Es war ziemlich unangenehm, denn die Haut war schmierig, fahl-grau und bedeckt von kaltem Schweiß. Zum Glück kam Bruder Leonhard, der das schon häufiger gemacht hatte. Er gab ihm zwischendurch einige Ohrfeigen, rieb ihm mit seinen Fingerknöcheln auf der Brust und rief: »He, aufwachen, du musst selber atmen, komm Junge, du willst doch nicht schon sterben.« Gemeinsam beatmeten wir den jungen Mann, der langsam wieder zu den Lebenden zurückkehrte. So hatten wir etliche Male das »Glück«, Erste Hilfe zu leisten.

Es gehörte auf dem Lettenbahnhof einfach dazu, dass Leute starben, und ebenso, dass einige freiwillig Erste Hilfe leisteten. Manchmal kam ein Krankenwagen. Was hier ablief, war so unglaublich, dass mir das, was ich gesehen habe, wie ein dunkler, schlimmer Film vorkommt. Bald schon hatte ich etwas weniger fromme Büchlein in der Tasche, dafür eine kleine Beatmungsmaske, denn man wollte sich ja beim Beatmen nicht mit irgendeiner Krankheit infizieren. Nicht dass diese Maske ständig zum Einsatz kam, aber es passierte viel zu oft.

Einmal hatte ich ein wirklich aufregendes Erlebnis. Ich beatmete gemeinsam mit einem Junkie einen Süchtigen, der zu viel konsumiert hatte. Wir wechselten uns ab, denn über längere Zeit ist diese Prozedur ungeheuer anstrengend. Als wir um sein Leben kämpften – wobei ich meistens zugleich betete und den Heiligen Geist um den Atem Gottes bat, er möge jetzt in das Leben des Süchtigen kommen und ihm die Kraft geben, umzukehren und etwas Sinnvolles aus seinem Leben zu machen – , waren plötzlich Schüsse zu hören und die Kugeln pfiffen nur so über unsere Köpfe. Es war unglaublich, wir lagen auf dem Boden und zwei Dealer beschossen sich einige Male über unsere Köpfe hinweg. Wie durch ein Wunder wurde niemand getroffen. Als der Junge wieder selbst atmete, machte er wieder seinen gewohnten Gang und organisierte sich Drogen.

Andere, die ich im Koma antraf und beatmete, waren inzwischen schon ausgeraubt worden. Es war so traurig, was da mitten in der Schweiz ablief, dass ich es selber kaum fassen kann, wenn ich darüber schreibe. Ich frage mich, war das wirklich oder hast du dir das nur eingebildet? Aber gerade beim Schreiben kommen die Erinnerungen hoch und ich merke, dass ich in den letzten Jahren ein wenig verdrängt habe, wie viel Trauriges dort geschehen ist.

Einmal musste ich aber lächeln. Ich sah einem recht hübschen Mädchen aus der Szene zu, wie sie sich einen Knall setzte (Knall sagen viele, wenn sie sich mit einer Spritze Drogen injizieren). Ich betete immer leise für die Menschen. Als ich kurze Zeit später nach ihr sah, lag sie flach auf dem Boden. Es regnete und alles war mit einer sonderbaren, rutschigen Schicht überzogen. Ich ging zu ihr und schaute, ob sie noch atmete, aber sie schien eine Atemlähmung zu haben. Zuerst rief ich: »He, Mädchen, komm zurück und atme«, gab ihr einige Ohrfeigen und rieb mit den Knöcheln auf dem Brustbein – das schmerzt irgendwie und viele beginnen dann wieder selbst zu atmen. Aber sie tat keinen einzigen Atemzug. So setzte ich meine kleine Beatmungsmaske auf und begann sie kräftig zu beatmen. Sie kam relativ schnell wieder zu sich und als sie mich sah, geriet sie in Panik, schlug wild um sich und schrie: »Du Schwein, lass die Pfoten von mir!« Inzwischen war auch eine Bekannte von ihr gekommen. In der Ecke, in der sie lag, war es sehr dunkel. Nur einige Lichtstrahlen von der Straßenlaterne kamen herüber durch das Geäst der Haselsträucher. »He, he, Mädchen, nur nicht so wild, du wärst beinahe gestorben. Nur keine Angst, ich habe dich nicht geküsst«, sagte ich und zeigte ihr meine Beatmungsmaske. Etwas verwirrt und wacklig kam sie auf die Beine. »Ist das wirklich wahr? Wer bist du?«, fragte sie. »Ich bin Bruder Benno«, antwortete ich und hielt ihr die Hand hin. »Ich bin Petra und das ist Jeni.« – »He, kleine Frau, du bist doch noch zu jung, um schon vor den lieben Gott zu treten.« – »Ach den lieben Gott gibt es nicht, sonst hätte er diese Scheiße hier nicht zugelassen …« Es entwickelte sich ein spannendes Gespräch, aber bald schon musste ich weiter, um die letzte Tram zu erreichen. Dieses Mädchen habe ich auf der Drogenszene nie wieder gesehen. Wer weiß, vielleicht ist sie wirklich erwacht?

Melanie

Es gab auch viele schöne Momente. Ich erinnere mich zum Beispiel an Melanie, eine kleine, etwas rundliche Drogensüchtige. Sie hatte eine christliche Therapie abgebrochen und verwickelte mich immer wieder in diverse Gespräche. Auf der einen Seite war sie einfach eine Suchtkranke mit allen Geschichten von Missbrauch, Drogenbeschaffung, Gier und einem sehr schlechten Selbstwertgefühl. Sie war vielleicht 19 Jahre alt, hatte braune, halblange Haare, die wild gekraust waren, einige Pickel und irgendwie griechische Gesichtszüge. Auf der anderen Seite war sie wirklich ein Gotteskind, sie konnte mit ihren grünen Augen strahlen wie ein klarer, tiefer Bergsee, in welchem sich die Sonne spiegelt. Sie erzählte auch von ihrem Glauben, den sie in der Therapie gefunden hatte. Obwohl sie jetzt rückfällig geworden sei, spüre sie, dass Jesus sie nicht loslasse, sondern ihr sogar hier auf der Gasse ganz nahe sei.

Eines Abends kam sie im Letten auf mich zu und sagte: »Bruder Benno, kennst du dieses Lied?« Mitten unter den Leuten begann sie zu singen: »›Oh, Herr, ich liebe dich, Jesus, ich liebe dich, meine Sonne bist du Tag für Tag, mein Stern in der Nacht, in der dunkelsten Nacht, du hast alles für mich gut gemacht, ich liebe dich …‹ So, und jetzt musst du es mit mir singen.« Ich sagte etwas zögernd: »Na ja, ich kenne den Text nicht.« – »Kein Problem«, antwortete Melanie, »ich werde dir den Text so oft vorsagen, bis du ihn gelernt hast.« Sie blieb eisern und sagte mir den Text vor, bis ich das Lied zusammen mit ihr lautstark und mitten auf dem Lettenbahnhof zwischen Duzenden von Süchtigen gesungen hatte. Ich kann mir sonst Texte und Melodien nur sehr schwer merken, aber dieser Text und die Melodie begleiten mich bis heute. Ich höre ihre verzweifelte und doch hoffnungsvolle Stimme, ich sehe ihre flehenden Augen, die voller Tränen waren, als sie mir das Lied beibrachte. Mir war es wie ein Ruf tief aus der Seele vieler Suchtbetroffener, die irgendwo tief drinnen ein Stück Unschuld der Gotteskindschaft bewahrt haben.

Bald schon erlitt Melanie einen völligen Zusammenbruch und wurde in die geschlossene Abteilung der Psychiatrie eingeliefert. Ich besuchte sie einige Male, aber sie war kaum wiederzuerkennen. Sie nahm zwar kein Heroin oder Kokain mehr, stattdessen war sie jedoch mit Beruhigungsmitteln vollgepumpt. Eines Tages war sie verschwunden und ich hörte nichts mehr von ihr, vielleicht ist sie bei Verwandten oder sonstwo. Es gab und gibt viele solche Kontakte: Man ist ein Stück Weg und Begegnung miteinander gegangen und plötzlich verschwinden die Menschen aus meinem Blickfeld, ohne etwas zu sagen.

Brigitte

So viel hatte ich inzwischen verstanden: Solange jemand in der Nähe der Drogenszene ist, wird derjenige kaum von den Drogen wegkommen.

Schon einige Zeit sprach ich damals mit Brigitte und wusste, dass sie von der Szene wegwollte. Am liebsten würde sie auf einen Bauernhof gehen, der weit entfernt von Zürich war und wo es Tiere und Kinder gab. Ich war voller Tatendrang und hatte noch keine Ahnung, was es heißt, so einfach das Milieu zu wechseln. Aber von meiner Zeit in der Einsiedelei kannte ich eine wunderbare katholische Bauernfamilie und kurzerhand fragte ich sie, ob sie eine etwa zwanzigjährige Frau aufnehmen würden, die von der Drogenszene wegwill. Nachdem er mit seiner Familie gesprochen hatte, meinte der Bauer: »Klar wollen wir das versuchen, sie soll doch einfach mal vorbeischauen.«

So fuhren wir zu Besuch auf den Wiesenberg. Brigitte gefiel es und sie meinte, sie würde es gerne versuchen, aber sie wohne auf einem Zeltplatz in einem Wohnwagen und müsste alle Sachen, die sie besitze, mitnehmen. Fast Hals über Kopf räumten wir den Wohnwagen aus und luden all ihre Sachen in einen kleinen Bus. Dann ging es zu dem Bergbauern. Ich dachte, super, jetzt habe ich eine Frau gerettet. Sie konnte nicht mehr zurück, da der Wohnwagen gekündigt war und all ihre Habseligkeiten auf dem Bauernhof waren. Ich blieb den ersten Tag mit ihr auf dem Hof und es war rührend, wie die Kinder auf sie zugingen und es ihr leicht machten, Kontakt zu finden.

Brigitte war davon ausgegangen, dass sie den körperlichen Entzug kaum spüren würde, da sie sehr wenig Heroin konsumiert hatte. Für das Schlimmste hätte sie noch einige Tabletten, zum Überbrücken. Aber schon nach einigen Tagen begannen die Probleme, sie war sehr depressiv und niedergedrückt und meinte, dass diese Bergbauern, so lieb sie seien, nicht das richtige wären. Schon bald war Brigitte wieder auf der Gasse. Dann wollte sie wieder auf den Hof und es ging hin und her. Langsam begriff ich, dass der körperliche Entzug das kleinste Problem war.

Mir war nicht klar gewesen, was es auch für die Betreuer heißt, Menschen mit so komplexen Geschichten, die oft hinter einer Sucht stehen, alleine zu lassen. Die Bauernfamilie hatte wirklich sehr viel guten Willen und tat alles Erdenkliche, um Brigitte aufzuheitern – aber dann war sie schon wieder hinter den Drogen her.

Später haben sich sogar die Kapuzinerklarissen in Stans bereit erklärt, es mit ihr zu versuchen. Die geschützte Umgebung und der klar strukturierte Tagesrhythmus taten Brigitte gut und es ging eine Zeit lang tatsächlich vorwärts. Dann überkam sie wieder die Sehnsucht nach ihrem Freund, der noch auf der Gasse war. Sie suchte Kontakt zu ihm und eins, zwei war sie wieder im Elend.

Einmal sah ich sie völlig abgemagert in einem Auto. Sie warteten an einer roten Ampel. Ich erkannte ihren Freund und als sie mich sah, schaute sie mich durch die Rückscheibe des Wagens mit nach Hilfe rufenden Augen an. Ich rannte über die Straße, um sie wenigstens kurz zu begrüßen, dann schaltete die Ampel auf grün und das Auto verschwand im Verkehr.

Ich weiß nicht mehr, wo sie auf ihrer Odyssee überall war. Eine Zeit lang saß sie im Gefängnis, später landete sie in der Psychiatrie. Einmal sah ich sie wieder, dann war sie verschwunden, aber irgendetwas an Brigitte war unglaublich liebenswert und kostbar. Sicher, es ist wohl das Geheimnis eines jeden Menschen, im Innersten kostbar und liebenswert zu sein. Aber bei den meisten Menschen ist diese Sicht eine Entscheidung des Glaubens, bei Brigitte gab es hingegen einige Begegnungen, die mich dieses Wissen um das unendlich Kostbare im Menschen erleben ließen. Mir war es, als ob viele dunkle und tragische Hüllen ihr inneres Lebenslicht zu ersticken drohten und in meinen Gebeten dachte ich oft an sie. Allerdings habe ich trotz dieser besonderen Begegnungen nie mit Brigitte persönlich gebetet.

Einige Zeit später durfte ich für mein Theologiestudium an die Universität Luzern. Damals war ich nur noch ein oder zwei Mal im Monat auf der Gasse in Zürich. Als ich mit einem Buch über Exegese an der Reuss saß und versuchte, mich tiefer ins Hohe Lied der Liebe hineinzulesen, sprach mich plötzlich jemand mit diesem ganz eigenen Klang in der Stimme an. Eine Stimme, welche sanft, unsicher und doch zutiefst liebevoll ist. »Hoi Benno, was machst denn du da?« Ich schaute auf und sah in die strahlenden Augen von Brigitte. Sie war in Begleitung eines Therapeuten. Stolz erzählte sie mir, dass sie schon länger in einer christlichen Therapie sei und einen neuen Zugang zu Gott gefunden habe. Aber jetzt sei sie unterwegs in ein Geschäft. Sie müsse sich dort entschuldigen, weil sie vor einiger Zeit einen blauen Nagellack gestohlen habe – sie zeigte mir verschmitzt ihre blauen Fingernägel. Danach sei sie vom schlechten Gewissen geplagt worden und habe es gebeichtet. »Aber Vergebung verlangt eben auch, dass man das, was man in Ordnung bringen kann, in Ordnung bringt, und so muss ich mich jetzt in dem Geschäft entschuldigen und den Nagellack im Nachhinein bezahlen. Das fällt mir wirklich nicht leicht, aber Jesus scheint das so zu wollen. Jedenfalls hat es sich schon gelohnt, denn auf dem Weg dorthin habe ich dich gefunden«, sagte sie und sie fügte hinzu, sie würde sich freuen, wenn ich sie bald in der Therapie besuchen käme. Wir tauschten die Adressen aus und sie bat mich, für sie zu beten. Es sei nicht so einfach, eine solche Therapie durchzustehen und sich selbst anzunehmen, mit der Traurigkeit und den Wutausbrüchen umzugehen und zu akzeptieren, dass die vielen Jahre in der Sucht wie verloren seien. Zudem habe sie keine richtige Ausbildung und auch gesundheitliche Probleme.

Kurz darauf besuchte ich sie in der Therapiestation und staunte, was dort alles gemacht wurde. Die vielen kleinen Aufgaben, die den Süchtigen gestellt wurden und die sie bewältigen mussten, die Arbeit, die Gespräche, der kleine Kampf im Alltag und der große Kampf mit der Sucht. Brigitte nahm lediglich noch eine Tablette zum Einschlafen und rauchte noch drei bis fünf Zigaretten pro Tag – damit wolle sie auch noch aufhören. Zwischendurch plagte sie aber das sogenannte Reißen. Das ist ein innerer Drang, nach Heroin oder Kokain zu greifen. Sie sagte mir, dass dies sehr schwere Momente seien, und war auch schon zweimal abgehauen, als der Druck zu groß geworden war. Tags darauf sei sie wieder in die Therapie zurückgekehrt und habe beschlossen, nun die Konsequenzen zu ziehen und wirklich ein anderes Leben zu beginnen. Zudem seien die Ängste, die vor allem im Zusammenhang mit Kokain auftauchten, unerträglich. »Es ist so schwierig, du willst weg und dann beginnt es manchmal mitten in schönen Momenten zu reißen«, erklärte sie mir. Meistens könne sie mit einem Therapeuten darüber sprechen und auch beten. »Manchmal mag ich aber nicht und dann wird es stärker und stärker und ich breche aus …, ach, was soll ich nur machen …«, klagte sie. »Ich weiß auch nicht, aber wenn du willst, segne ich dich richtig von Kopf bis Fuß. Ich kann dir die Hände auflegen oder es auch ohne Berührung machen.« – »Ach ja, berühre mich besser nicht, es gibt da noch einige Geschichten von Berührungen mit Männern, die nicht gut aufgearbeitet sind«. Wir nahmen uns zwanzig Minuten Zeit und ich segnete sie leise mit der ganzen Kraft meines Glaubens. So trafen wir uns einige Male.

Dann kam sie in die zweite Phase der Therapie, das heißt sie durfte die Einrichtung in Begleitung einer anderen Person verlassen. Da sie praktisch niemand in der Region Luzern kannte, bat sie mich, einmal mit ihr auszugehen. Ich freute mich natürlich, ließ extra die Kutte zu Hause und wollte sie abholen, aber an der Tür sagten sie, sie sei mir entgegengegangen. Ich dachte, wir haben uns wohl verpasst, aber sie war auch nicht in dem Restaurant, in dem wir etwas essen wollten. Ich wartete lange auf sie und betete etwas Rosenkranz. Dann ging ich eigentlich sehr enttäuscht zurück ins Kloster.

Drei Tage später kam ein Telefonanruf. Sie entschuldigte sich und sagte, sie habe jetzt für einige Zeit Ausgangssperre. Dafür hätte sie endgültig mit dem Rauchen aufgehört und nehme auch keine Schlaftabletten mehr.

Einige Zeit später rief sie mich an. »Du Benno, ich bin schwanger …«, platzte sie heraus. »Was, wie kam das?«, fragte ich erstaunt. »Ja weißt du, als wir uns verabredet hatten, bin ich in die Disco gegangen. Ich bin nicht einmal mit harten Drogen abgestürzt, aber ich habe genug Alkohol getrunken. Jedenfalls hab ich einen lieben Mann getroffen und jetzt bin ich schwanger. Ich möchte das Kind … Jetzt habe ich hundert Prozent Motivation, nie mehr Drogen zu konsumieren.«

Und sie hat nie mehr konsumiert. Heute, über zehn Jahre später, ist sie mit diesem Mann verheiratet und hat zwei Kinder. Ich staune, wie sie all die Herausforderungen meistern, wie sie alle Schulden, die sie angehäuft hatte, abbezahlen und zugleich die vielfältigen Aufgaben einer Beziehung und einer Familie erfüllen konnte. Die große Fähigkeit, die Brigitte auszeichnet, ist, dass sie in Krisen rechtzeitig Hilfe in Anspruch nehmen konnte. Diese Fähigkeit, sich selber gut einzuschätzen, die Stärken und vor allem auch die Schwächen richtig und frühzeitig zu erkennen und Hilfe zu organisieren, fehlt bei vielen, deshalb werden so viele wieder rückfällig. Vielleicht haben sie diese Fähigkeit, aber es fehlt ihnen die Demut, zur Schwäche und Krise zu stehen.

Wir haben immer wieder einmal Kontakt, nicht nur in schweren Momenten, und es ist eine wahre Freude, zu sehen wie ihre Kinder groß werden.

Die Gassengottesdienste und mein ganz persönliches Pfingsterlebnis

Mein Verhältnis zur Liturgie und zu Gottesdiensten hat sich in den letzten Jahren stark verändert, auch wenn ich sie immer noch sehr gerne, ja noch lieber feiere. Das Schönste ist, dass sich meine wohl eher krampfhafte Ehrfurcht in gottesdienstlichen Handlungen mit den Jahren in eine sehr respektvolle, aber freie und weite Freude am Gottesdienst in verschiedensten Formen gewandelt hat.

Wie bei vielen Menschen war auch in mir eine verborgene und magisch angehauchte Sicht, dass wir mit Liturgie und Gebet beinahe Wunder erwirken oder erzwingen könnten. Ja, in der Liturgie wirkt die Gnade *opere exopere*. Das ist die Lehre der Kirche: Wenn ein Priester die heilige Messe feiert oder das Sakrament der Beichte oder sonst ein Sakrament spendet, dann wirkt Gott unmittelbar, unabhängig von der Heiligkeit der Priester oder der Glaubenden. Sicher, der Glaube der Einzelnen öffnet der Gnade die Tür, aber in den Sakramenten ist alles ganz und gar da. Dieser Glaube, der in der Kirche weitergegeben wird, ist mir geblieben, auch wenn ich eine innere, freie und weitere Sicht bekommen habe und inzwischen staune, wie und wo das Leben (Gott) wirkt.

Wir und einige der Leute, die sich mit uns für die Situation der Menschen auf der offenen Szene einsetzten, entschlossen uns, einmal pro Monat Gottesdienste mit eucharistischer Anbetung auf der Gasse anzubieten. Schnell fanden wir einen Raum zwischen dem Platzspitz und dem Letten. Das Jugendkulturzentrum »Dynamo« stellte uns den Raum zur Verfügung, denn unsere Art zu beten und Gottesdienste zu feiern war in den Augen der Sozialarbeiter nichts anderes als eine Form der Kultur. Es war natürlich für mich als intensiv praktizierender Franziskaner schon etwas demütigend, dass das, was wir hier machen wollten, nichts anderes als eine Form von Kultur sein sollte. Aber irgendwie hatte die Frau vom Jugendkulturzentrum sogar recht. Gebet, Gottesdienste und viele Handlungen der Kirche sind rein äußerlich betrachtet eine Form von Kultur. Letztlich bleibt die Frage danach, ob es eine Kultur des Todes oder eine Kultur des Lebens ist, wie es Papst Johannes Paul II. einmal auf den Punkt brachte. Christliches Gebet und Feiern bringt immer eine Kultur des Lebens hervor.

Ich kann mich gut daran erinnern, wie wir das erste Mal einen Gottesdienst feierten. Wir luden alle Bekannten ein und fanden auch einen jungen Priester, der die heilige Messe mit uns feiern wollte. Wir richteten den Saal ein und machten ein kleines Altärchen. Dann gingen wir auf den Letten und luden alle, die wir trafen, zum Gottesdienst ein.

Eine große Sorge war für uns die Frage der Kommunion: Einerseits laden wir alle zum Gottesdienst ein, andererseits will die Kirche die Kommunion nur den Mitgliedern vorbehalten, die im »Reinen« mit der Kirche, ihrer Lehre und ihrer Moral sind. So entschieden wir uns, dies vor der Kommunion deutlich zu sagen. Alle, die nicht mit der Auffassung der Kirche übereinstimmten, konnten die geistliche Kommunion empfangen. Die anderen sollten die Hostie mit Ehrfurcht und Liebe in Empfang nehmen. Die geistliche Kommunion ist eine schöne Art, Christus durch den Glauben und mit der Fantasie in das eigene Herz einzulassen, damit er hilft, das eigene Leben wieder so weit zu bringen, dass man mit der Gemeinschaft der Kirche mit gutem Gewissen zur leiblichen Kommunion gehen kann. Dabei ist die Beichte ein wichtiger Punkt, denn dort hilft der Priester einem, die gute Spur im Leben besser zu finden.

Also feierten wir die erste heilige Messe und sangen Lieder, die mit der Gitarre begleitet wurden. Ich versuchte mich in einer Predigt, in der ich davon sprach, dass es nicht darauf ankommt, gut oder böse zu sein, sondern es die Liebe Gottes ist, die in uns zugelassen werden kann. Wenn wir lernen, aus dieser Liebe zu leben, dann werden die Gegensätze gewandelt. Der Böse kann von seinem Tun lassen und alle, die sich etwas einbilden auf ihre »Güte«, werden sich nichts mehr darauf einbilden, denn wir können die guten Werke tun, die Gott sozusagen für uns vorbereitet hat. Der heilige Paulus sagt das im Epheserbrief: *Seine Geschöpfe sind wir, in Christus Jesus dazu geschaffen, in unserem Leben die guten Werke zu tun, die Gott für uns im Voraus bereitet hat.* (2,10) So gesehen brauchen wir uns nichts einbilden auf das, was wir hier tun, denn irgendwie müssen wir ja den

Tag verbringen und die »guten Werke«, die Gott für uns vorbereitet hat, sind immer sehr spannend …

Dann feierte der Kaplan die heilige Messe. Es waren nur einige wenige Menschen von der Gasse da und wir hofften natürlich, dass ein Wunder geschieht. Leider oder vielmehr zum Glück ist in diesem Moment nichts passiert, auch wenn wir zum Teil lange und sehr schön formulierte Gebete in leidenschaftlicher Sprache vor Gott brachten.

Anschließend setzten wir das Allerheiligste aus, die geweihte Brothostie, welche wir von der heiligen Messe übrig ließen. Die meisten kannten diese Gebetsform nicht. Mir und einigen anderen von uns war sie ungeheuer wichtig. So erzählte ich eines meiner ersten Erlebnisse mit dieser Form des Gebets.

Als ich 18 Jahre alt war, fragte mich meine Mutter, ob ich nicht über Pfingsten ein verlängertes Wochenende in der Kreuz-Jesu-Gemeinschaft im Melchtal verbringen wollte. Ich lehnte dankend ab, denn ich konnte mich nicht besonders für den Glauben meiner Mutter begeistern. Schon seit einiger Zeit kamen damals verschiedenste Leute zu uns, die zusammen beteten, in der Bibel lasen oder gar sangen. Und das alles in unserer guten Stube, wo der Fernseher stand. Ich verzog mich dann oft in mein Zimmer und übertönte das Singen, welches ich auch dort hören konnte, mit lauter Musik.

Jedenfalls kam Mama nochmals auf mich zu und meinte, ich könnte ja eine Motorradtour machen, sie werde die Unterkunft und das Benzin übernehmen. Na ja, dachte ich, wenn Mama mir schon ein Pfingstwochenende finanzieren will, werde ich einwilligen. Ich muss da ja nicht mitmachen, stattdessen kann ich den Tag über mit dem Motorrad herumkurven und am Abend habe ich mein Hotel.

So knatterte ich am Pfingstsamstagmorgen los. Ich erinnere mich noch, wie eine dunkle Gewitterwolke aufzog und ich mich gerade noch rechtzeitig in einen Baumarkt flüchten konnte, wo ich mir einen gelben Ölanzug kaufte. Es war irgendwie herrlich, durch das Gewitter zu fahren und so fuhr ich hinauf ins Melchtal. Als ich ankam, stand gerade das gegenseitige Kennenlernen auf dem Programm. Es waren alles liebe Leute, die spirituell suchend waren und gerade erzählten, weshalb sie gekommen waren. Die meisten sprachen vom Heiligen Geist, den sie tiefer erfahren wollten. Als ich an die Reihe kam, sagte ich nur: »Meine Mama hat mich angemeldet, aber ihr braucht nicht mit mir zu rechnen. Ich komme höchstens zum Abendessen und zum Übernachten, ansonsten werde ich ein bisschen in der Gegend herumfahren.« Die meisten schauten mich etwas verwundert an, der Leiter lachte und meinte, ich sei willkommen und könne machen, was ich möchte.

Ich glaube, es war am Sonntagabend nach dem Nachtessen. Da sagte Urban, der Leiter, diejenigen, die wollten, könnten noch in die Kapelle kommen, es sei noch eine Stunde stille Anbetung. Plötzlich waren alle weg und ich war wie alleine in dem großen Haus, wo es nicht einmal einen Fernseher gab. Ich begann, die anderen zu suchen: Alle saßen still in der Kapelle und schauten beinahe angespannt nach vorne. Das beobachtete ich durch den Türspalt zu der sehr schönen Dachkapelle. Da wurde ich doch neugierig, schlich dann auch hinein und schaute in die Richtung, in die alle schauten.

Auf dem kleinen Altar standen einige Kerzen und in der Mitte der Kerzen war ein fein gearbeiteter Halter aus Holz – eine sehr moderne Monstranz –, der beinahe wie ein Weizenkorn aussah, aus dem etwas herauswächst. In der Mitte war die Brothostie, welche sonst der Priester in der heiligen Messe in den Händen hält. Damals wusste ich nicht so genau, was das Ganze soll. Ich schielte zu meinem Nachbarn, der gespannt zu dieser Brothostie schaute, als ob von dort jemand mit ihm sprechen würde. Ich blickte nach vorne wie die meisten im Raum. Vielleicht war es, weil ich so lange konzentriert und gesammelt die Hostie betrachtete, aber mir war, als ob die Hostie brennen würde, wie wenn sie im Feuer stand. Es war ein eigenartiger Moment, aber von diesem Augenblick an wusste ich, es ist der Herr oder eben Jahwe, der sich Moses und vielen andern gezeigt hat, der sagt »Ich bin der ich bin«, oder der auf die Frage »Bist du der Messias?«, sagte: »Ich bin es…«

Beim Hinausgehen musste ich lächeln und ich dachte, wenn ich einem meiner Kumpels erzählen würde: »Ich weiß jetzt, wer der Herr ist, er hat sich mir in einem Stückchen Brot offenbart, das scheinbar brannte«, werden mir alle den Vogel zeigen und mich kaum verstehen. Einige Zeit später las ich die Geschichte vom brennenden Dornbusch. Seit diesem Tag hatte ich nie mehr Zweifel daran, dass Jesus nicht der Herr wäre und dass er nicht wirklich mitten unter uns ist.

Erst viel später verstand ich, dass dies mein persönliches Dornbuscherlebnis war. Ich hatte kein solches Gespräch wie Mose, aber ich wusste, es ist der Herr und wenn ich je jemandem dienen würde, dann IHM.

Dort erschien ihm der Engel des Herrn in einer Flamme, die aus einem Dornbusch emporschlug. Er schaute hin: Da brannte der Dornbusch und verbrannte doch nicht.

Mose sagte: Ich will dorthin gehen und mir die außergewöhnliche Erscheinung ansehen. Warum verbrennt denn der Dornbusch nicht?

Als der Herr sah, dass Mose näher kam, um sich das anzusehen, rief Gott ihm aus dem Dornbusch zu: Mose, Mose! Er antwortete: Hier bin ich. Der Herr sagte: Komm nicht näher heran! Leg deine Schuhe ab; denn der Ort, wo du stehst, ist heiliger Boden. Dann fuhr er fort: Ich bin der Gott deines Vaters, der Gott Abrahams, der Gott Isaaks und der Gott Jakobs. Da verhüllte Mose sein Gesicht; denn er fürchtete sich, Gott anzuschauen. Der Herr sprach: Ich habe das Elend meines Volkes in

Ägypten gesehen, und ihre laute Klage über ihre Antreiber habe ich gehört. Ich kenne ihr Leid. Ich bin herabgestiegen, um sie der Hand der Ägypter zu entreißen und aus jenem Land hinaufzuführen in ein schönes, weites Land, in ein Land, in dem Milch und Honig fließen, in das Gebiet der Kanaaniter, Hethiter, Amoriter, Perisiter, Hiwiter und Jebusiter. Jetzt ist die laute Klage der Israeliten zu mir gedrungen, und ich habe auch gesehen, wie die Ägypter sie unterdrücken. Und jetzt geh! Ich sende dich zum Pharao. Führe mein Volk, die Israeliten, aus Ägypten heraus! Mose antwortete Gott: Wer bin ich, dass ich zum Pharao gehen und die Israeliten aus Ägypten herausführen könnte? Gott aber sagte: Ich bin mit dir; ich habe dich gesandt, und als Zeichen dafür soll dir dienen: Wenn du das Volk aus Ägypten herausgeführt hast, werdet ihr Gott an diesem Berg verehren. Da sagte Mose zu Gott: Gut, ich werde also zu den Israeliten kommen und ihnen sagen: Der Gott eurer Väter hat mich zu euch gesandt. Da werden sie mich fragen: Wie heißt er? Was soll ich ihnen darauf sagen? Da antwortete Gott dem Mose: Ich bin der »Ich-bin-da«. Und er fuhr fort: So sollst du zu den Israeliten sagen: Der »Ich-bin-da« hat mich zu euch gesandt. Weiter sprach Gott zu Mose: So sag zu den Israeliten: Jahwe, der Gott eurer Väter, der Gott Abrahams, der Gott Isaaks und der Gott Jakobs, hat mich zu euch gesandt. Das ist mein Name für immer, und so wird man mich nennen in allen Generationen. (Ex 3, 2-15)

Nach dieser Erfahrung ging ich verwundert ins Bett. Ich hatte mir ja nur vorgenommen, ein Pfingstwochenende mit Motorradfahren zu verbringen, und ich hatte auch nicht vorgehabt, nach Gott zu suchen, da mir ja nichts fehlte und ich mit meiner Situation eigentlich ganz zufrieden war.

Am Pfingstmontag fuhr ich schon in aller Frühe mit dem Motorrad, einer silbrigen Yamaha 125 Kubikzentimeter Straßenmaschine, wie wild drauflos. Gerade das Kurvenfahren gefiel mir. Besonders die Linkskurven, manchmal fuhr ich sogar nochmals zurück, um die schöne Kurve noch etwas schneller zu nehmen, damit so richtig Adrenalin floss, wenn der Ständer den Boden leicht streifte und kleine Funken flogen. Vielleicht wollte ich so die Erfahrung von dem Abend zuvor verdrängen. Ich freute mich, dass mich die Leute dieser Gemeinschaft – einige hatten wirklich etwas Strahlendes in den Augen – einfach ganz frei ließen und ging deshalb zum Abschlusskaffee nochmals zurück, um mich zu verabschieden.

Urban sagte: »Wir würden zum Schluss für diejenigen, die wollen, in der Kapelle noch einen Segen spenden.« Ich dachte mir, ein guter Segen kann bei meinem Fahrstil nicht schaden … In der Kapelle ging ich als Erster nach vorne. Sie meinten, ich solle mich hinknien, was ich etwas widerwillig tat. Dann legten sie mir die Hände auf und im Hintergrund wurde etwas gesungen. Unmittelbar vor mir war wieder diese Hostie, allerdings wusste ich damals nicht, welche Bedeutung das geweihte Brot in der Kirche hatte. Etwas verdutzt schaute ich auf das Brot, von dem ich am Abend zuvor irgendwie erahnt hatte, es ist der Herr. Aber ich konnte noch überhaupt nicht einordnen, was das heißt.

Als ich kniete, passierte etwas, worüber ich mich erst sieben Jahren später zu sprechen traute. Es war ein Moment der totalen Natürlichkeit und doch war das, was ich da erfuhr, kaum in Worte zu fassen. Ich kann das nur umschreiben, es war in diesem Moment so klar, dass hier die Person Jesu ist. Es war, wie wenn ein Vorhang aufging und ich in sein Herz hineinsehen konnte. In dem Moment sah ich, wer ich im Tiefsten bin, ich erlebte, was Identität in Christus ist. Es war eine zeitlich unglaublich kurze Erfahrung und doch leuchtete der zeitlose Zustand darin auf, sodass ich seit diesem Moment um das weiß, was jeder Mensch in Wirklichkeit ist und werden kann. Später staunte ich über den Satz im Ersten Johannesbrief:

Seht, wie groß die Liebe ist, die der Vater uns geschenkt hat: Wir heißen Kinder Gottes, und wir sind es. Die Welt erkennt uns nicht, weil sie ihn nicht erkannt hat. Liebe Brüder, jetzt sind wir Kinder Gottes. Aber was wir sein werden, ist noch nicht offenbar geworden. Wir wissen, dass wir ihm ähnlich sein werden, wenn er offenbar wird; denn wir werden ihn sehen, wie er ist. (1 Joh 3, 1-2)

Diese tiefe Erfahrung tut gut, dass wir zuerst einmal von Jesus her geliebt sind, bedingungslos geliebt, und dass wir aus diesem Geliebtsein heraus die Chance für eine unglaubliche Entwicklung in uns tragen. Um das zu werden, was wir sind: Kinder Gottes, was noch nicht offenbar geworden ist. Aber wir werden ihm ähnlich sein.

Bis heute bewegen mich diese Momente, die Raum und Zeit durchbrechen. Natürlich haben die Erfahrungen dazu beigetragen, dass ich die ersten Jahre oft mit übermäßigem Eifer im Glauben viele Menschen vor den Kopf gestoßen habe. Inzwischen weiß ich, dass ihm ähnlich zu sein tief mit einem gesunden Individualismus und einem gute Bezug zur Gemeinschaft zusammenhängt. Es wird versucht, jedem Wesen den nötigen Lebensraum zu geben und ihm immer wieder mit Liebe und Respekt zu begegnen, auch jenen, die einen betrogen oder verletzt haben. Früher habe ich mir nie die Frage nach der Identität, dem Sinn oder danach, dass Gottes Geist wirklich konkreten Einfluss auf uns haben könnte, gestellt. Ich lebte wie die meisten einfach in den Tag hinein. Erst nach dieser Erfahrung, die einfach da war, begann ich mich von innen her zu bewegen und erhielt allmählich Antworten auf die Fragen, die ich mir erst jetzt zu stellen begann.

Dem ersten Gassengottesdienst folgten weitere. Oft saßen wir still vor dem Allerheiligsten, sangen zwischendurch einige Jesuslieder, hielten Fürbitte, schwiegen wieder und lasen einen Abschnitt in der heiligen Schrift. So verging die Zeit wie im Flug. Einige verweilten vor dem Allerheiligsten, die anderen gingen hinaus, um die Leute von der Gasse zum Gottesdienst einzuladen.

Ich hoffte insgeheim, dass sich Jesus selbst den Menschen offenbart und sie sich dann ähnlich wie ich auf den Weg begeben und sich ihr Leben von innen her zu ändern beginnt. Jesus blieb still in der verborgenen Gegenwart der Eucharistie und es gab keine spektakulären Wunder. Aber alle, die es wollten, wurden gesegnet. Sie konnten sich vor das Allerheiligste begeben und einige von uns legten ihnen die Hände auf und sprachen persönliche Gebete. Am Abend nach solchen Gebetsgottesdiensten gingen wir immer erfüllt und zufrieden nach Hause.

Manchmal kamen bis zu sechzig Personen und bald fingen wir an, nach dem Gottesdienst gemeinsam zu essen. Verpflegt haben wir uns mit dem System der Teilete, das heißt jeder bringt etwas zum Essen oder Trinken mit und legt es auf den Tisch, dann gibt es für alle genug. Sogar für die Leute von der Gasse, die normalerweise wegen des Essens kamen und nicht wegen des Gebetes, reichte es immer. Das Gute daran ist, dass wir nie Organisationsprobleme hatten und alle, die wollten, etwas beitragen konnten. Bei dieser Teilete begann auch der Brauch, das Brot speziell zu segnen, danach gemeinsam das Vaterunser zu sprechen und beim Austeilen des Brotes das Lied Hevenu Shalom zu singen. Das wird bis heute praktisch vor jedem Essen mit den »Randständigen« praktiziert.

Inzwischen regte sich jedoch Widerstand seitens des Pfarrers. Da er genau wissen wollte, was in seiner Gemeinde geschieht, sagte er, wir müssten am Sonntag zu ihm in den Gottesdienst kommen und das Allerheiligste bleibe in der Kirche, denn dort gehöre es hin und nirgends sonst, das sei nicht ehrfürchtig genug. Wir hielten uns wie gehorsame Kinder an die Wünsche des Pfarrers, aber gleichzeitig waren wir der Ansicht, dass die Kirche zu den Menschen gehen sollte. Denn wie sollten sonst die Menschen, die ihre gute Lebensspur verloren haben, wieder zu Gott und zur Gemeinschaft zurückfinden?

So saßen wir oft in der etwas steifen Atmosphäre des Gemeindegottesdienstes, um danach auf die Gasse zu gehen. Wir stellten im Jugendkulturzentrum einige Kerzen auf und eine Kopie des Kreuzes, vor welchem schon Franziskus gebetet hatte. Erstaunlich war, dass die Leute trotzdem kamen, sich segnen ließen, dass es Tränen gab und Süchtige ihr Leben spontan ganz Jesus übergeben wollten.

Ich erinnere mich an die attraktive rothaarige Caroline mit den zerstochenen Armen. Sie lächelte immer etwas über uns angehauchte Christen, wie sie uns nannte. Irgendwann kam sie auch mit zu den Gottesdiensten. Sie meinte, sie komme eigentlich nur wegen des Essens, denn Gott gebe es in ihrem Leben nicht wirklich. Vor dem Essen konnten sich diejenigen, die es wollten, noch segnen lassen. Einer nach dem andern setzte sich auf den Stuhl, die andern standen darum herum und sprachen verschiedenste Segensgebete frei vom Herzen. Dann wurde ein kurzes Lied gesungen, jemand machte ein Kreuzzeichen auf die Stirn und der »Gesegnete« machte Platz für den nächsten.

Eines Tages drängte sich Caroline, die sich bis dahin nie segnen lassen wollte, zwischen den Leuten hindurch und meinte, sie möchte auch einmal auf diese Weise gesegnet werden. Als wir fertig waren, sprang sie vom Stuhl auf und meinte lachend: »Huch, das ist ja stärker als ein Knall.« In ihr war etwas passiert, was mehr ist als all die Drogenerfahrungen. Bald schon ging sie in den Entzug und begann eine christliche Therapie. Sie stolperte noch einige Male, bis ich vor einiger Zeit von ihr hörte, dass sie jetzt ein fast spießbürgerliches Leben führe und überhaupt nichts mehr mit Süchtigen und mit Drogen zu tun habe.

Solche Erlebnisse motivierten uns natürlich zu segnen und einige von uns zwangen beinahe die Leute dazu, für sich beten zu lassen. Da musste ich immer wieder eingreifen und »Stopp« sagen, denn wenn irgendwo der freie Wille respektiert werden sollte, dann wenn es um das Gebet und um den Segen geht. Zudem passierte äußerlich meistens nichts, wenn wir die Leute segneten. Es war sicher immer ein starkes Gefühl von Gemeinschaft, aber das war alles.

Ein wichtiger Punkt war für mich zunehmend die Frage, wie wir Gebet und Segen konkret umsetzen konnten. Deutlich wurde das besonders, wenn ein Obdachloser sich segnen ließ und die guten Christen für alles Mögliche beteten. Wenn er dann fragte, ob wir ein Bett wüssten oder etwas Geld für die Notschlafstelle hätten, erkannte ich, dass ein Gebet schnell gesprochen ist und wir den lieben Gott um alles bitten können – aber wird es nicht zum Hohn, wenn wir danach nicht konkret helfen, ein Bett zu finden? Je mehr ich diesen Zusammenhang zwischen Gebet und Tat betonte und versuchte, es selbst umzusetzen, desto mehr wurde mir bewusst, was es heißt, ehrlich zu beten.

Es gab immer wieder sehr schöne Erlebnisse bei den Gassengottesdiensten. Einmal tauchte Bischof Henrici auf. Wir waren überrascht, dass bei unserem charismatischen Beten plötzlich ein Bischof anwesend war. Er ist es gewohnt, hoch über dem Volk am Altar mit Mitra und Stab zu lehren und zu segnen – und jetzt war er unter den Schwachen und Isolierten am Rand der Gesellschaft. Der Bischof kam ins Jugendkulturzentrum, welches wir mit einigen Kerzen und Tüchern zu einer Art Kapelle umgebaut hatten, und setzte sich zwischen uns.

Ich kann mich genau erinnern, es war an einem Palmsonntag und meine ehemalige Freundin Petra war auch da. Sie ist einige Zeit nach diesem Gottesdienst ebenfalls ins Kloster gegangen, zu den Schwestern der heiligen Klara. Der Palmsonntag ist für die Klarissen immer etwas Besonderes: Der Überlieferung nach war Klara, die schon von den Ideen des Franziskus angezogen war, aber noch bei ihrer Familie lebte, an einem Palmsonntag in der Kirche. Während andere sich vordrängten, um einen Palmzweig zu bekommen, blieb sie bescheiden im Hintergrund. Der Bischof ging jedoch durch das Volk auf sie zu, um ihr persönlich einen Palmzweig zu übergeben. Dies war das Zeichen, dass er einverstanden war, dass Klara ähnlich wie Franziskus den Spuren Jesu folgen sollte, was sie dann auch tat.

Hier im Jugendzentrum war die Situation aber nicht wie vor 800 Jahren, der Bischof saß mitten unter uns auf einem Stuhl. Plötzlich stand Petra, die sonst eher zurückhaltend ist, auf und ging zu ihm. Sie brachte ihm einen Palmzweig und sagte: »Bruder Bischof, ich werde dich jetzt segnen.« Ich glaube, er war von dieser Geste so überrascht, dass er es einfach geschehen ließ. Nachdem Petra ihn gesegnet hatte, kamen etliche Süchtige und ließen für sich beten, einer bekannte ganz herzergreifend seine Sünden und bat uns, dass wir bei Gott für ihn um Vergebung bitten und für ihn beten sollten.

Ich beobachtete unseren Bischof aus den Augenwinkeln, er war sichtlich gerührt von allem, den Süchtigen, der Atmosphäre und Petras Segen. Als er sich später in seiner liebenswürdigen und zugleich väterlichen Art von uns verabschiedete, bat er uns, wir sollten doch in Zukunft das Allerheiligste mitnehmen. Von diesem Sonntag an gingen wir wieder mit der Hostie in der Monstranz in die Gottesdienste.

Emotional nahmen diese Gottesdienste sehr viel Raum ein, auch wenn sie nur einen kleinen Teil der Gassenarbeit ausmachten. Aber wir merkten immer wieder, dass die Hoffnung gerade durch solche Anlässe gestärkt wird.

Die Filtertischli

Ich war oft auf dem Letten und mit der Zeit war es beinahe gewöhnlich geworden, die vielen meist schmuddligen Leute zu sehen, die mit Spritzen hantierten, Beas-Pfeifen stopften oder einfach herumsaßen und eine Zigarette rauchten. Hin und wieder machte jemand etwas Musik, das gab dem traurigen Geschehen auf dem Lettenbahnhof irgendwie einen tragisch-idyllischen Klang. Die drei oder vier Eisenbahngleise konnte man unter der Brücke kaum noch erkennen, so viel Abfall lag herum. Die mehrspurige Kornhausbrücke ging über den Letten und immer wieder schauten Passanten auf das Treiben am Bahnhof herab. Oben auf der Brücke fand der normale hektische Arbeitsalltag statt, hier unten war ein Vorhof des Verderbens. Besonders wenn es dunkel wurde, war es manchmal beinahe gespenstisch idyllisch. Die Kerzen, die flackerten, immer wieder die Stimmen, Sugar, Cola, Reups und so weiter, wie sie eben die verschiedenen Drogen nannten. Sugar steht für Heroin, Cola für Kokain und Reups für sehr starke Schlaftabletten.

Die Süchtigen, die ganz unten waren, hatten sogenannte Filtertischli. Sie stellten den andern Junkies die Utensilien für die Einnahme der Drogen zur Verfügung und bekamen als Gegenleistung die Filter. Das ging ungefähr so: Jemand kaufte sich bei einem Dealer die Drogen, die er wollte, und ging an ein Filtertischli. Dort verfügten sie normalerweise über saubere Spritzen, Kerzen, Löffel, Askorbinsäure und Zigarettenfilter. Dass es saubere Spritzen gibt, kommt aus den ersten Hilfsaktionen, die gestartet wurden, als die Drogenszene sich ausbreitete. Die »Spritzenaktivisten« wurden von vielen heftig kritisiert, aber sie erkannten schon früh, dass hohe Ideale und Verbote nicht viel brachten, vielmehr musste man einfach zu pragmatischen Lösungen greifen. Heute ist es selbstverständlich, dass Spritzen und Kondome abgegeben werden und dass es an den neuralgischen Punkten Spritzenautomaten gibt. Kaum jemand – von der Mafia einmal abgesehen – findet es gut, dass Drogen gespritzt werden, aber wenn die Menschen schon süchtig sind, sollte doch die Ansteckungsgefahr durch verschiedenste gefährliche Erreger so weit wie möglich reduziert werden. Früher wurden die Spritzen immer und immer wieder benutzt, man tauschte sie auch untereinander aus, ohne sie zu sterilisieren. Aids, Hepatitis und andere Infektionen breiteten sich zuerst im Drogen- und Schwulenmilieu aus, aber die Grenze zur braveren Bevölkerung war schnell überschritten. Manch ein Ehemann, der seine »anderen« Bedürfnisse auf dem Strich gestillt hatte, steckte dann auch die eigene Frau an.

Aber zurück zu den Filtertischli. Dort saßen meistens wirklich heruntergekommene Süchtige, die oft nicht mehr die Kraft hatten, um zu dealen, auf den Strich zu gehen oder sich über Diebstähle oder Einbrüche zu finanzieren. Sie saßen da an ihren Tischchen, manchmal unter provisorischen Plastikdächern, die von Zeit zu Zeit von der Polizei eingerissen wurden. Viele hatten dann ihre Tische auf einen Einkaufswagen verlegt, und wenn eine Polizeikontrolle kam, dann fuhren sie einfach mit ihren Wägelchen weg. Und wenn sich manchmal zwei-, dreihundert Süchtige in Bewegung setzten, um vor den kleinen Polizeipatrouillen zu verschwinden, war es für die Polizei fast aussichtslos, irgendetwas auszurichten, auch wenn es ab und zu einige Festnahmen gab. Es erinnerte fast an eine Prozession: Vorne die Dealer, dann die Süchtigen und als Letzte die Leute mit den Filtertischli. Mit einigem Abstand folgten die Polizisten, die manchmal von verschiedenen Seiten kamen. Es war ein Katz-und-Maus-Spiel und sobald die Polizei wieder weg war, ging der Suchtalltag weiter.

Die Süchtigen kamen zu den Filtertischen, bereiteten ihre Drogen im Löffel zu und zogen den Drogensaft mit der Spritze auf. Damit keine gröberen Verunreinigungen in die Spritze kamen, legten sie ein Stück von einem Zigarettenfilter in den Löffel hinein. Dann kam die Nadel darauf und die Flüssigkeit wurde in die Venen gespritzt. Als Dank oder Lohn für die Utensilien bekamen die Junkies an den Filtertischen den benutzten Filter, der noch feucht und voller Drogenreste war. Wenn sie einige solcher Filter hatten, konnten sie diese von Neuem auskochen und sich selbst wieder eine Spritze geben – aus dem Abfall der anderen.

Es war oft ein trauriges Bild, die zerstochenen Süchtigen anzuschauen. Manche hatten wüste Abszesse bekommen und versuchten verzweifelt, ihr teuflisches »Lebenselixier« irgendwie in ihre Venen zu bringen. Häufig hörte ich sie fluchen, wenn sie weder in den Armen noch in den Beinen eine gesunde Vene fanden. Dann versuchten sie es in der Leiste oder auch am Hals. Manche weinten, denn sie sehnten sich nach den Drogen, fanden oder trafen aber einfach keine Vene mehr. Ich erinnere mich, wie ich einmal in St. Gallen auf der Szene am Schellenacker war. Dort sprach ich mit einer völlig abgemagerten Frau am Filtertischli und fragte sie, was sie sich wünschen würde, wenn sie jetzt einen Wunsch frei hätte. Die Antwort kam so direkt, wie aus der Kanone geschossen, dass ich sie nie vergessen habe: »Ich wünsche mir fünf Kilometer neue Venen.« Das Fixen war ihr Alltag, ihre Identität, aber wenn man die Drogen nicht mehr aufnehmen kann, wird es unerträglich. Damals hatten wir Brüder keine Fotokamera, aber die Bilder sind tief in mich hineingebrannt, vielleicht wie bei Menschen, die im Krieg waren und die Verwundeten sahen.

Nicht verloren gehen

Irgendwann hängten einige Christen unter der Brücke am Lettenbahnhof ein riesiges Kreuz auf. Es war schon manchmal eigentümlich, die verschiedensten Christen zu beobachten, wie sie versuchten, in Jesu Namen die Süchtigen auf einen besseren Weg zu bringen. Die einen vertrieben die Dämonen, exerzierten die Süchtigen, andere brachten belegte Brote, wieder andere sprachen mit ihnen oder beteten in allen möglichen Formen. Aber welche Formen auch angewendet wurden, die Szene schien täglich zu wachsen.

Ich war damals noch recht jung im Glauben, hatte wohl schon die Bibel von A bis Z gelesen und auch die Lehre des Franz von Assisi gut verinnerlicht. Für mich war das Leben und insbesondere das geistliche Leben damals klar in Schwarz und Weiß eingeteilt, hier das Gute, dort das Böse. Es war ähnlich wie bei manchen evangelikalen, fundamentalistischen Christen, die auf die Gasse kamen und klar sagten: »Wenn du nicht Jesus annimmst, bist du verloren, du kommst einfach in die Hölle.« Das sagten sie aber nicht nur den Süchtigen, sondern eigentlich allen, die nicht ihre Glaubensauffassung teilten.

Einige Male wurde auch mir zu verstehen gegeben, dass ich im Katholizismus gefangen sei und von religiösen Geistern verführt werde, dass ich Götzendienst leistete, indem wir Statuen anbeteten und so weiter. Solche Begegnungen gaben mir sehr zu denken und letztlich halfen sie mir, mich ernsthafter mit meinen Glaubensvorstellungen auseinanderzusetzen. Ich begann das, was ich aus dem Glauben der Kirche einfach übernommen hatte, kritisch zu hinterfragen, um die Antworten zu finden, die für mich ganz persönlich richtig wurden. Bald verstand ich, woher diese doch extreme Sicht gewisser biblizistischer Gruppierungen kam. Sie hatten ein sehr düsteres Menschenbild: Der Mensch ist von der Sünde so verdorben, dass nichts Gutes mehr in ihm ist, deshalb muss er Jesus in sein Leben aufnehmen, sonst gibt es keine Rettung. Zudem sind Menschen, die in fast fanatischer Weise die heiligen Texte zitieren – ganz egal ob katholisch, reformiert, freikirchlich oder sonst einer Religionsgemeinschaft zugehörend – , oft von tiefen unbewussten Ängsten und zwanghaften Charakterzügen angetrieben.

Da blieb das Menschenbild in der katholischen Tradition doch noch etwas differenzierter. Der Mensch ist als Ebenbild Gottes geschaffen, was ihn zunächst einmal unendlich kostbar macht, aber er ist verletzt durch die Erbschuld. Diese Verletzung macht den Menschen offen für das Böse, für das Verderben, was ja auf der Gasse offensichtlich wird. Aber der Mensch ist und bleibt Ebenbild Gottes und somit in seiner Würde kostbar. Der Glauben eröffnet den Zugang zur Gnade, zur unsichtbaren Kraft der Liebe, die von Gott ausgeht. Diese Gnade führt einen in der Regel in eine christliche Gemeinde, wo man den Glauben kennen und verstehen lernt. Die Taufe ist dann die öffentliche Eingliederung in diese Gemeinschaft. Durch die Erbschuld ist der Zugang zu Gott nur verzerrt möglich. Aus diesem verzerrten Zugang zu Gott haben wir auch einen verzerrten Zugang zu uns und zu unserem Nächsten, was wiederum zu schmerzlichen gegenseitigen Verletzungen führt. Diese Erbschuld wird in der Taufe sozusagen abgewaschen, es wird ihr die Macht genommen. Man hat zwar die Verletzungen der Erbschuld, aber jedem ist die Gnade zuteil, aus der er die Kraft hat, alles zum Guten zu wenden. Dies ist der geistliche Kampf, der oft mit Rückschlägen verbunden ist, aber diese dienen dazu, zu wachsen in Glauben, Hoffnung und Liebe. So schreibt Paulus im Römerbrief: *Wir wissen, dass Gott bei denen, die ihn lieben, alles zum Guten führt, bei denen, die nach seinem ewigen Plan berufen sind* (Röm 8, 28).

Wenn Jesus seine Schüler hinausschickte zu den Armen, den Bedrückten, dann tat er das nicht nur für diese Menschen, sondern er wusste, dass die Begegnung mit den Menschen am Rande der Gesellschaft die Schülerinnen und Schüler zu formen beginnt. Besonders die Diskussionen mit anderen Gläubigen tragen dazu bei. So wird auch derjenige, der sich nicht formen lässt, sicher nicht mehr auf die Gasse kommen. Entweder weil man die Hoffnung für diese Menschen dort vollständig verloren hat, oder weil man es nicht aushält, von verschiedensten Seiten in seinen Glaubensauffassungen hinterfragt, angegriffen oder kritisiert zu werden – ob zu Recht oder zu Unrecht.

Die Gasse ist überall dort, wo wir den Auftrag Jesu ernst nehmen, nach den verlorenen Menschen zu suchen. Sei es in Alten- und Pflegeheimen, bei Asylbewerbern, seien es gemobbte Schüler oder Angestellte, die depressive Mutter von nebenan oder wie auch immer die Nöte der Menschen aussehen, die sie in die Isolation und an den Rand der Gesellschaft treiben. Ich weiß, dass es oft nicht einfach ist, mit diesen Menschen in Beziehung zu treten. Es ist ebenso schwierig, wie ein verlorenes Schaf zu finden. Trotzdem bleibt es der Auftrag aus dem Evangelium. So spricht Jesus im Gleichnis vom verlorenen Schaf:

Was meint ihr? Wenn jemand hundert Schafe hat und eines von ihnen sich verirrt, lässt er dann nicht die neunundneunzig auf den Bergen zurück und sucht das verirrte? Und wenn er es findet – amen, ich sage euch: er freut sich über dieses eine mehr als über die neunundneunzig, die sich nicht verirrt haben. So will auch euer himmlischer Vater nicht, dass einer von diesen Kleinen verloren geht. (Mt 18, 12-14)

Verloren gehen wir, wenn wir die Beziehungen nicht mehr finden, weder zu Gott noch zu uns selbst, zur Mitwelt und den Mitmenschen. Letztlich ist dieser Beziehungstod der traurige Fall in die Dunkelheit.

Manuel

Manuel war einer der vielen, mit denen ich auf dem Letten regelmäßig Kontakt hatte. Ich erfuhr, dass er zu Hause eigentlich einen lieben Vater hatte, der ihm trotz der Sucht die Tür nie verschloss. Manuel erzählte, das Leben sei für ihn sehr schwer geworden, seit seine Eltern geschieden waren. Die Scheidung war rund fünf Jahre her und als es damals darum ging, ob er und seine Schwester zum Vater oder zur Mutter ziehen, habe er begonnen zu kiffen. Schon bald entdeckte er härtere Sachen, besonders das Heroin hätte ihm gerade am Anfang sehr viel Wärme, Geborgenheit und Kraft vermittelt.

»Sicher, in der Tiefe wusste ich, dass das nicht wirkliche Geborgenheit war, aber ich wollte sowieso nicht auf die Stimme in der Tiefe meines Herzens hören … So rutschte ich doch recht schnell in die totale Sucht hinein. Ich brach die Lehre als Automonteur ab, machte Einbrüche, Diebstähle, dealte und jetzt bin ich da auf dem Letten und hab die Polizei im Nacken.« – »Und, gehst du ab und zu zu deinem Vater?«, fragte ich ihn. »Ja, schon, aber er hat inzwischen eine neue ›Freundin‹, allerdings ist es eine Prostituierte, die auf Kokain steht. Zudem ist sie nicht viel älter als ich. Ich kenne sie flüchtig von der Szene. Der Gedanke, dass mein Vater jetzt mit einer koksenden Schlampe zusammenwohnt, ekelt mich an.«

Irgendwann war Manuel so weit, sich auf einen Entzug einzulassen. Ich freute mich sehr über seine Entscheidung – mir war damals noch nicht bewusst, wie gefährlich ein solcher Schritt sein kann. Ich besuchte Manuel einige Male in der Klinik und es war schön zu sehen, wie schnell er wieder viel besser aussah, zu hören, wie er kämpfte und wie er mit dem Gefühl des Reißens umging.

Er erzählte von seinen Träumen, wie er eine Spritze findet und wie er sogar im Traum gegen die Versuchung ankämpft. Einmal habe er sich im Traum eine Spritze gesetzt und den Flash gespürt. Er sei in Panik erwacht, weil er glaubte, dass er seinen Entzug nicht geschafft hatte. Dann erzählte er mir verschiedene Erinnerungen aus der Schule und aus der Zeit der Scheidung. Je mehr er auf dem Weg war, clean zu werden, desto häufiger wurde er überflutet von schwierigen Geschichten aus der Vergangenheit und von dunklen depressiven Gefühlen. Diese umkreisten ihn wie dunkle Raben, er meinte, es seien Dämonen, die viel stärker seien als er. Ich betete mit ihm, was ihm guttat, aber das Gebet kann diesen schwierigen Prozess der Trauer und der Verarbeitung der Vergangenheit nicht ersetzen. Es kann höchstens Mut geben, weiterzumachen und zu glauben, dass das Leben einen guten Plan für einen hat … Ich gab ihm meine Visitenkarte und sagte, wenn er wolle, könnte er jederzeit anrufen, um mit mir zu sprechen.

Dann ging es wieder besser, er schaffte auch den Schritt vom Entzug in die Therapie, da er eingesehen hatte, dass er für das Leben ganz viel zu lernen und nachzuholen hatte. Ich war erleichtert und dachte schon: Jetzt hat er es geschafft. Die Therapie begann auch sehr gut, er fand den Rhythmus wieder, aber immer wieder kämpfte er mit dem Reißen.

Eines Tages rief mich die Polizei an und fragte mich, ob ich in die Gerichtsmedizin kommen könnte, da sie jemanden zu identifizieren hätten. Der junge Mann habe nichts bei sich – außer einer Visitenkarte von mir.

Ich wurde von einer Polizistin ernst und höflich empfangen. Sie führte mich in den Raum, wo die Leichen aufbewahrt wurden. Es war alles kühl, mit Chromstahltischen und weißen Schränken. Das Neonlicht verstärkte die unwirkliche Sterilität. Da lag jemand unter einem weißen Tuch auf einem der Tische. Der Anblick sei nicht so schön, bereitete mich die Beamtin vor. Sie hätten ihn heute Morgen mit dem Gesicht nach unten in der Nähe des Letten gefunden. So wie es aussehe, sei er an einer Überdosis Drogen gestorben. Er habe einige Zeit hinter dem Gebüsch gelegen, deshalb die blauen Flecken im Gesicht und am Körper. Jetzt war noch ein Polizeibeamter da, sie deckten die Leiche bis zum Bauch ab. Vor mir lag Manuel, ich war sprachlos und geschockt. Seine Flecken, sein Gesicht, das wohl zu erkennen war, das aber schon nicht mehr der Manuel war, den ich kannte. Mit gesenktem Kopf sagte ich: »Ja, ich kenne ihn, und ich war auch schon vor seinem Entzug mit ihm bei seinem Vater zu Hause.«

Ich berichtete den Beamten, dass er den Entzug hinter sich hätte und vor einiger Zeit eine Therapie begonnen habe. Das erklärte, dass er praktisch nur einen neueren Einstich hatte. Die meisten Menschen wissen nicht, wie gefährlich Drogen sind, wenn man länger abstinent ist. Wenn der Körper an die Drogen gewöhnt ist, kann er beträchtliche Mengen verarbeiten. Aber wenn jemand länger nichts mehr konsumiert hat und dann aus welchen Gründen auch immer wieder konsumiert, dann kommt es oft zu Überdosierungen. Wir erfuhren dann, dass er zwei Tage vorher am Abend von der Therapie weggegangen war, weil es ihm, wie er noch gesagt hatte, einfach zu viel werde. Er sei dann heimlich davongeschlichen.

Der Polizist, der den Fall bearbeitete, bat mich, die Beamten zu Manuels Vater zu begleiten und die Todesnachricht zu überbringen. Ich rief den Vater an und fragte, ob er zu Hause sei, da ich ihm etwas Wichtiges ausrichten müsse, was ich nicht am Telefon sagen möchte. Vor dem Haus stand das Taxi, welches der Vater normalerweise fuhr, auch seine junge Freundin war anwesend. Als mich der Vater in der Tür mit den zwei Polizisten sah, standen ihm schon die Tränen in den Augen.

»Was ist mit Manuel?«, fragte er mit unsicherer, gebrochener Stimme. Im Hintergrund auf dem roten Sofa saß seine magere, süchtige Freundin und schaute uns mit großen Augen an. »Er hat doch nichts angestellt, oder?« – »Nein, aber ich war heute auf der Gerichtsmedizin und« – »Ist er t…?!« Der Vater stieß einen solch schmerzhaften Laut aus, der Herz und Seele durchfuhr. Er versuchte ihn zu unterdrücken, aber immer wieder schrie es aus seinem Innersten heraus. Er weinte, hielt mich zugleich mit verkrampften Armen fest und schrie: »Mein Sohn, mein Manuel!« Die Tränen schossen ihm in die Augen. Es tat so weh, den Mann in dieser Situation zu erleben. Seine blauen Augen, sein ergrautes Haar – er schien binnen kürzester Zeit um Jahre gealtert zu sein.

Diese Begegnung war wohl einer der traurigsten Momente, die ich bis dahin auf der Gasse erlebt hatte. Momente, die sich in Zukunft noch oft wiederholen würden, denn immer wieder erfahren Eltern, dass ihre Kinder durch die Drogen umkommen. Es ist eine Tragödie, sein Kind zu verlieren, aber wenn es wegen einer Überdosis ist, wenn sie erfahren, dass ihre Kinder alleine irgendwo hinter einem Baum oder auf einer Toilette an Atemlähmung erstickt sind, dass niemand da war, der ihnen die Augen zudrückte, dann werden die Eltern von Selbstvorwürfen heimgesucht. Sie fragen sich, was sie falsch gemacht haben, dass ausgerechnet ihr Kind in die Drogenszene gerutscht ist. Sie machen sich Vorwürfe und dann kommt bald auch die Frage danach, wie der Weg des verstorbenen Kindes im Jenseits aussieht. Gibt es einen barmherzigen Gott? Fragen über Fragen. Oft gibt es die oberflächliche Antwort: »Jetzt hat er es sicher besser als vorher.« Ich sage jeweils nicht viel, außer dass ich im Gebet an ihn und die Familie denken möchte.

Eine junge Frau

Schon lange beobachtete ich am Letten eine Süchtige, die mir immer aus dem Weg zu gehen schien. Ich schaute sie an und schloss sie von dem Tag an regelmäßig ins Gebet ein. Mein Versuch, sie einmal anzusprechen, scheiterte kläglich. Als ich sie an einem Abend sah, wie sie die Enge Gasse hinunterging, sagte ich: »Hallo junge Frau, wohin gehst du?« »Ich gehe einen Gratis-Aidstest machen«, antwortete sie. »Na, dann komm ich mit.« Die Leute im ambulanten Testwagen waren schon etwas überrascht, als ich neben der jungen Frau stand und sagte, ich wolle auch einen Test machen – obwohl ich nicht gewusst hätte, wo ich mich infiziert haben könnte, aber es war eine Gelegenheit, mit ihr in Kontakt zu kommen. Nachdem wir einige Formulare ausgefüllt hatten, wurde mir kurz etwas Blut abgenommen und ich sah und hörte, wie gegenüber die Frau zu fluchen begann: »Mann, trefft ihr denn nicht mit der Nadel?« Die junge Krankenschwester sagte, es sei so schwierig bei diesen zerstochenen Armen. »Na, dann gib mir die Pumpe«, gab die Frau zurück, und ich sah, wie sie selber mit der Spritze zu hantieren begann, bis das Blut floss. Wir gingen schweigend zurück zur Gasse. Das war die erste Begegnung und sie verschwand, ohne mich anzuschauen oder sich zu verabschieden.

Ein paar Tage darauf war ich am Letten mit jemandem im Gespräch, als sie vorbeiging und »Hallo Mönch« sagte. Dann war sie wieder weg. Einige Zeit später, als ich mich auf den Heimweg machen wollte, kam sie mir entgegen und fragte: »Hast du etwas Zeit?« Ohne Umschweife sagte sie: »Ich weiß, dass Gott mich ruft, aber ich will nichts von ihm wissen, da ich viel zu tief in die Hölle der Sucht hinabgestiegen bin.« Ich war sprachlos. Ich erinnere mich nicht mehr genau, was dann noch geschah, aber sie bat mich, für sie zu beten. Ich sagte: »Komm wir gehen etwas hinauf, da steht eine schöne Buche, dort sind wir etwas ungestörter.« Wir sahen auf die Lettenbadi – das ist ein Strandbad an der Limmat – hinab, von rechts hörte man die unverkennbaren Geräusche der Gasse. Es wurde gerade dunkel und der angebrochene Mond stand über der Stadt. Ich betete für sie: »Ach, Herr Jesus, du kennst dieses Mädchen und ich weiß, dass du ein guter Gott bist, der seine Kinder nie aufgibt, auch wenn sie sich in den Fesseln der Sucht verfangen haben. Heiliger Geist, erfülle dieses Mädchen mit der Liebe, die ihr fehlt und die sie in all den Drogen nicht findet.« So betete ich einige Zeit, ihr liefen die Tränen über die Wangen und dann sagte sie, jetzt sei sie bereit, Jesus ihr Leben zu übergeben und ihn in ihr Leben aufzunehmen. »Wie kommst du darauf?«, fragte ich. »Hat dir das jemand erzählt?« Sie verneinte, aber während ich betete hätte sie einfach das Gefühl gehabt, sie sollte ihr Leben ganz Jesus anvertrauen.

Ich zog ein Gebetbüchlein heraus und sagte, sie solle das doch zuerst mit freien Worten zu Jesus sagen und dann könnten wir miteinander dieses Gebet sprechen. Sie wandte ein, sie hätte noch nie laut gebetet. »Na, dann ist es höchste Zeit, und sag einfach: Jesus ich glaube an dich, ich möchte dich lieben lernen. Und verzeih mir die Schuld, für die du gestorben bist, und komm in mein Herz. Mach es irgendwie so, aber es soll von ganzem Herzen kommen. Anschließend beten wir das Gebet aus dem Büchlein.« Es war rührend, wie sie zum Himmel aufschaute und mit Tränen in den Augen stammelnd zu beten begann. »Du lieber Gott, ich weiß nicht, wie beten …«, dann beteten wir gemeinsam dieses Gebet:

Heiliger, starker, unsterblicher Gott,
dir sei Lobpreis, Anbetung und Ehre. Tag für Tag
will ich im Glauben an dich, den dreifaltigen Gott,
den Vater, den Sohn und den Heiligen Geist, wachsen.
Mit deiner Kraft widersage ich dem Misstrauen dir gegenüber,
denn du bist die Liebe selbst und willst nur das Beste für mich.
Ich widersage in deinem Namen dem Satan und all seinen
Werken. Mit der ganzen Kraft meiner Seele wende ich mich ab
von Stolz, Neid, Herzenshärte, Hass, Begierden und vom fal-
schen ICH.

Abba, lieber Vater, in deine Hände lege ich mein Leben: meine
Freuden, Wünsche, Schuld, Ängste, Vergangenheit, Zukunft,
mein Herz und auch schon meinen Tod. Lass mich heute
erkennen, was du von mir willst, damit ich es tue, und dir
meine Umkehr in der Tat zeigen kann.

Herr Jesus Christus, du hast am Kreuz mein Leben mit deinem
Blut aus Satans Herrschaft befreit. Bewusst lasse ich die Erlö-
sung aus deinem Tod und deiner Auferstehung in mein ganzes
Wesen einströmen. Du bist mein Herr und Gott. Ich nehme

deine lebendige Gegenwart in mir an. Immer mehr möchte ich mein falsches Ich loslassen und dir, Christus, umso mehr Raum in mir geben. Bilde mein Herz nach deinem sanften, selbstlosen und demütigen Herzen. Mache mein Inneres hörend, lauter, stark und gehorsam gegenüber dem Willen des Vaters. Mich und alle, die mir anvertraut sind, weihe ich deinem kostbaren Blut, deinen heiligsten Wunden und deinem durchbohrten Herzen.

Heiliger Geist, du Leben meiner Seele, deiner Führung ver-traue ich mich ganz an. Entfalte du in mir das Geschenk der Wasser- und Feuertaufe und erneuere in mir die Gnade der lebendigen Gotteskindschaft.

Bringe in mir alle Gaben und Früchte hervor, um in Jesus die Werke des Vaters zu vollbringen, zum Aufbau der Gemein-schaft der Gläubigen.

Heilige Maria, du unbefleckte Gottesmutter, du Mutter aller Gläubigen und Königin des Friedens. Ich weihe mich und mei-ne Verwandten und Bekannten deinem von keiner Sünde getrübten Herzen. Führe mich zu jener strahlenden Heiligkeit, die dein göttlicher Sohn von Ewigkeit her für uns vorgesehen hat.

Heiliger Schutzengel, heilige Erzengel Gabriel, Michael und Raphael, ihr himmlischen Heerscharen und all ihr Heiligen, ihr Beschützer von Leib und Seele, entreißt mich allem Bösen und führt mich auf dem Weg des heiligen Evangeliums, damit ich immer mehr in der Freude der Erlösten leben kann.

Barmherziger und gütiger Gott, lass jeden Herzschlag, jeden Atemzug, jedes Wort und jede Tat immer mehr Anbetung, Lob-preis und Antwort auf deine Liebe werden. – Amen. Halleluja!

Sie ging dann wieder ihres Weges, konsumierte weiter Drogen und kam ab und zu zu mir, um zu reden und zu beten. Irgendwie war etwas im Herzen des Mädchens passiert, jedenfalls so viel, dass sie es hoffnungsvoll auf der Gasse erzählte. Ich mache oft die Erfahrung, dass jene, die bei Jesus Zuflucht nehmen, langsam lernen, wieder auf das Innere ihres Herzens zu hören. Plötzlich begann sie andere Süchtige mitzubringen, die ihr Leben ebenfalls Jesus anvertrauen wollten, und wir beteten gemeinsam. Wenn ich ehrlich bin, freute ich mich einerseits sehr, aber dann war ich auch sehr enttäuscht, dass nicht die erwarteten Wunder geschahen und dass sie ihr Leben nicht sofort zu ändern schienen.

Es war nicht so einfach zu akzeptieren, wie Gott ist. Ich hätte damals gerne einen Gott gehabt, der die Süchtigen zum Guten hin manipuliert und sie sofort von der Sucht heilt. Ich hätte so gerne von den Wundern erzählt, die Gott auf der Gasse wirkt, aber es war nicht so. In jener Zeit las ich Bücher von anderen christlichen Autoren, bei denen anscheinend dauernd Wunder geschahen, aber leider kannte ich niemand, bei dem es so war. Sicher gab es »Wünderlis«, dass nach einem Gebet Kopfschmerzen weggingen, dass wir um ein Zimmer beteten und eine Stunde später plötzlich ein Zimmer zur Verfügung stand. So erlebten wir viele kleine »Gebetserhörungen«. Aber praktisch waren alle Süchtigen, auch die, die zu Jesus Zuflucht nahmen, weiterhin süchtig, oder aber sie begaben sich auf den langen Weg weg von der Sucht, der geprägt war von inneren und äußeren Kämpfen und Schmerzen. Sicher, viele, die den Entzug wagten und zugleich den Glauben fanden, erzählten, dass sie keine oder kaum Entzugsschmerzen hatten, aber es waren doch eher kleine Dinge.

Langsam begann ich zu verstehen und zu akzeptieren, dass das Gebet nicht die wesentlichen Lebensprozesse wie Reifung, das Übernehmen von Verantwortung oder das Eingehen von Beziehungen ersetzt. Was gelernt werden darf, ist mit der Freiheit umzugehen, also Ja oder Nein zu sagen.

Jeder Mensch muss mit oder ohne Gebet lernen, mit Enttäu-
schungen und Konflikten klarzukommen und sich real einzuschätzen, das heißt, nicht besser und nicht schlechter zu
sein, als man ist. Dies und vieles mehr gehört zu den normalen Lebensprozessen, die das Gebet eben nicht ersetzt, sondern höchstens Mut und Hoffnung weckt, sich den Herausforderungen konstruktiv zu stellen. Im Gebet beginnt die
Gnade zu fließen, das heißt, dass man die ganze eigene Kraft
mobilisiert, die richtigen Schritte im Leben zu gehen, die
einem mit der Gnade dann auch viel leichter fallen.

Überleben mit dem Gift

Ich bin heute der Ansicht, dass auch derjenige, der eine
Suchtkarriere einschlägt, sehr viel lernt, denn auf der Gasse
zu »über«-leben ist nicht einfach: Auf der einen Seite die
Polizei und die Angst davor, ins Gefängnis zu kommen,
sowie die Bürger, die einen verachtend und abweisend
anschauen, auf der andern Seite die Drogenmafia, die kein
Erbarmen kennt. Die ewige Hetze nach Geld, um das
»geliebt-verhasste« Gift zu kaufen. Dann kommen noch
missionarische Christen dazu, die einem verkünden, dass
man in dieser fast aussichtslosen Situation nichts als die
Hölle zu erwarten habe, außer man bekehre sich. Mit diesem
Druck täglich klarzukommen, sieben Tage in der Woche,
zwölf Monate im Jahr ohne Ferien und Freizeit, das ist eine
Herausforderung. Wenn man sich vorstellt, dass ein durch-
schnittlicher Drogensüchtiger zwischen 50 000 und 150 000
Schweizer Franken pro Jahr in Drogen investiert, ist das, so
merkwürdig das klingt, eine riesige Leistung – auch wenn
das Geld zum größten Teil illegal, durch Prostitution oder
gar kriminell beschafft wird.

Die Drogensüchtigen sind in jedem Fall die am härtesten
arbeitenden Sklaven auf der dunklen Seite dieser Welt. Skla-

ven, die einen unerbittlichen Sklavenhalter haben. Wenn sie sich zur Ruhe legen wollen, beginnen die Schmerzen des Entzugs. Dann kommt die mörderische Leere, die Einsicht, dass im Leben mehr oder weniger alles schiefläuft. Aber wenn man sich aufrappelt, einen Freier bedient, auch wenn er stinkt und grob ist, so ist doch wieder Geld da für das liebe Pulver. Kaum ist das Gift wieder im Körper, vergessen die Süchtigen ihren knallharten Sklaventreiber, denn sie werden mit schönen Gefühlen belohnt. Das Gehirn reagiert positiv auf die diversen Botenstoffe, man bekommt Distanz zu den verschiedensten Problemen und hat wieder ein gutes Gefühl für sich selbst. Bei manch einem Suchtbetroffenen bekommt die Illusion, eine Art kleiner Gott zu sein, wieder Nahrung.

Einmal habe ich Lisa über diese Art Alltag interviewt. Sie erzählte mir spontan, was sie die letzten vierundzwanzig Stunden alles gemacht hatte.

Tagesablauf von Lisa

Nach dem ich drei Tage »durchgefeiert« hatte, schlief ich ein. Es war acht Uhr morgens in der Lugano Bar bei meinem Bruder, der auch süchtig ist, aber wenigstens nicht obdachlos wie ich. Ich schlief die erste Schicht bis 13 Uhr. Als ich erwachte, fiel mir ein: »Scheiße, das Meti (Methadon) wird am Wochenende nur bis 13 Uhr abgegeben im KFO (Krankenzimmer für Obdachlose).

Am Tag vorher hatte ich es um 10 Uhr genommen und ich sollte daher bereits äffig (Drogenentzugserscheinungen) sein. Nur der Gedanke, dass ich kein Meti mehr habe, verursachte bei mir Schweißausbrüche. Ich hatte nur noch 20 Franken im Sack: Die behalte ich noch bis ich voll auf dem Aff (voll in den Drogenentzugsschmerzen) bin, sagte ich mir. Da ich sehr müde war, spürte ich den Entzug noch nicht allzu stark. Ich legte mich nochmals hin und schlief bis 20.30 Uhr. Zu diesem Zeitpunkt erwachte ich voll auf dem Aff und hatte bereits starke Entzugserscheinungen. Es war zum Sterben schmerzhaft und diese Schmerzen sind immer mit viel Angst und Unheimlichem verbunden: Wie komme ich noch zum Gift? Es gibt ja kaum noch guten Sugar auf der Gasse vor allem in letzter Zeit!

Mein Bruder war nicht da und die Tür war noch abgeschlossen. Ich versuchte mir vorzustellen, ich sei nicht auf dem Aff, aber die Angst wurde immer größer … Ich befürchtete, dass mein Bruder nicht mehr zurückkommen könnte. Schmerz und Angst kamen auf, ich wurde langsam panisch.

Nach einer halben Stunde kam er doch und ich vertraute ihm meine 20 Franken an, damit er mir etwas Heroin besorgen konnte, da ich am ganzen Leib zitterte. Nach etwa zwanzig Minuten kam er mit schlechtem Sugar zurück. Ich habe nicht einmal etwas geschmeckt vom Heroin im Mund, so mies war das Zeug. Es brachte mich auch nicht richtig vom Aff herunter.

Also riss ich mich zusammen, habe mich angezogen und nahm mir vor, was zu »machen«. Ich suchte einen Käufer und führte ihn zum Dealer. Dieser gab mir dann sozusagen eine Provision. Natürlich versuchte ich, so viel wie möglich für mich abzuzwacken.

Das läuft etwa so: Wenn ein Kunde zum Beispiel für fünfzig Franken Cola (Kokain) will (0,3 Gramm), dann gehe ich zu einem »meiner« Dealer. Dieser gibt mir dann oft zwei Minigrips mit (ca. 0,2 Gramm), wobei ich dann eines für mich behalte und das andere als 0,3 Gramm an den Kunden weitergebe.

Das ist jetzt das Beispiel für ein gutes Geschäft. Leider aber ist das nicht immer möglich. Mal geht es besser, mal schlechter. Ich hatte dann in dieser Nacht noch einen »guten, dummen« Kunden, den ich speziell bediente und von dem ich dann hundertzwanzig Franken abknöpfte. Er wollte für 200 Franken Cola und ich gab ihm für 80 Franken Stoff und machte ihm klar, dass er ein gutes Geschäft gemacht habe. Mit den 120 Franken konnte ich Ketaligin oder Methadon suchen, da Heroin meinen Entzug nicht so schnell ausgeglichen hätte. Später traf ich Marlene, die normalerweise immer Meti und Ketti dabei hat, aber sie hatte nichts dabei. Dann fragte ich sie, wo sie wohne. Sie lebte dort ganz in der Nähe. Nachdem wir ein paar Worte gewechselt hatten, gab sie mir schließlich 100 Milligramm Methadon für 35 Franken. Es kam noch so ein Typ bei uns vorbei, der hat uns noch etwas Cola für 30 Franken verkauft. Ich holte dann noch das Ketaligin bei Marlene und dann Tschüss. Ich ging zurück zu meinem Bruder, etwa um ein Uhr morgens, und konsumierte dort. Draußen war es sehr kalt, dazu war ich immer noch äffig, weil das Meti bis zur vollen Wirkung etwa 30 Minuten braucht. Als dann endlich das Meti eingefahren war, fühlte ich mich erlöst und auch das Cola, welches ich mir spritzte, tat das Seine dazu.

Danach machte ich mich wieder auf Kundensuche, wiederum um Stoff zu vermitteln. Kaum war ich draußen, fand ich einen Kunden, der für hundert Franken Material wollte. Somit hatte ich wieder sechzig Franken im Sack, und konnte mir erneut einen Knall machen (Drogen intravenös einspritzen).

Es verging einige Zeit auf dem Flash (wenn die Drogen wirken), das kann zwischen dreißig Minuten und bis zu drei Stunden dauern, weiß nicht mehr genau, wie lange es heute ging.

Etwa um 5 Uhr morgens habe ich nochmals etwas konsumiert und bin dann vielleicht bis 10 Uhr rumgehängt und hab »Bunker« (versteckte Drogendepots von

Straßendealern) gesucht. Besonders unter dem Einfluss von Kokain habe ich eine Art Zwang, etwas zu suchen. Später ging ich die 100 Milligramm Meti im KFO holen. Ich ging nochmals vermitteln, fand nochmals Konsumenten und ging meinem Cola-Hobby nach (Konsumieren und Bunker suchen).

Etwas später hörte ich wie Bruder Benno die Leute zum Essen einlud. Da dachte ich: Essen wäre auch nicht schlecht. Nach dem Essen tischte ich allen noch den Kaffee auf und setzte mich gleich hinter dem Haus hin, um einen weiteren Knall zu machen. Bruder Benno kam dann besorgt nachschauen und war nicht so einverstanden, dass ich hier hinter dem Christenhüsli im Hof Drogen spritze. Er schaute, ob es mich umgehauen hatte, aber ich lachte ihn nur aus. Dann bot ich ihm an, mal meinen Tagesablauf aufzuschreiben. Bruder Benno ist zwar etwas schwer von Begriff, wenn ich ihm die Dinge mit dem Vermitteln und den Drogen erkläre, aber jetzt sitzen wir gemeinsam bei einem Kaffee.

Ich hab das alles mitgemacht, da ich momentan gut mit Dope eingedeckt bin. Ich bin auch etwas gutmütiger und geduldiger, wenn ich genug Drogen in mir drin hab.

Das waren einfach 24 Stunden, die sich so ähnlich täglich wiederholen, bis es nicht mehr geht, Gefängnis- oder Spitalaufenthalte sind die normalen Unterbrechungen, ich weiss, dass es keine Zukunft hat, aber für den Entzug und die Therapie bin ich noch nicht bereit.

Kurz nachdem ich Lisas Text hier in das Buch eingefügt hatte, war ich in Zürich unterwegs, weil ich beim Notariat etwas erledigen musste. Vor dem Notariatsgebäude rief mir eine junge Frau nach: »He, Bruder Benno, wie geht es dir?« Es war Lisa, sauber gekleidet, mit einem Kinderwagen. Ich traute meinen Augen nicht. »Mensch, wie hast du das geschafft?«, fragte ich überrascht. »Ich lernte einen netten Mann kennen, der nichts mit Drogen zu tun hatte, wir verliebten uns …, jetzt habe ich ein Kind und bin glückliche Mama geworden. Das Kapitel Drogen habe ich abgeschlossen. Super, gell?« Strahlend lachte sie mich an.

Ein »Beinahe«-Täter

Ich habe nicht nur mit Süchtigen Kontakt, sondern auch mit Menschen, die unter innerer Zwanghaftigkeit leiden. Einmal wurde ich in einem solchen Zusammenhang sogar von der Polizei festgenommen – es war mein Fehler. Ich muss die Geschichte leicht verfremdet wiedergeben, weil sie sonst das Seelsorgegeheimnis brechen könnte.

Es war in der Zeit, als in Erfurt und in Zug viele Menschen durch Amokläufer ums Leben gekommen waren. Verzweifelt riefen mich die Eltern des »Beinahe«-Täters an. Sie erzählten, wie sie mitbekommen hatten, dass ihr Sohn anonym Morddrohungen gegen bestimmte Personen aussprach. Man vermutete ihn bereits als Urheber der Drohungen.

Ich kannte ihn und wusste um seine zwanghafte Seite. Er hatte immer mit einigen Leuten gestritten und prozessiert – und er war im Besitz von Waffen. Gemeinsam mit den völlig überforderten Eltern ging ich zu ihm.

Zuerst sprachen wir über dies und jenes, bis ich dann die Morddrohungen erwähnte. Irgendwie war er erleichtert, dass jemand ihn darauf ansprach, ohne ihn zu verurteilen. Er beteuerte allerdings, dass er keine Morddrohungen ausgesprochen hätte. Ich erwiderte: »Wenn so massive Vorwürfe gegen dich vorliegen, dass Leute behaupten, du sprichst gegen sie Morddrohungen aus, dann gib deinen Eltern doch wenigstens die Militärsachen und die Waffen mit.« – »Ich werde doch niemanden umbringen«, sagte er. »Das hoffe ich natürlich auch«, entgegnete ich.

Einige Schweißperlen liefen über seine Stirn und er begann lange über die elenden Leute zu schimpfen, mit denen er im Streit lag. Es war traurig zu sehen, wie er in zwanghaften, bösartigen und aggressiven Gedankenschlaufen gefangen war. Er erzählte, was er mit diesen miesen Menschen machen werde. »Du Lieber«, sagte ich, »nach dem, was du mir jetzt wiederholt erzählt hast, bleibt mir als Bruder und Seelsorger nichts anderes übrig, als so lange bei dir zu bleiben, bis du mir oder den Eltern deine Waffen mitgibst. In diesem Zustand, in dem ich dich gerade erlebe, kann ich dich nicht alleine mit den Waffen lassen. Zudem möchte ich mein Seelsorgegeheimnis wahren. Als Psychologe müsste ich wohl Meldung machen, da ich wirklich nicht sicher bin, ob du Menschenleben gefährdest.«

Menschen, die unter zwanghaften Seiten leiden, sind nicht einfach zu verstehen, und Zwänge welcher Art auch immer sind nur schwer loszukriegen. Auch Therapeuten wissen oft kaum noch weiter, denn Zwänge zu bearbeiten heißt, die tiefen existentiellen Nöte und Ängste anzugehen. Die Zwänge sind unerklärlich, aber mir scheinen sie das kleinere Übel zu sein: Wie eine Art Druckverband halten sie eine tiefe Lebenswunde zu. Würde der Zwang nicht ausgeübt, dann werden die Betroffenen mit schwierigen Gefühlen der Angst, Aussichtslosigkeit und Verzweiflung überflutet.

Ich erklärte ihm, dass Gott sicher einen Weg für ihn bereit habe und dass man für diese Dinge auch beten könne. Letztlich, so sagte ich ihm, würden Vergebung und Liebe alles ins Lot bringen und nicht Prozesse, Rache und blinde Wut. Plötzlich stand er auf und ich war überrascht, wie er ohne Weiteres die Gewehre ins Auto der Eltern lud. Er verabschiedete sich von ihnen und bat mich, nochmals zu ihm in die Wohnung zu kommen.

Aus dem Schlafzimmerschrank holte er eine schwarze Schachtel mit 400 Schuss Munition darin. »Diese Munition sollte nicht existieren, da ich auf unguten Wegen an sie gekommen bin.« Er übergab sie mir und meinte, ich solle sie entsorgen, es sei besser, wenn auch diese Munition nicht mehr bei ihm sei.

Es war merkwürdig, mit der Tram durch die Stadt zu fahren und in einer stabilen Einkaufstüte 400 Schuss Munition für ein Sturmgewehr zu haben. Da es schon sehr spät war, wollte ich sie erst am anderen Morgen zur Polizei bringen. Ich nahm die Geschosse mit ins Kloster und sagte im Vertrauen dem Guardian, dass ich über Nacht etwas Munition im Keller lagere, um sie dann der Polizei zu bringen. Irgendwie erfuhr ein Mitbruder davon und telefonierte sofort mit einem Freund, der bei der Polizei gearbeitet hatte. Er meinte, ich solle die Tüte einfach zum Fundbüro bringen, da ich sonst gefragt werden könnte, woher die Munition kommt. Manchmal ist man zu schnell gehorsam und überlegt nichts. Ich brachte die Munition ins Fundbüro, hatte aber ein sehr schlechtes Gefühl dabei. Nach der Supervision – ich hatte den Fall geschildert und besprochen und der Supervisor war der Ansicht, dass man das so nicht machen könne und die Gefahr bestünde, dass die Munition wieder in falsche Hände komme – ging ich zurück ins Fundbüro und fragte, ob ich das, was ich abgegeben hatte, nicht wiederhaben könnte.

Ich stand am Schalter des Fundbüros. Binnen kürzester Zeit waren zwei Polizisten da und im Hintergrund zwei weitere in voller Montur mit Maschinengewehr, schwarzer Kappe und kugelsicheren Anzügen. »Bitte mitkommen«, sagten sie, und ich wurde festgenommen. Ich sagte noch lachend: »Das ist ja wunderbar, denn ich wollte mit dem Paket Munition sowieso zu euch kommen.« Es gab eine Untersuchung, aber das Seelsorgegeheimnis wurde von der Polizei voll geachtet, niemand versuchte mich auszuhorchen oder Ähnliches. Ich hatte Glück, dass ein Polizist mich von der Zeitung her kannte, und ich gab zu, dass es ein Fehler gewesen war, die Munition auf dem Fundbüro zu entsorgen. Mit etwas Herzklopfen verließ ich den Polizeiposten.

Eine etwas andere Weihnachtsgeschichte

Ich möchte eine besondere Geschichte erzählen, eine Geschichte, die für mich zu einem Stück Evangelium wurde. Sie ist auf den ersten Blick so unglaubwürdig wie so viele Texte aus der Heiligen Schrift. Dieses Erlebnis löste sozusagen eine neue Umkehr in mir aus, zum Wesen des christlichen Glaubens hin.

Es war am 24. Dezember 1995. Wie es üblich ist für Katholiken, wollte ich zu meiner Weihnachtsbeichte. Als ich mich auf den Weg machte, überkam mich ein starker Impuls: »Geh auf die Drogenszene, denn der Vater im Himmel möchte dir etwas beibringen.« Es ist selten, dass Impulse so klar kommen, aber wenn sie kommen, bin ich ziemlich sicher, dass es mein Engel ist, der zu mir spricht. Ich hatte genügend Zeit für den kleinen Umweg.

Da ich damals im Studium war, konnte ich nur in der freien Zeit auf die Gasse. Auch wenn es nur ein Tropfen auf den heißen Stein war und wir scheinbar kaum etwas an dieser Sintflut des Todes geändert haben, so wäre ich heute nicht der, der ich bin, wenn ich nicht dort hingegangen wäre. Es mag sein, dass der Tropfen auf den heißen Stein der Tod-Gesellschaft nicht viel bewirkt. Aber allein der Glaube jener, die wenigstens versuchen, kleine Tropfen des Trostes, des Heils und der Hoffnung zu bringen, werden in ihrem eigenen Leben reichlich dafür gesegnet werden.

Also fuhr ich mit der Tram Richtung Letten und mir ging ein Gespräch durch den Kopf, welches ich mit einer etwas zu eifrigen Katholikin hatte. Sie klagte darüber, wie wenig Menschen noch an Jesus glauben und wie schlimm es um die Moral stehe. Dann sagte sie: »Die Seelen der Menschen fallen so zahlreich in die Hölle wie die Schneeflocken im Winter vom Himmel.« Ich legte diese Gedanken beiseite und betete den freudenreichen Rosenkranz. Es war schließlich Weihnachtszeit, und wer Franz von Assisi kennt, der weiß, welch freudvolle Zeit das für uns ist. Weihnachten, wo aus dem unendlich großen und herrlichen Gott, der das Universum aus dem Nichts gehaucht hat, aus diesem unendlich dreifaltigen Gott ein demütiges kleines Kind in der Armut der Krippe wird.

Mit solchen Gedanken kam ich zur kleinen Lettenbrücke. Oft stand ich an diesem Platz und normalerweise dauerte es nicht lange, bis die ersten Gassenleute zu mir kamen. Aber heute stand ich da und niemand schien mich zu bemerken. Ich dachte an den Impuls meines Engels oder wie man das auch sagen will: »Geh auf die Gasse, der Vater im Himmel will dir etwas zeigen.« So stand ich da. Fünf Minuten, zehn Minuten und alle Süchtigen hetzten ohne mich zu beachten vorüber. Mir fiel das Gespräch über die Hölle wieder ein und ich musste etwas schmunzeln. Spielerisch begann ich mit diesen Gedanken zu jonglieren. Ich sah den Drogenabhängigen nach und dachte ganz oberflächlich: »Wenn du dich nicht zu Jesus bekehrst, wirst du wie eine Schneeflocke, die im Winter vom Himmel fällt, in die Hölle fallen. Und du ebenso, und du, und du und du …« Die Gedanken an die Hölle wurden immer ernster und quälender. Ja, die Frau hatte vermutlich recht, es schienen alle in die Hölle zu fahren. Mir schien, dass alle verloren waren, und die ganze Arbeit auf der Gasse völlig kam mir völlig sinnlos vor. Es dröhnte beinahe in meinen Ohren: Ihr seid ewig verloren! Es war ein wirklich schlimmer Moment, all die Bilder, die ich zum Thema Hölle habe, kamen in mir hoch.

Verunsichert wandte ich mich zur Limmat hin und begann zu beten. Zuerst etwas Rosenkranz, dann mit freien Worten. Ungefähr so: »Lieber Vater im Himmel. Was soll das? Ich dachte, du hast mich auf die Gasse geführt, um mir etwas zu erklären. Aber ich verstehe nur so viel, dass alle hier verloren sind und es keine Hoffnung mehr für sie gibt. Um mir das zu zeigen schickst du mich heute auf die Gasse? Das darf doch nicht wahr sein.« So sprach ich eine ganze Weile mit meinem Gott, als plötzlich vor meinen Augen ein riesiges Kreuz aus der Limmat aufstieg. Es war nicht wirklich, und doch erlebte ich dieses Bild ganz real. Mehrere Meter hoch stand es vor mir und am Kreuz hing ein Fixer, der von oben bis unten mit Striemen, Abszessen, Blut, abgebrochenen Nadeln und Hunderten, wenn nicht Tausenden Einstichen bedeckt war. Festgenagelt war er mit großen Spritzen. An den Spritzen waren geistige Filme befestigt, auf denen sah man, wie die Drogen beschafft wurden: Einbruch, Lügen, Prostitution, Dealen. Man konnte auch sehen, was mit den Drogengeldern alles finanziert wird: vom Luxus mitten in Armutsvierteln bis hin zu Waffen, Munition und Söldnern in Kriegsgebieten.

Als ich genauer hinschaute, sah ich im entstellten Körper des Süchtigen den Leib und das Antlitz meines Herrn Jesus Christus. Ich war völlig perplex. Ich hatte an Weihnachten alles erwartet, aber keine solch furchtbare Karfreitagsvision. »Was soll das, guter Gott, jetzt ist doch Weihnachten?« Bevor ich fertig gesprochen hatte, kam ein alles durchdringender Impuls: »Benno, glaubst du immer noch nicht, dass mein Sohn in jedes dieser Schicksale hineingestiegen ist. Er hat alles in freier Liebe angenommen, durchlitten und gesühnt. Die Menschen hier auf der Gasse und überall sind nicht verloren, sie sind gerettet, aber sie wissen es nicht. Geh und bring allen dieses Weihnachtsgeschenk, meine frohe Botschaft, die sie erlöst.«

In mir brach von ganz innen her eine Fontäne der Freude und Hoffnung auf. Meine zum Teil noch unbewussten Zweifel, ob es überhaupt eine totale Vergebung gibt, ebenso die verdrängte Angst vor dem Geheimnis der Hölle, all das

wurde von einer Flut hoffnungsvollen Glaubens wegge-
spült.

Eine wunderbare Freude durchdrang Leib und Seele, wie
ich sie nur ganz selten zuvor erleben durfte. Von dieser
Hoffnung durchflutet drehte ich mich um und wandte
mich der Gasse zu. Zwei Dealern, die mir begegneten, fiel
ich beinahe um den Hals. Mit allzu viel Enthusiasmus verkündete ich ihnen: »Jungs, ihr seid erlöst, ja wirklich, ihr
wisst es nur noch nicht.« Überrascht erwiderten sie: »He,
du Mönch, du hast wohl etwas zu viel gebetet oder stimmt
sonst was nicht?« Ich war nicht zu bremsen und begann zu
erzählen.

Es war wie wenn die Marktschreier ihre Sachen feilbieten
und die Leute zuhören und überlegen, ob sie zum Beispiel
ein Küchengerät kaufen sollen. Die meisten gehen ohne zu
kaufen weiter und freuen sich trotzdem über die originellen
Reden. Immer mehr Menschen hörten zu und während ich
von Jesus erzählte, wie er vom Himmel kam und bis in den
Tod am Kreuz hinabstieg, sah ich, dass ein elegantes Auto
gleich bei der Lettenbrücke angehalten hatte. Während ich
erzählte, stieg ein Herr aus dem Auto. Ich dachte, er suche
sicher sein Kind hier auf der Gasse. Nein, dieser Herr kam
mitten durch die Fixer hindurch auf mich zu und übergab
mir einen Früchtekorb. Er sagte: »Ich weiß auch nicht
genau, warum ich den Korb dir gebe, aber irgendwie musste ich einfach«, und verabschiedete sich wieder. Ich war völlig überrascht und plötzlich durchfuhr mich ein Geistes-
blitz: »Ihr lieben Mitmenschen, warum ich diesen
Früchtekorb bekam, weiß ich nicht. Aber wir können jetzt
noch lange über den Früchtekorb diskutieren oder einfach
zugreifen und den Inhalt genießen. Genauso ist es mit dem
Glauben an Jesus Christus: Wir können lange darüber diskutieren, oder uns einfach einmal auf den Herrn einlassen.« Bevor ich meinen Satz beendet hatte, öffnete jemand
schon den kleinen Champagner, der sich ebenfalls in dem

Korb befand. Es war ein richtiges kleines Fest mitten auf der Gasse und es dauerte keine zehn Minuten, bis alles aufgegessen war. Zuerst der Champagner, dann die Süßigkeiten und erst am Schluss die Äpfel mit den Vitaminen. Mit dem Glauben ist es oft ähnlich: zuerst den süßen Champagner und nach und nach lernt man die kostbaren Vitamine aus dem schlichten geistlichen Leben aufzunehmen und zu schätzen.

»So, jetzt muss ich mich verabschieden, ich will noch zur Beichte gehen«, sagte ich. Ornella, die Tochter eines höheren Staatsbeamten, schaute mich an und sagte: »Darf ich mitkommen zur Beichte? Aber ich weiß nicht mehr, wie das geht, ich war seit der Schule nicht mehr da.« – »Natürlich kannst du mitkommen, und ich kenne auch einen ganz tollen Priester für dich.« Ornella hatte alle Sünden auf dem Kerbholz, die man auf der Gasse haben kann, vom Dealen bis zur Prostitution. Ich sagte ihr, sie solle dem Priester alles hinlegen, was sie als Fehler und Sünde erkennt. »Versuche es nicht zu beschönigen, sondern steh aufrecht zu deinen Fehlern. Aber bring auch die Wunden deines Lebens, denn oft wachsen aus den Verletzungen bittere Kräuter, die gefährliche Früchte tragen, wie eben deine Sucht. Jesus ist der, der die Schuld vergibt und auch die Wunden heilt. Also hab Mut und sprich alles ganz ehrlich aus. Denn in der heiligen Schrift steht: Die Wahrheit macht euch frei.« – »Kann ich nicht bei dir beichten?«, fragte mich Ornella. »Weißt du«, erwiderte ich, »ich kann bitten, dass Gott dir die Schuld nachlässt. Der Priester aber kann dir im Geheimnis des Sakramentes, sozusagen in der Person Christi und im Namen der Kirche, die feste Zusage geben: ›Dir sind die Sünden vergeben.‹ Versuche es doch ganz ehrlich, alles Jesus zu sagen, der dir durch die Ohren des Priesters zuhört und dir in seinen Worten Vergebung schenkt. Ich bin fest davon überzeugt, dass Gott seine Hand ganz speziell über dem Beichtgeheimnis hält.«

Zuerst scheute sie in der dunklen Krypta der Liebfrauen-kirche etwas zurück. Ich flüsterte ihr zu: »Komm, versuch es, es wird dir guttun«, und schickte sie zu einem mir gut bekannten Priester in den Beichtstuhl.

Ich war schon lange fertig mit meiner Weihnachtsbeichte und wartete in der Krypta. Leises Schluchzen drang aus dem Beichtstuhl und endlich ging die Tür auf. Mit strahlenden Augen und mir beinahe um den Hals fallend kam Ornella auf mich zu. »Benno, mir wurde vergeben, er hat mir die Absolution erteilt, mir wurde wirklich vergeben.« Ihre ver-weinten Augen strahlten wie zwei Sterne. Irgendwie muss sie zutiefst berührt worden sein in dieser Beichte. Sie mach-te die Erfahrung: Ich werde geliebt, so wie ich bin, als Fixe-rin, als Hure, als Diebin und Dealerin. Gottes Liebe ist grö-ßer und er wird einen Weg mit mir finden.

Ornella war nach der Beichte immer noch süchtig und voller ungelöster Probleme, aber sie machte eine tiefe Erfah-rung des totalen Angenommenseins mit der Möglichkeit eines weiteren Weges. Sie sagte, der Priester habe ihr ange-boten wiederzukommen und im gleichen Atemzug fragte sie mich: »Und du, was machst du heute Abend?« – »Ich werde Heiligabend alleine in meiner Zelle verbringen und an all die Menschen denken, die in dieser Weihnachtszeit beinahe vor Einsamkeit verzweifeln. Um 24 Uhr feiern wir in unserer Dachkapelle die Mitternachtsmesse. Wenn du Lust hast, kannst du gerne kommen.«

Hier muss ich anfügen, dass es nicht einfach ist, einen Fixer zu einem Gassengottesdienst zu bewegen. Noch viel schwieriger ist es, Menschen, die im vollen Drogenstress sind, für einen normalen Gottesdienst zu gewinnen, geschweige denn zwei oder drei. Ich hatte mich zum Gebet in mein Zimmer zurückgezogen, als es gegen 23.30 Uhr klingelte. Ich dachte mir beim Hinuntergehen, dass es viel-leicht ein Nachbar sei, der zur Messe kommen möchte. Als ich die Tür öffnete, traute ich meinen Augen nicht recht. Da stand eine ganze Traube von Leuten an der Tür, die ich von der Gasse her kannte. Bevor ich etwas sagen konnte, rief einer: »Ich möchte auch beichten.« – »Und ich auch, Ornella hat uns davon erzählt und wir wollen auch zur heiligen Messe kommen.«

Ich musste an die Engel im heiligen Evangelium denken, welche den Hirten sagten, der Retter sei in einem Stall geboren. Damals waren die Hirten die Randgruppen der Gesellschaft, heute sind es die Süchtigen. Heute war der Engel, der die frohe Botschaft verkündete Ornella, die so von Gott berührt war, dass sie gleich mehrere Hirten (Gassenmenschen) zu unserer Krippe an die Hofackerstraßenkapelle gewiesen hatte.

Unser Pater kam schon etwas an die Grenzen mit dem Beichthören. Aber in einer wunderbaren, improvisierten Weihnachtspredigt erzählte er von Christi Geburt. Wie die Hirten kamen, wie auf allen Balken im armen Stall von Bethlehem wohl die Engel gesessen hätten. Mir war, als ob ich einige dieser Engel bei uns in der Kapelle auf den Balken sitzen sah. Unsere Besucher sangen und beteten mit, so gut sie konnten. Nach der Messe stießen wir alle auf Christi Geburt an und saßen noch lange zusammen und freuten uns im Herrn. Wie prägend dieses Erlebnis für mein Leben ist, wird mir immer wieder neu bewusst. Ich weiß, dass es nicht so ist, wie im feuchtfröhlichen Lied gesungen wird: Wir kommen alle, alle in den Himmel, weil wir so brav sind. Ich bin mir bewusst, dass unser Planet ein Ort der Entscheidungen ist und dass wir vielleicht noch mehr Einfluss auf unseren weiteren Weg haben, als wir es uns selbst eingestehen. Aber das Wissen, dass jeder von Gott her erlöst ist und für ihn der Himmel offen steht, das hilft mir immer wieder dabei, nicht zu verurteilen, sondern mich für die Liebe zu entscheiden. Im Zentrum steht der Gedanke: Du bist erlöst, du bist geliebt und so wie du heute bist, ist es gut. Vielleicht weißt du es noch nicht, was das heißt und wie viel Schönes für dich vor deiner Lebenstür wartet. So kann man sich gemeinsam hinsetzen, ohne Stress und ohne den bewussten oder unbewussten Druck zu vermitteln: »Du musst dich ändern, du musst dich bessern, du musst dich bekehren.« Muss-Sätze lösen vor allem Druck aus, sodass Gegendruck erzeugt wird und die Tür der Gnade noch mehr verschlossen wird.

Um diese Weihnachtsgeschichte existenziell zu wissen, gibt eine innere Gelassenheit, geliebt zu sein, nach der sich im Tiefsten jeder sehnt. Aus diesem angenommenen Geliebtsein heraus wird man neugierig, sich in Freiheit dem »guten Plan« für das eigene Leben zu öffnen, ihn zu entdecken und zugleich mit zu entwickeln. Oder anders formuliert: Jeder ist erleuchtet, er trägt die »Ebenbildlichkeit Gottes« in sich.

Es tut gut, jeden Menschen zutiefst wertvoll zu sehen, zu wissen, in seiner Seele ist alles da, um den Weg von der Raupe zum Schmetterling zu durchlaufen. Es liegt nicht an mir zu sagen, wie und wann der Verpuppungsprozess zu beginnen hat. Ein sehr guter Freund sagt immer wieder: »Wer Schmetterlinge liebt, muss Raupen ganz besonders mögen.« Natürlich wollen viele lieber Raupen sein und so weiterfressen wie bisher. Viele Menschen gehen den Weg der Wandlung, der Erlösung oder Erleuchtung, ohne es zu wissen. Wie viele stecken in einer Depression, in einer Krankheit oder sind in sich gefangen. Diese Orte bergen oft das Geheimnis des Kokons in sich. Dort geschieht die Verpuppung und die Wandlung zum »Schmetterling« wird so möglich. Übrigens heißt Schmetterling im Griechischen Psyche.

Wie dieser individuelle Wandlungsweg im Menschen angelegt ist, bleibt wohl ein Lebensgeheimnis. Sicher ist, dass jene, die sich bewusst der lebendigen Gnade Jesu öffnen, diesen Weg der Wandlung meist viel lockerer und bewusster gehen können, auch wenn es zwischendurch Momente gibt, die wehtun, denn der Schmerz gehört wesentlich zur Reifung der Psyche.

3. NEUE AUFGABEN RUFEN

Plötzlich Seelsorger

Von meiner theologischen Ausbildung auf dem DBW Studi-enweg (DBW steht für Dritter Bildungsweg, ein praxisnahes Theologiestudium an der Hochschule Luzern) wurde ein längeres Praktikum verlangt. Ich fand einen Platz bei den Sieberwerken – einer sozialen Einrichtung für randständige Menschen, die von dem reformierten Pfarrer Ernst Sieber begründet wurde. Einige Monate arbeitete ich dort im Büro, begleitete manchmal Ernst Sieber und war beeindruckt von seiner charismatischen, liebenswürdigen und zugleich spitz-bübischen Art. Er war ein großer Verehrer des heiligen Franz von Assisi und hatte viele Geschichten zu erzählen.

Einmal musste ich mit einer Angestellten etwas aufräu-men, es war ein Koffer voller Faustfeuerwaffen. Sie erzählte, Ernst Sieber habe sie in etlichen Gesprächen von Leuten aus dem Milieu bekommen, die sich bekehrt hätten. Jede Woche war ein Spaghettiessen, das für alle offen war, zudem gab es viele Besprechungen. Immer wieder kamen Suchtbetroffene und Obdachlose an die Tür und ich durfte ihnen bis zu 20 Franken geben. Ich versorgte sie auch mit Süßigkeiten oder neuen Strümpfen und Kleidern, die wir bekommen hatten. So richtig gut gefiel es mir nicht in diesem Praktikum, denn ich fühlte mich im Büro schon etwas unterfordert.

Dann fiel der Seelsorger im Sune-Egge wegen Krankheit aus. Das Sune-Egge ist ein medizinisches Zentrum für Sucht- und Aidskranke. Viele waren zum Sterben dort, da es damals praktisch noch keine wirkungsvollen Medikamente gab. Ich wurde gefragt, ob es mir recht sei, den Seelsorger zu ersetzen, ich hätte ja schon einen wesentlichen Teil meiner theologischen Ausbildung hinter mir. Praktisch unvorbereitet kam ich dorthin. Es war nicht einfach, dort als Seelsorger zu arbeiten, da etliche der kranken Menschen nichts mit der Kirche oder dem Glauben anfangen konnten. Zu meinen Aufgaben gehörte auch, jeden Mittwoch eine Andacht zu machen. Viele Zuhörer hatte ich nie, aber ich gab immer mein Bestes.

Wenn Ernst Sieber kam, waren alle Plätze belegt. Ich war jedes Mal begeistert von seiner schlichten und liebenswürdigen Art, über Gott und die Vergebung zu sprechen. Immer wieder hörte ich seinen beispielhaften Predigten zu. Den rostigen eisernen Christus ohne Arme hielt er uns Mitarbeitern immer wieder vor Augen. Er mahnte uns, dass Christus oft keine anderen Arme hat als unsere Arme, um all die Obdachlosen, Randständigen, Süchtigen und Kranken zu pflegen, zu begleiten und zu trösten. Denn Christus möchte selbst durch uns all diesen Menschen begegnen.

Dieser armlose Christus ist ein wirklich gutes Beispiel, aber für Menschen, die sich nicht gut abgrenzen können, kann diese Vorstellung fatale Auswirkungen haben. Wenn man zu glauben beginnt, dass Jesus sozusagen nur unsere Arme hätte, wird man mit dem Helfen nicht mehr fertig – denn die Not ist riesig, sobald man die Augen öffnet. Solche Menschen überfordern sich leicht und ich sage dann zu ihnen: »Vergiss nicht, dass Gott so allmächtig ist, dass er uns nicht unbedingt braucht, da er noch viele andere Möglichkeiten oder Menschen hat. Wenn jeder seinen Anteil übernimmt, wird sich keiner überfordern. Und wenn gesunde Menschen ihre Verantwortung nicht wahrnehmen, dann bist nicht du für sie verantwortlich, sondern jeder muss für seine verpassten Chancen zur Liebe selbst geradestehen. Wenn die Menschen wüssten, was es heißt, diese Chancen nicht zu nutzen: Viele wichtige menschliche Entwicklungen werden durch Begegnungen mit Not und Schwierigkeit initiiert und in Schwung gebracht.«

Das heißt die Menschen am Rande verkörpern oft viele noch nicht gut integrierte oder gar abgedrängte Schattenseiten unserer eigenen Seele. Jede nicht angenommene und integrierte Schattenseite in uns kostet viel Kraft, sie kann krank machen oder lässt uns matt werden. Werden die Schattenseiten konstruktiv in unser Leben einbezogen, wird unser Leben freudiger, farbiger, kreativer und lebenswerter. Wenn diese Aspekte in uns gut integriert sind, können wir auch recht gut und liebevoll mit diesen Menschen umgehen, ohne uns in ihre zum Teil unmöglichen Lebensspiele zu verstricken.

In einer anderen Predigt widmete sich Pfarrer Sieber einer geschnitzten Holzkette und erinnerte daran, dass die Kette nur so stark ist wie ihr schwächstes Glied. Ebenso ist die Gesellschaft nur so stark wie die schwächsten Glieder. So bleibe den Politikern, den Vertretern der Wirtschaft und der Kirche nichts anderes übrig, als auf die schwächsten Glieder zu schauen und für sie Sorge zu tragen. Das Minimum sei, dass wir den Menschen am Rande der Gesellschaft Raum geben, wie Jesus es uns lehrte, als er einen Mann mit gelähmtem Arm in die Mitte der Synagoge stellte und am Sabbat heilte. Damals, vor zweitausend Jahren, passte es vielen nicht, dass die Kranken in die Mitte der Gesellschaft kamen, in die Synagoge oder den Tempel. Die Mitte der Gesellschaft sind heute die Städte und die öffentlichen Plätze – und auch heute will man den kranken und »anderen« Menschen nicht an diesen Plätzen haben.

Früher war die Not derer, die auf den Plätzen mit ihren Papiertaschen, Bierflaschen und Hunden saßen, in unserer Gesellschaft noch sichtbarer als heute. Mittlerweile sind die Szenen vielerorts verschwunden und es ist gelungen, einen Teil der Menschen in der Anonymität von Sozialwohnungen verschwinden zu lassen. Man gibt ihnen genug Medikamente und Drogen, damit sie schön ruhig sind und die Öffentlichkeit in Frieden lassen. Der Schrei vieler ist verstummt in der Einsamkeit der Isolation. Der arme Christus, der uns oft gerade durch diese Menschen Chancen der Barmherzigkeit anbietet, ist dabei zu verschwinden – und damit auch die spezielle Möglichkeit, unseren Schatten zu begegnen. Denn wenn es uns wie gesagt gelingt, diese Schatten, die ihren Spiegel in der Gesellschaft haben, konstruktiv zu integrieren, werden ungeahnte Kräfte und Ressourcen freigelegt, welche die Lebensqualität massiv verbessern.

Aber wer die Augen offen hat, trifft den armen Christus auch heute immer wieder an. Denn die Schatten unserer Gesellschaft und unserer Seele finden stets einen Weg, um von der Anonymität und Verdrängung in unser Bewusstsein zu kommen.

Corinne

Gerne denke ich an Corinne zurück. Jedes Mal wenn ich im Sune-Egge bei ihr an die Tür klopfte und sie mich in der Kutte sah, sagte sie liebenswürdig, aber deutlich, dass sie keinen Seelsorger oder Pfarrer brauche, sie komme schon klar. Trotzdem klopfte ich Woche für Woche an jeder Tür und wusste, dass ich bei einigen mehr oder weniger freundlich abblitzte. Normalerweise sagte ich ein leises Gebet für den Aidspatienten, der im Zimmer lag, klopfte kurz und öffnete die Tür einen Spalt.

An diesem Abend schien Corinne auf mich zu warten. »Komm bitte herein«, sagte sie. Corinne lag abgemagert in ihrem Bett. Das »Sterbezimmer« war individuell und fröhlich eingerichtet und trotzdem war das graue düstere Geheimnis des zu frühen Todes im Zimmer fühlbar. Die Augen von Corinne lagen in tiefen Höhlen, die zarte spitze Nase, die eingefallenen Wangen und ihre Haut schienen beinahe durchsichtig und gläsern. Trotzdem hatte sie etwas unglaublich Schönes.

Ein angerauchter Joint lag im Aschenbecher neben dem Bett. Unvermittelt schaute sie mich ernst an und ihr ganzes Wesen schien durch ihre braunen Augen zu mir zu sprechen, ja geradezu stumm zu schreien. Sie sagte: »Gell, ich komme in die Hölle?« Ich hatte noch nie ein Wort mit ihr gewechselt, außer »Grüß dich« und »Tschüss«, und war vollkommen erstaunt über diesen erschütternden Satz. In den Augen sah ich ihre Angst und ihre Verzweiflung.

Wir sprachen eine Weile miteinander, dann schlug ich vor: »Ich lese dir etwas aus der Bibel vor.« Ich las aus der Geschichte der Kreuzigung Jesu über die beiden Verbrecher, die mit ihm gekreuzigt wurden:

Jesus aber betete: Vater, vergib ihnen, denn sie wissen nicht, was sie tun. Dann warfen sie das Los und verteilten seine Kleider unter sich. Die Leute standen dabei und schauten zu; auch die führenden Männer des Volkes verlachten ihn und sagten: Anderen hat er geholfen, nun soll er sich selbst helfen, wenn er der erwählte Messias Gottes ist. Auch die Soldaten verspotteten ihn; sie traten vor ihn hin, reichten ihm Essig und sagten: Wenn du der König der Juden bist, dann hilf dir selbst! Über ihm war eine Tafel angebracht; auf ihr stand: Das ist der König der Juden. Einer der Verbrecher, die neben ihm hingen, verhöhnte ihn: Bist du denn nicht der Messias? Dann hilf dir selbst und auch uns! Der andere aber wies ihn zurecht und sagte: Nicht einmal du fürchtest Gott? Dich hat doch das gleiche Urteil getroffen. Uns geschieht recht, wir erhalten den Lohn für unsere Taten; dieser aber hat nichts Unrechtes getan. Dann sagte er: Jesus, denk an mich, wenn du in dein Reich kommst. Jesus antwortete ihm: Amen, ich sage dir: Heute noch wirst du mit mir im Paradies sein. (Lk 23, 34-43)

»Liebe Corinne«, sagte ich und sah die Angst in ihr, »ich möchte nicht mit einem Bibelspruch die Hölle wegdiskutieren, aber schau, wie Jesus noch am Kreuz liebte, er betet sogar für jene, die ihn quälten, folterten und zum Schluss ans Kreuz schlugen und die ihn noch verspotten: Vater verzeih, sie wissen nicht was sie tun … Viel tiefer geht der Satz, den Jesus zu dem Verbrecher sagte, der neben ihm gekreuzigt wurde. Dieser war ein Krimineller, hatte Menschen getötet und wäre heute sicher jemand, der eine lebenslängliche Haftstrafe bekommen würde. Jedenfalls hat dieser Verbrecher in der Todesangst nicht wie sein Kollege auf der anderen Seite gespottet und geflucht, sondern er sah, wie Jesus mit demselben furchtbaren Leiden starb. Er sah, wie er verzieh, wie er sich um die Mutter sorgte, wie er betete, wie er liebte – sogar noch am Kreuz, in Leid, Qual und Verlassenheit. Er schaute auf Jesus und war sicher, dass er ins Reich Gottes kommen würde. Und Jesus gab ihm die Zusage, dass er ihn mit ins Paradies nehme. Er verlangt keine Versöhnungsarbeit, keine Wiedergutmachung für seine Untaten, kein Fegefeuer, nichts von alldem. Es reichte aus, dass dieser Verbrecher einsah, dass er massive Fehler gemacht hatte und dass die Kreuzigung für ihn die angemessene Strafe war. Mit der Bitte an Jesus, er solle an ihn denken, zeigte er, dass er an das Jenseits glaubte und daran, dass Jesus etwas zum Besseren für sein jenseitiges Dasein bewirken kann. Es genügte, dass Jesus ihm anbot, noch heute mit ihm im Paradies zu sein – dieses Heute im Sinne des Jenseits steht allerdings außerhalb unserer Zeitvorstellung. Diese Szene aus der Heiligen Schrift hat schon viele Menschen vor uns geprägt. Ganz persönlich haben viele sich SEINER Liebe öffnen können und erlebten, wie wohl es tat. Ja, sie begannen schon in ihrer Not, in ihrem Heute, das Paradies zu erleben.«

Corinne seufzte und meinte: »Ach, das ist ja zu schön, wenn ich das nur glauben könnte. Ich hab in meinem Leben vielleicht niemanden direkt getötet, aber ich hab so viel zerstört, nicht nur meine Gesundheit, ich hab Drogen auch an andere Menschen weiterverkauft. Und ich weiß auch nicht, wen ich vielleicht noch durch das Austauschen von Spritzen mit Aids infiziert habe. Außerdem schau, was ich aus meinem Leben gemacht hab, nicht einmal die Schule hab ich richtig abgeschlossen und jetzt liege ich mit knapp dreißig bereits im Sterben, hab nie jemandem wirklich geholfen. Gut, ich hab vielleicht mal einem Süchtigen, der auf Entzug war, etwas Drogen geschenkt.«

Dann rollten ihr einige Tränen über die eingefallenen Wangen. Sie erzählte mir von ihrer Jugend, wie sie und ihre Schwester in einem schönen Haus aufgewachsen seien. Die Eltern hätten sie geliebt und es gab keinen Grund, Drogen zu nehmen. Sie sei eine gute Schülerin gewesen, aber aus lauter Neugier hätte sie das Pulver schon mit 13 Jahren das erste Mal versucht. Es war natürlich berauschend, als 13-Jährige von »erwachsenen« Jungs umschwärmt zu werden.

»Ach, ich war ja so naiv!« Sie gab mir die zarte knochige Hand und ich hielt sie einige Zeit. Während ich sie hielt, fragte ich mich: Wer hält wen? Diese Frage stelle ich mir übrigens öfter, wenn ich in der vermeintlich »stärkeren« Position bin. Es mag paradox klingen, aber ohne dass ich bewusst danach gesucht hätte, gab mir Corinne in ihrer Not ein Gefühl, dass es gut sei, dass ich da war, eine Ahnung, dass Gott mit mir ist und diesem Mädchen die Angst lindern will.

Durch Menschen wie sie wurde ich immer wieder in meiner Berufung bestätigt und tiefer hineingeführt. Ich lernte sehr langsam, dass Berufung nicht abhängig sein darf vom Elend der anderen. Es ist, wie wenn das Leben mich zu diesen Menschen führt, um in ihnen Hoffnung zu wecken, und wie wenn Gott diese Menschen für mich braucht, um tiefer zu meinem Selbst zu kommen. Allerdings zeugt es eher von einer unreifen Lebenshaltung, wenn man sich fast ausschließlich über die anderen Menschen definieren muss.

Menschen in helfenden Berufen bringen häufig eine Grundhaltung von Co-Abhängigkeit mit. Wenn diese nicht beachtet und reflektiert wird, wird die »scheinbare« Hilfe immer mehr zum Selbstzweck. So werden etliche schwache oder hilfsbedürftige Menschen helfend geradezu ausgebeutet. Die blinden Helfer machen das nicht bewusst oder aus Bösartigkeit, sondern aus einem unbewussten kompensatorischen Handeln heraus. Durch ihr Helfen spüren sie ihre innere Leere oder Sinnlosigkeit weniger. Das kann so weit gehen, dass sie all ihre unerfüllten Wünsche nach Anerkennung, Nähe, Intimität und Zuwendung in den Betroffenen hineinprojizieren, um in ihm die eigenen Bedürfnisse zu befriedigen.

Damals wurde mir langsam bewusst, was in solchen Begegnungen alles abläuft. Erst Jahre später, im Studium zum christlichen Sozialtherapeuten, setzte ich mich intensiv mit dem Thema Helfertrip und Co-Abhängigkeit auseinander. Inzwischen bin ich froh um dieses Phänomen, denn ohne diese Veranlagung gäbe es wohl kaum Hilfsorganisationen und Menschen, die sich unentgeltlich für andere und für eine bessere Welt einsetzen. Heikel wird es aber immer dann, wenn jemand vollkommen unreflektiert über Jahre eine solche Veranlagung lebt. Denn solche Menschen haben oft große Mühe zu unterscheiden, welches ihre Gefühle sind und welches die Emotionen des anderen.

Viele Helfer kommen aus Familien, die selbst kranke oder süchtige Familienmitglieder zu versorgen hatten, oder ihre Eltern waren schon in helfenden Berufen tätig. Sie spüren ihre eigenen Grenzen nur schlecht und haben selbst oft massive Grenzverletzungen erlebt. Es muss sich dabei nicht um körperliche Gewalt handeln, emotionale Grenzüberschreitungen reichen aus. Eine ähnliche Wirkung kann auch ständiger atmosphärischer Stress im Familiensystem haben, der zum Teil verhindert, dass sich jemand entfalten und seine eigenen Bedürfnisse wahrnehmen und ausdrücken kann.

Eine natürlich gewachsene und gereifte Persönlichkeit nimmt die eigenen Bedürfnisse deutlich wahr, kann sie anmelden und kann auch gut damit leben, dass viele der Wünsche oder Bedürfnisse nicht oder nicht immer erfüllt werden. Der Co-Abhängige hingegen nimmt seine Bedürfnisse nicht richtig wahr und kann nur schlecht damit leben, dass viele Bedürfnisse nicht gestillt werden. Die Fähigkeit zu helfen kann somit schädlich werden – für den Betroffenen wie für den Helfer. Aber wenn einem diese Haltung einmal bewusst wird, kann man lernen, damit umzugehen und weiterhin Barmherzigkeit zu üben. Zudem wird die Hilfe bei solchen Menschen effektiver und hilft dem Betroffenen zu größerer Selbstständigkeit und Freiheit.

Die Co-Abhängigkeit verkettet den Helfer hingegen auf tragische Weise mit dem Betroffenen, was zu schlimmen Entwicklungen führen kann. Nicht selten sind co-abhängige Helfer dafür verantwortlich, dass sich Süchtige tiefer in die Abhängigkeit hineinbewegen, denn manch ein Therapeut, Arzt, Sozialarbeiter oder Helfer lebt ganz gut von den Betroffenen. Wenn sie zu schnell gesund und frei werden, würden die Helfer nicht mehr gebraucht. Deshalb ist es für jeden, der in einer helfenden Position ist, sehr wichtig, sich mit den eigenen Motivationen auseinanderzusetzen. Das Problem ist dabei vielleicht auch, dass unser Kranken- und Sozialsystem nach wie vor Co-Abhängigkeit begünstigt. Aber auch in einem von »Abhängigkeit« geprägten System kann man als Individuum viel bewirken – in diese oder in die andere Richtung.

Viel zu spät kam ich zurück ins Kloster. Im Abendgebet versuchte ich nochmals zu verstehen, was da geschehen war.

Jedes Mal wenn ich mit Corinne zusammen war, kamen wir ein Stück weiter auf dem Weg. Sie sagte, dass es zu schön wäre, wenn man glauben könnte. Ich erzählte ihr die Weihnachtsgeschichte vom Letten. Diese Geschichte bewegte etwas in ihr und der Glaube begann in ihr zu wachsen. Dies wiederum bestätigte mir, dass die Geschichte, die ich am Letten erlebt hatte, eine Wahrheit ist, die Glaube, Hoffnung und Liebe aufkeimen lässt.

Bald schon wollte Corinne, dass wir gemeinsam beten. Sie wünschte sich ein Kreuz, dann einen Rosenkranz. »Mit diesem Ding hat meine Oma gebetet, aber ich bin eigentlich schon lange aus der Kirche ausgetreten. Meinst du, ich dürfte lernen, mit dem Rosenkranz zu beten? Das würde ich so gerne noch.« – »Schau, hier geht es nicht darum, ›magische‹ Formeln zu wiederholen«, erklärte ich ihr, »sondern mit den Augen der heiligen Maria auf das Leben Jesu zu schauen. Es ist eine Art Mantra-Jesus-Meditation, um es etwas zeitgemäß auszudrücken. Es ist ein schönes Gebet, und wenn dir die Gabe dazu geschenkt wird, wirst du dieses Gebet von innen her verstehen und es wird dir zu einer Quelle der Kraft. Am Anfang ist es ein Auswendiglernen der Texte.«

Ich sprach ihr das Grundgebet vor: Gegrüßet seist du Maria, du bist voll der Gnade, der Herr ist mit dir, du bist gebenedeit unter den Frauen und gebenedeit ist die Frucht deines Leibes Jesus. »Das ist der Satz aus dem Lukasevangelium, wo der Engel Gabriel zu Maria kommt und sagt, dass sie gebenedeit sei, heute sagt man statt gebenedeit gesegnet, oder eben dass man ganz voll Liebe Gottes ist. Ich könnte dir jetzt lange erklären, wie das Gebet entstand und was es bedeutet. Letztlich geht es darum, dass wir beten und dass du mit der Hilfe von Maria näher zu Jesus und durch ihn an die Liebe und Kraft Gottes kommst.« So begannen wir zu beten, ich sprach es ihr vor und wir beteten den glorreichen Rosenkranz, in welchem wir über die Auferstehung und das Kommen des Heiligen Geistes meditierten.

Als wir uns verabschiedeten, zog sie mich sanft zu sich, drückte mich fest an ihre Brust und flüsterte: »Was meinst du, kann ich nicht wieder richtig in die Kirche eintreten?« Sicher ginge das, antwortete ich, aber sie solle jetzt erst einmal darüber schlafen. Ich war danach zwei Wochen weg und als ich zurückkam und sie besuchte, war die erste Frage: »Kann ich nicht wieder in die Kirche eintreten?« – »Also wenn du das wirklich willst, dann organisiere ich das gerne. Aber ich will dich nicht in etwas hineindrängen, weil du Angst hast vor dem Tod und vor der Hölle. Diese Angst verlierst du nicht einfach durch einen Kircheneintritt. Aber wenn wir den Weg in die Kirche mit allem, was sie anbietet, gehen, dann ist es ein Weg zum Wesen der Kirche und das wird dir wirklich guttun.« – »Ja, das würde ich gerne.«

Es war leicht, sie über die Sakramente der Kirche zu informieren. Ich bereitete sie auf die Beichte vor und erzählte ihr dazu das Gleichnis vom verlorenen Sohn. Da ich kein Priester bin und in der katholischen Kirche nur die Priester die Sakramente spenden, brachte ich einen Mitbruder mit. Ich erklärte ihr auch das Geschenk der Krankensalbung. Der priesterliche Mitbruder nahm die Beichte ab und anschließend feierten wir die Krankensalbung. Nachdem ich ihr die Papiere für den Wiedereintritt gegeben und sie unterschrieben hatte, beteten wir gemeinsam das Vaterunser. Dann erteilten wir ihr die heilige Kommunion und segneten sie zum Schluss. Es war rührend, wie sie Schritt für Schritt weiterging auf dem Weg der Versöhnung.

»Wie steht es denn mit der Familie«, fragte ich sie kurz darauf. »Hast du noch Kontakt mit Mama, Papa und den Geschwistern?« – »Das ist auch so eine traurige Geschichte. Ich hab meine Familie so oft betrogen und belogen.« – »Weißt du nicht mehr, der Priester hat gesagt, dass dir alle deine Sünden vergeben sind. Versuch es wirklich zu glauben und lass das los, was war… All deine Schuld ist im See der Barmherzigkeit Gottes versenkt und weißt du, was am Ufer des Sees mit Großbuchstaben steht? FISCHEN VERBOTEN.« Sie lächelte und schien innerlich erleichtert loszulassen. »Komm, wir versuchen, mit deiner Familie in Kontakt zu kommen. Ich glaube, wenn du sie bittest, werden sie dir verzeihen und einen neuen Anfang machen.«

Wir riefen gemeinsam ihre Mutter an und sie war glücklich, dass Corinne sich meldete. Sie habe früher schon einige Male versucht, mit Corinne Kontakt aufzunehmen, aber ihre Tochter hätte das damals nicht gewollt.

Die erste Begegnung war für alle nicht einfach, denn es war viel Zeit vergangen, seit sie sich zuletzt gesehen hatten. Jetzt standen sie sich gegenüber: Mutter, Vater, die große Schwester und die kleine Schwester, die todkrank im Bett lag. Schon bald war der Kontakt wieder voll da und es entstand auch zwischen mir und der Familie eine schöne Freundschaft.

Eines Tages sagte mir Corinne, die immer schwächer wurde, sie hätte solch große Lust auf einen Cocktail – Heroin und Kokain durch die Spritze injiziert. Allerdings hatte sie nicht mehr die Kraft aufzustehen, um sich die Sachen auf der Gasse zu organisieren. Sie sprach mit ihren Angehörigen und sagte: »Ihr wisst, dass ich alles verbockt habe. Einer meiner letzten Wünsche wäre ein Cocktail …« Dass sie das so offen sagen konnte, war ein Zeichen dafür, dass die Familie sich doch mit ihr ausgesöhnt hatte und Corinne sich wieder geliebt fühlte. Vielleicht wollte sie bewusst oder unbewusst nur testen, ob sie auch mit ihrer süchtigen Schattenseite geliebt wird.

Die Angehörigen waren ziemlich überfordert, besonders ihre Schwester, welche vor Jahren selbst mit Drogen in Kontakt gekommen war und seitdem nie mehr etwas angerührt hatte. Sie kam weinend zu mir: »Bruder Benno, was soll ich machen, es ist der letzte Wunsch meiner Schwester, ich wüsste auch, wie man an die Sachen rankommt, aber ich will mit dem Teufelszeug einfach nichts mehr zu tun haben.« Ich beruhigte sie und erklärte ihr, dass letzte Wünsche nie absolut seien und dass sie schon gar nicht von der eigenen Schwester erfüllt werden müssten. »Sag ihr doch einfach, dass du sie verstehst, aber dass sie dich auch verstehen müsse, dass du schlicht keinen Kontakt mehr mit dem Gift haben willst, aber dass du sie lieb hast.« So gab es viele Gespräche und ich erfuhr viel von der Kindheit und diverse Details, die ein Menschenleben ganz einmalig machen.

Corinne zog mich wieder fest an sich und flüsterte: »Bruder Benno, ich hab so Lust auf einen Cocktail, können wir nicht beten?« Ich betete mit ihr: »Lieber Gott, du Schöpfer allen Seins, du weißt um unsere Herzen, du kennst die innere Leere von Corinne und du weißt um den Wunsch von Corinne nach den Drogen. Sie ist wieder ganz in die Gemeinschaft deiner Kirche eingetreten und es ist nicht leicht, diesen letzten Wunsch unerfüllt mit auszuhalten. Aber ich vertraue auf dich, Heiliger Geist, du bist der Tröster in der Not und du kannst Wünsche viel tiefer erfüllen, als es uns möglich ist. Ich bitte dich, lieber Gott in Jesu Namen, um einen riesigen Segen mitten hinein in ihr Herz und in ihre unerfüllten Wünsche. Amen.«

Eine Träne war in ihren Augen. »Meinst du, wir könnten nicht mit dem Rollstuhl miteinander auf die Gasse gehen?« »Ach Mädchen, du verlangst von mir schon etwas zu viel«, erwiderte ich. »Stell dir vor, ich in der Kutte und du so schwach, wie du bist, auf der Gasse bei den Dealern. Das ginge noch, und das würde ich eventuell sogar für dich machen, aber wenn du dir die Spritze gibst und mir wegstirbst, das wäre schon nicht so einfach für mich, oder?« Sie lächelte verschmitzt.

Robert, der Arzt, der sie versorgte, kam herein in das »Sterbezimmerchen« und wir sprachen ernsthaft über das Recht auf den letzten Wunsch, aber er war ebenfalls der Meinung, dass es nicht gut wäre, wenn ich mit ihr auf die Gasse ginge. Wenn schon, dann müssten wir das hier tun und sozusagen eine Ausnahmebewilligung im Sinne des letzten Wunsches machen. Robert ist ein wunderbarer Arzt, der wirklich aus Berufung die Aidskranken und Süchtigen medizinisch betreut. Mit seinen weißen Haaren ist er für viele wie ein Vater. Er strahlt große Ruhe aus und er hat den Mut, unkonventionelle pragmatische Lösungen zu suchen und zu finden. So war er einer der Ersten, der die Palliativmedizin anwendete und half, diesen Ansatz der Schmerzlinderung gesellschaftsfähig zu machen.

Nachdem alle gegangen waren, erzählte ich ihr von der alten Frömmigkeitsform des Aufopferns: Man schenkt aus Liebe zu Jesus dem lieben Gott nicht nur Kerzen, Geld oder Blumen, sondern die eigenen Schmerzen und die unerfüllten Wünsche. »Corinne«, sagte ich, »vielleicht willst du dem lieben Gott deinen letzten Wunsch schenken. Aber sei gewiss, auch wenn du es nicht tust, er und ich haben dich genau gleich lieb.«

Der Arzt, welcher die süchtigen Menschen versteht, wie nur wenige es tun, hatte Corinnes letzten Wunsch im Haus irgendwie offiziell durchgebracht. Einige Tage später war ich zufällig dabei, als sie Corinne sagten, sie würden ihr die Sachen für ihren letzten Wunsch besorgen. Sie richtete sich im Bett auf und sagte mit einer zarten gebrechlichen Stimme, aber mit einem gewissen Stolz: »Ich hab meinen letzten Cocktail an Jesus verschenkt, und ich freue mich, bald bei ihm zu sein.« Die Gesichter waren etwas sprachlos. Der Arzt, ein wirklicher Humanist, der Glauben und Religion respektierte, weil es den Menschen hilft, aber mir nie etwas über seinen eigenen Glauben oder Unglauben offenbarte, war vollkommen erstaunt. In der Stimme von Corinne war aber etwas so Echtes, dass alle, die dabei waren, irgendwie ahnten, dass sie mit Gott in Berührung gekommen war. Drei Tage später entschlief sie friedlich.

Die Beerdigung war traurig und schön zugleich. Traurig, weil wir alle Corinne aus einer neuen Perspektive erlebt haben. Sie ging ihren Weg beinahe vorbildlich für uns alle hin auf Bruder Tod zu. In unseren Gesprächen haben Corinne und ich auch über die Beerdigung gesprochen und über ihre Wünsche, wie diese gestaltet werden sollte. Sie wurde verbrannt und wir haben uns in einem schönen Raum getroffen, um im Kreis der Familie und der Freunde Abschied von ihr zu nehmen. Ihre Urne stand in der Mitte, einige Blumen um die Urne, ein Foto von Corinne. Auf dem Bild strahlte sie. Es war ein Foto aus den Ferien, bevor sie völlig in den Drogen versank. Sie war ein bildhübsches Mädchen voller Lebensfreude.

Jetzt saßen die Freunde und Angehörigen da. Ich begrüßte alle offiziell, sprach ein kurzes Gebet, las etwas aus der Bibel und erzählte, wie ich Corinne erlebt hatte. Abschied nehmen heißt, sich erinnern an die schönen und die schweren Momente. Wie bei allen Menschen, die eine Suchtgeschichte haben, sind die Opfer- und Tätermotive sehr ausgeprägt, aber eben auch die schönen und sensiblen Seiten. Trauern heißt loszulassen und schöne Beziehungen, die einem das Herz bereichert und erfüllt haben, sozusagen aus dem Herzen herauszulassen. Die Verstorbenen wirklich in die andere Welt ziehen zu lassen, ist deshalb so wichtig, weil unser Herz sonst nicht frei wird für die neuen Möglichkeiten, die uns das Leben hier auf der Erde bereithält. Diese an sich schöne Seite des Loslassens ist oft mit Schmerz und Tränen verbunden. Die andere Seite sind nicht ausgetragene Konflikte, Verletzungen und unversöhnte Geschichten, die auch Wut oder Zorn aufkommen lassen. Hier geht es aber genau darum, loszulassen, zu vergeben und den Verstorbenen nicht durch Unversöhntes an sich binden zu wollen. Sonst plagen sich die Lebenden und die Verstorbenen bleiben auf ungute Weise an uns gebunden. Wenn man loslässt, kann man für den Verstorbenen ein Gebet sprechen, eine Kerze anzünden und ihm alles Liebe und Gute auf dem Weg wünschen.

Ich gab allen eine Kerze und bat sie, eine schöne, eine lustige oder eine schwierige Geschichte, die sie mit Corinne verbindet, zu erzählen. Es war spannend, wie die Nichte begann. »Also meine Tante Corinne, bevor sie richtig drogenkrank war, hat sie mit mir im Park immer um die Wette geschaukelt. Einmal haben wir so laut gelacht, dass zwei ältere Damen mit ihren Hündchen stehen geblieben sind und uns abschätzig angeschaut haben.« Nachdem einige der Anwesenden solche kleinen Episoden erzählt hatten, war es, als ob Corinne nochmals in unserer Mitte war. Die Mutter, die wohl am meisten unter dem tragischen Schicksal ihrer Tochter litt, versuchte etwas Schönes zu erzählen, aber sie wurde immer wieder von ihren Gefühlen und ihren Tränen übermannt. Trotzdem tat es gut, auf diese Weise zusammenzukommen und über Corinne zu sprechen.

Die Eltern waren leider aus der Kirche ausgetreten und hatten den Bezug zum Ritual der heiligen Messe nie gefunden. So standen wir am Schluss auf und beteten miteinander nur ein schlichtes Vaterunser für den Seelenfrieden von Corinne. Die Urne nahm die Mutter mit nach Hause. Sie habe ein Zimmer, da seien schon Oma und Opa drin, jetzt käme auch ihre Tochter dazu. Ich schluckte, denn für mich ist es schwer vorstellbar, dass jemand nicht auf einem Friedhof beerdigt wird. Der Gedanke, dass ich, wenn ich nochmals zur Urne von Corinne gehen möchte, sozusagen einen Besuch bei der Mutter machen müsste, war schwierig für mich. Trotzdem gibt es viele Dinge, die auf andere Weise eben auch möglich sind und die ich zu akzeptieren habe. Wir Brüder feierten dann noch eine Messe für die verstorbene Corinne und ihre Angehörigen.

Theres

Theres war ein Mädchen um die 30, das nur noch einen Zahn hatte. Sie war dick, hatte eine sehr schlechte Art, mit den anderen umzugehen, und wurde auch im Spital von fast allen gemieden. Ich rief die Angehörigen an und sagte, dass ihre Tochter jetzt im Sune-Egge sei, aber sie wollten nichts von Theres wissen. Drogen und Aids hatten ihr Gehirn massiv geschädigt und man konnte nicht mehr richtig mit ihr sprechen. Beim Essen langte sie tüchtig zu und oft saß sie mit Medikamenten vollgepumpt einfach nur da. Sie rauchte ihre Zigaretten und eines Tages war sie tot.

Natürlich hatte ich versucht, mit ihr zu sprechen, aber es kam nie zu einem Dialog. Ich rief ihre Eltern an und sie sagten, sie möchten eine anonyme Beerdigung auf der Urnenwiese und es solle auch niemand kommen.

Ich erfuhr, wann und wo der letzte Gang sein sollte und ging hin. Es war neblig und kalt. Punkt 9.30 Uhr erschienen zwei Friedhofsangestellte mit der Urne und kamen zum vorbereiteten Loch im Gemeinschaftsurnengrab. Sie sahen mich, aber leerten den staubigen Inhalt der Urne wortlos ins Grab, legten das Namensschildchen hinein und schaufelten etwas Erde darauf. Der Rasenziegel wurde festgedrückt und dann gingen die Friedhofsangestellten wieder. Sie machten es würdig, aber ohne ein Wort zu verlieren. Mir schien es nach diesem gespenstischen Szenario noch nebliger und noch kälter zu sein … Ich nahm mir die Zeit, noch für Theres und die anderen, die hier so anonym den letzten Ruheplatz gefunden hatten, zu beten.

Es war wirklich die traurigste Beerdigung, die ich je erlebt habe – wenn ein Menschenleben, das in unserem Sinne nicht gelungen war, so wortlos »entsorgt« wird, wenn keine Freunde und keine Verwandten mehr da sind, um »Adieu« (wörtlich: Geh zu Gott) zu sagen. Die Erinnerung daran lässt in mir eine tiefe Trauer aufkommen, nicht nur um die Verstorbenen, sondern um all jene, die wegschauen. Wenn ein Kind eine Drogenkarriere einschlägt, ist es für das Umfeld unglaublich schmerzhaft, oft so schmerzhaft, dass man den Kontakt abwürgt, um mit dem eigenen Leben fertig zu werden. Dies mag ein Weg sein, wie es die Menschen dieser Welt machen, aber sicher nicht der Weg, den Menschen einschlagen, welche den Weg von Glaube, Hoffnung und Liebe gehen wollen.

Pingu

Bei der Besprechung hörte man aus den Stimmen derjenigen, die ihn kannten, dass es jetzt um einen schwierigen Patienten ging. Pingu war für ein Time-out in die geschlossene Abteilung der Psychiatrie gesteckt worden (das wird verschrieben, wenn auch im Sune-Egge alle Möglichkeiten der Betreuung nicht mehr greifen. Dann werden die Patienten in der Psychiatrie mit Medikamenten »neu eingestellt«). Er habe neben der üblichen Suchtgeschichte und Aidserkrankung auch eine starke Borderline-Persönlichkeit. Bald schon erfuhr ich, was das heißt.

Pingu konnte unglaublich schnell Kontakte knüpfen und Freundschaften eingehen und zulassen, aber innerhalb weniger Augenblicke konnte man zu seinem größten Feind werden. Das Bewusstsein der Borderliner schwankt sehr schnell zwischen Weiß und Schwarz, zwischen Freund und Feind. Es gibt kaum Grautöne, geschweige denn Farben. So kann eine Situation schnell einmal in Gewalt enden, Gewalt gegen andere oder gegen sich selber. Ich erlebte einige Male Borderliner, die sich mit Messern oder Zigaretten massivste Verletzungen an allen möglichen Gliedmaßen, sogar an den Genitalien zugefügt haben.

Die Geschichte von Pingu ist so tragisch, wie eine Geschichte nur sein kann. Die Eltern stammten aus zwei verschiedenen Kontinenten, die Familie zog dauernd um und lebte in verschiedenen Ländern. Dann kam eins zum andern: die Scheidung der Eltern, zu frühe sexuelle Erlebnisse mit Erwachsenen, nur zerbrochene Freundschaften und gescheiterte Liebschaften, die eigene Persönlichkeit hoch sensibel und voller unerreichbarer Pläne und Wünsche.

Zugleich war Pingu religiös sehr offen. Er hatte meistens die Bibel in der Hand und oft zitierte er den Psalm 91: *Wer im Schutz des Höchsten wohnt und ruht im Schatten des All-*

mächtigen, der sagt zum Herrn: »Du bist für mich Zuflucht und Burg, mein Gott, dem ich vertraue.«

Es war schön zu sehen, wie er trotz der vielen ungeklärten Geschichten einen guten Draht zu Gott zu haben schien. Einige Male betete er auch für mich und ich war überrascht, wie er aus einer natürlichen Verbindung zum Heiligen Geist heraus beten konnte. Ich kenne so viele Katholiken und weiß, dass sie kaum ein freies Gebet aus dem Herzen heraus sprechen könnten wie der sonst so verdrehte Pingu. Viele fromme Menschen haben sogar eine andere Stimme und irgendwie eine verkrampfte Art, wenn sie beten, als ob sie nicht wirklich bei sich sind, sondern in einer merkwürdigen Religiosität gefangen zu sein scheinen. Sicher, manchmal überbordete Pingus Glaube, und trotzdem war etwas Echtes bei ihm da, etwas Unmittelbares, welches direkt aus seinem innersten unverletzten Sein herauszusprudeln schien.

Als ich nachfragte, weshalb er ein Time-out hatte, erfuhr ich, dass er andere bedrohte. Er ist fast 1,90 Meter groß und muskulös. Seine blond gefärbten Haare und sein kantiges Gesicht tragen nicht gerade zu einer Ausstrahlung bei, die Vertrauen erweckt. Es war bekannt, dass er oft handgreiflich wurde und dass man daher in der Einrichtung kein Risiko eingehen wollte. Er bekam einige Zusatzmedikamente, zudem plagte ihn eine schlimme Pilzerkrankung in Mund und Rachen.

Es schien, dass die Aidserkrankung sich bei ihm massiv auszubreiten begann. Ich sprach mit ihm auch über das Sterben und darüber, wie er die Beerdigung gerne hätte. Damals kamen die ersten Medikamente gegen Aids auf. Ich erinnere mich an die vielen, teilweise riesigen farbigen Tabletten, die die Betroffenen bekamen. Bei Pingu wirkten die Tabletten erstaunlich gut, sodass er den dritten Stock bald verlassen konnte. Bis dahin verließ man diesen Stock nur im Sarg, er hingegen konnte selbst ausziehen und bekam nun einen

Platz in einer Außenwohngruppe der Psychiatrischen Universitätsklinik.

So wie mir Pingu schon auf dem Letten begegnet war, so würde er meinen Weg noch einige Male kreuzen, bis er völlig verwirrt, aggressiv, krank und erschöpft in der geschlossenen Abteilung der Psychiatrie verschwand. Es lag eine große Tragik darin, ihn noch zehn Jahre nach seiner Vorbereitung auf den Tod immer wieder verzweifelt oder in fast manisch positiven Höhenflügen anzutreffen. Diese Höhenflüge endeten normalerweise immer in einem wüsten Debakel.

Einmal kam er zu mir ins Kloster auf die Insel Werd. Er hatte zuvor angerufen und mir gesagt, dass es ihm gut gehe und er keine Drogen mehr konsumiere. Also machte ich einen Termin mit ihm aus und er erzählte von seinen großen Projekten, zeigte mir seine Webseite und wollte mich als Partner gewinnen. Er habe das Know-how, um zusammen mit mir ein Geschäft mit riesigem Erfolg aufzubauen. Für mich war klar, dass ich als Seelsorger vor ihm saß, und ich wollte seine Hoffnung nicht direkt zerstören, aber seine Illusion durfte ich auch nicht unterstützen. Ich versuchte ihm sanft deutlich zu machen, dass sein Vorhaben nur ein weiteres Luftschloss sei, ein Luftschloss, wie er schon etliche vorher aufgebaut hätte. Er hörte mir jedoch nicht zu und fuhr fort, mir seine Pläne zu unterbreiten.

Er habe schon einen vorbereiteten Vertrag, den ich nur noch unterschreiben müsse, sagte er. Außerdem müsse ich ein bestimmtes Startkapital zur Verfügung stellen. Für den Anfang reichten ihm so und so viel tausend Franken … Ich versuchte ihm so schonend wie möglich beizubringen, dass das nicht meine Aufgabe sei. Spitz kam die Antwort: »Du machst nicht mit? Findest du das Projekt nicht super?« – »Ja, lieber Pingu, wenn du mich ganz ehrlich fragst, ich sage dir, es ist ein Luftschloss und da kann ich nicht mitbauen.«

Plötzlich verwandelte sich sein Gesicht, zornentbrannt stand er auf und begann zu drohen, zu schimpfen und zu toben. »Du bist der letzte Mensch auf dieser Welt und nimmst mir meine kostbare Zeit. Ich bin jetzt drei Stunden unterwegs wegen dir und hab noch zwei bis ich zu Hause bin. Also wenn du mir nicht sofort pro Stunde 180.– Franken bezahlst, dann …« Und so ging es weiter. Ich wusste ja um seine schnellen Stimmungswechsel. »Lieber Pingu«, versuchte ich zu sagen, aber da kam schon die nächste Welle von gröbsten Beschimpfungen. Irgendwie brachte ich ihn dann dazu, das Kloster zu verlassen und steckte ihm großzügig Spesengeld zu.

Über die Jahre tauchte Pingu immer wieder bei uns auf, da er in jeder anderen Einrichtung Hausverbot bekommen hatte. Es war immer ein Drama. Oft trafen wir ihn erschöpft an und wenn er wieder einmal von der Notschlafstelle ausgeschlossen war, versuchten wir ihn mal da, mal dort unterzubringen. In Hotels, die wir immer im Voraus bezahlten, konnten wir ihn jeweils nur einmal bringen, dann bekam er eine Sperre, da oft die Polizei kommen musste. Seine Stimmung schlug immer wieder in Paranoia oder Aggression um. Dann machte er wieder jemand ungeschickt an oder Ähnliches. Ab und zu war er auch bei uns im Kloster, aber es war oft sehr, sehr schwierig. Es ging so weit, dass die Brüder, die sehr viel Verständnis für meine Klienten zeigen, mich baten, etwas zurückhaltender mit solchen Gästen zu sein. Zugleich geht es bei unserer Arbeit jedoch nicht nur darum, die zu begleiten, die ihr Leben wieder in eine bessere Bahn bringen, sondern auch die Menschen mit auszuhalten, bei denen ohne riesige Wunder das Chaos weitergeht.

Als er eines Tages mit völlig offenen Füßen und von seiner Aidserkrankung gezeichnet bei uns zusammenbrach, wollten wir ihn ins Spital bringen. Aber dort kannten sie ihn und sagten, er hätte Staphylokokken und sie könnten ihn ohne ärztliche Einweisung nicht nehmen, denn er müsse in einer psychiatrischen Abteilung behandelt werden. Pingu wehrte sich aber mit aller Kraft gegen jede psychiatrische Intervention, denn er hatte schon viel Zeit auf geschlossenen Abteilungen und im Gefängnis verbracht. Seine Freiheit oder wenigstens die Illusion von Freiheit war ihm wichtiger als alles andere. Wir sahen seine Sturheit und Arroganz und zugleich sahen wir seine Not. Es war auch für uns kaum auszuhalten, Grenzen zu setzen und doch immer wieder offen zu sein. Denn wir kennen die Gerichtsrede Jesu nur zu gut: *Was ihr den geringsten meiner Brüder getan oder nicht getan habt, habt ihr mir getan oder nicht getan* (vgl. Mt 25, 31 ff.).

Manchmal fanden wir eine Lösung, manchmal mussten wir ihn fluchend und jammernd stehen lassen. Wir finanzierten ihm einmal eine Dauerkarte für das städtische Hallenbad, denn im Wasser fühlte er sich wohl und konnte seinem riesigen Bedürfnis nach Sauberkeit nachkommen. Aber auch da ging es nicht lange gut, wieder erhielt er Hausverbot. Es ist nicht so, dass die Hotels oder die anderen Institutionen ihn ausgrenzen wollten, aber er war oft nicht tragbar für das Zusammenleben.

Wir versuchten alles Mögliche, x-mal brachten wir ihn zum Arzt, machten dies und jenes. Sogar unsere Therapeutin behandelte ihn mit all ihrem Können. Häufig gab es gefährliche Situationen, sodass wir uns entschlossen, dass keine Frau alleine mit ihm zusammen sein sollte. Uns passierte nie etwas, aber oft waren die Situationen sehr heikel. Einmal kam er mit tiefen Schnittwunden zu uns – er war in eine Messerstecherei geraten. Als er eines Tages wieder völlig abgemagert war, nahm ich ihn zu mir auf die Insel. Er packte einige Spritzen und Glasflaschen aus. »He du, bist du wieder am Fixen?« – »Nein«, antwortete er, »das ist so etwas wie Anabolika, dass ich wieder zu Kräften komme, bitte mach mir doch eine Spritze.« – »Ich kann und darf das nicht.« – »Bitte, ich kann im Moment nicht«, flehte er. Er zitterte wie Espenlaub und zeigte mir ein Papier des Arztes, der ihm die Mittel wirklich verschrieben hatte. »Komm, du kannst die

Spritze doch selber machen. Ich ziehe sie dir auf und desinfiziere dir den Oberschenkel, dann machst du die Sache.« Zittrig rammte er sich die Spritze in den Oberschenkel. Dann verschwand er für Stunden in unserem Badezimmer.

Zwischendurch hatten wir wieder ganz schöne Momente, wir konnten gut über alltägliche Dinge sprechen und lachen. Auch tiefere Gespräche waren möglich und ab und zu beteten wir. Seine Mutter rief mich aus Amerika an und dankte uns für unser Bemühen. Sie entschuldigte sich, dass sie einfach in Amerika bleibe, denn sie könne es nicht mehr mit ansehen, wie Pingu mit dem Leben, mit ihr und seiner Gesundheit umgehe. Ab und zu meldete sie sich, dann verloren wir wieder den Kontakt.

Pingus Kleidung war immer sehr modern, denn er gab unglaublich viel auf sein Äußeres. Mal kam er im Hip-Hop-Look, dann in Militärkleidern, dann wieder in T-Shirts mit provokativen Texten. Ich erinnere mich an eine Aufschrift, die er mir zeigte: »Denke nicht, ich sei einer, der mit dir gleich ins Bett steigen will«, dann drehte er mir mit verschmitztem Lachen den Rücken zu und da war zu lesen: »Mir reicht schon der Küchentisch.«

So chaotisch und mühsam er war, irgendwie lächelten immer alle, wenn der Name Pingu erwähnt wurde. Seit einiger Zeit scheint er verschollen zu sein und wir wissen nicht, wo er ist, ob er verstarb oder vielleicht ins Gefängnis kam. Einfach verschwunden hinter dem Dienst- oder dem Amtsgeheimnis der Polizei oder dem der Ärzte.

Es bleibt oft nicht beim Kiffen

Nach dieser Zeit als Seelsorger im Sune-Egge ging ich für den Endspurt meines Theologiestudiums an die Universität nach Luzern. In dieser Zeit hatte ich relativ wenig Kontakt mit der Gasse, aber ich traf auch in Luzern Suchtbetroffene und sprach mit ihnen. Die monatlichen Gassengottesdienste in Zürich pflegte ich weiter.

Als ich an einem schönen Tag in Luzern am See saß und in irgendein theologisches Buch vertieft war, setzten sich drei junge Leute in meine Nähe und drehten sich einen riesigen Joint. Die süßlichen Wolken wehten zu mir herüber und ich sprach die drei an. Schon bald waren wir in eine lebhafte Diskussion verwickelt. Zuerst sprachen wir über Gott und die Welt und darüber, weshalb ich Franziskaner bin, dann lenkte ich das Gespräch auf die Drogen. »Ja, das Kiffen ist doch nicht so schlimm, viel schlimmer sind die Alkis und so.« Wer kennt nicht die verharmlosenden Argumente? Wie auch immer, aus meiner Sicht überwiegen die negativen Seiten des Kiffens bei Weitem die positiven. Vielleicht können einige Schamanen mit dieser Droge konstruktiv umgehen und bei gewissen schwer kranken Patienten kann das Haschisch positiv wirken. Für Jugendliche und gesunde Menschen ist es einfach ein Gift. Die Schäden an den Organen, im Gehirn oder auch am Sperma sind bei regelmäßigem Kiffen enorm – und dasselbe gilt für das Sozialverhalten, das ist ebenfalls wissenschaftlich belegt.

Besonders schlimm ist das Kiffen in der Entwicklungsphase, wenn man jünger als 18 ist. »In welchem Alter habt ihr damit begonnen?«, fragte ich. »Ach, so vor drei Jahren, mit zwölf.« – »Ich auch.« – »Und ich kiffe schon seit fünf Jahren, werde bald 19.« – »Na, dann bist du rein statistisch schon mehrere Male mit härteren Drogen in Kontakt gekommen oder hast schon konsumiert.« Die zwei Jüngeren verneinten und sagten, solche Sachen würden sie nie anfassen, aber es sei ihnen schon angeboten worden. Auf dem Nachhauseweg begleitete mich die älteste der drei. »Du hast recht mit dem regelmäßigen Kiffen, da kommt man in Kontakt mit Härterem. Schau«, sagte sie und krempelte ihr langärmliges T-Shirt hoch. Es war nicht zu übersehen, dass das Mädchen nicht nur kiffte, sondern bereits an der Spritze hing. Als wir uns verabschiedeten, weinte sie und umarmte mich ganz fest. Ein Blick ohne Worte, eine lange Umarmung, die innerlich schrie: Helft mir, ich weiß nicht, wie ich das Leben meistern soll. Bis heute denke ich ab und zu im Gebet an Karla.

Wir trafen uns ab und zu und sprachen über mögliche Schritte. Sie lud mich nach Hause ein. Eine wunderschöne Villa, die Mutter, eine hochgewachsene, hübsche Frau, war in ihrem riesigen Atelier beim Malen. Schnell kamen wir auf den Glauben zu sprechen. Sie war von ihrer Herkunft her reformiert, aber jetzt eher bekennende Künstlerin mit esoterischem Hintergrund. Mir schien, der Mutter war nicht bewusst, in welcher Not ihre Tochter war. Als ich fragte, wie sie ihre Tochter sehe, sagte sie nur: »Ach, sie besucht die Kantonsschule, aber ihre Noten sind in letzter Zeit sehr schlecht geworden. Sie kifft eben ab und zu und hat alles andere im Kopf, als zu lernen. Ich habe es ihr schon oft gesagt, aber sie läuft immer wieder davon.«

Wie viele andere Eltern war sie mit ihren Erziehungsmethoden an Grenzen gestoßen. Der Kontakt zu den Kindern wird mit der Pubertät sowieso schwierig und wenn noch Suchtmittel hineinspielen, nehmen die Gespräche oft einen tragischen Ausgang oder sie kommen gar nicht erst zustande. Hier war es nicht anders. Der Vater war oft geschäftlich unterwegs, die Mutter wurde als Mama nicht mehr so gebraucht. Sie suchte sich selbst und überlegte, wie sie ihren neuen Lebensabschnitt gut gestalten könnte. In solchen Situationen verdrängt man oft die Vorstellung, dass ein Kind mehr nehmen könnte als »nur« Haschisch. Der Gedanke, dass die Nachbarn mit den Fingern auf sie zeigen, weil ein Kind süchtig ist, die Angst davor, die vielen ungelösten Fragen anzugehen, die Hilflosigkeit der Eltern, all das verhindert eine wirkliche Auseinandersetzung mit dem Thema. Dazu kommt die drückenden Fragen: Was haben wir falsch gemacht? Wie geht es weiter?

Das sind für Eltern sehr schwere Momente. Vielleicht ahnen sie, dass mit dem Kind etwas nicht stimmt, aber sie verdrängen es bewusst oder unbewusst. Wenn sie dann die Probleme erkennen, sagen sie oft, sie seien blind und taub gewesen angesichts der vielen Zeichen der Kinder. Sei es, dass sie nie Geld hatten oder dass manchmal Geld fehlte und niemand wusste, wo es war. Dass technische Geräte fehlten, die sie für Drogen veräußerten. Dass sie oft krank waren und nicht zur Schule oder zur Arbeit gingen. Vielleicht liegt Alufolie herum, die schwarz ist. Oder gar ein Löffel, der rußig ist. Mal klingeln merkwürdige Freunde, um das Kind abzuholen, und oft kommen sie viel später als verabredet oder gar nicht nach Hause. Die Hobbys werden nicht mehr gepflegt, die Schulnoten werden schlechter und es kommt zu Streit und Zank. Dann gibt es eine Zeit, in der die Eltern zu ahnen beginnen, dass härtere Drogen im Spiel sein könnten. Vielleicht konfrontieren die Eltern das Kind und fragen nach: »Nimmst du Drogen …?« Die Antworten sind oft ausweichend. »Nein, sicher nicht«, oder »Ja, ich trinke ab und zu etwas zu viel Alkohol«. Auf die Frage, ob sie noch etwas anderes nehmen, geben sie vielleicht zu, dass sie kiffen oder ab und zu eine Schlaftablette schlucken.

Die Lügenstrategien sind bei Süchtigen beeindruckend. Oft geben sie eine harmlosere Sache zu, um das andere zu verdecken. Und wenn man sie auf Kokain oder Ähnliches anspricht, können sie so unschuldig nachfragen, was das genau sei, dass man den Eindruck bekommt, sie haben keine Ahnung. Heute liegen bei den Kindern, die bereits verschiedenste Erfahrungen mit »Gift« suchen, manchmal auch Spraydosen oder Feuerzeuggasflaschen herum.

Ich weiß von einem Mädchen, welches aus einer sehr anständigen, konservativen Familie kommt. Sie gingen Sonntag für Sonntag in den Gottesdienst und trafen sich sogar unter der Woche noch zum Gebet. Das Töchterchen hatte schon in der Oberstufe begonnen, Heroin zu rauchen und sie konnte das über mehrere Jahre geheim halten. Vielleicht ist es auch gut, dass ein Großteil der Süchtigen nicht entdeckt wird und sie ihre »geheime« Leidenschaft im Stillen mit einer gewissen Kontrolle ausleben.

Früher oder später kommt allerdings bei jedem der Punkt, an dem es darum geht, aufzuhören oder tiefer und tiefer in diese Suchtschlingen hineinzugeraten. Die meisten, die mit Drogen experimentieren, finden dann die Kraft zum Aufhören. Zu viele aber werden in den Sog der totalen Sucht hineingerissen. Dann kommt der Punkt, an dem die Eltern schonungslos vor die Realität ihrer Kinder gestellt werden. Oft sind die Angehörigen die Letzten, die erfahren, dass harte Drogen im Spiel sind. Bei Karla war dieser Punkt noch nicht erreicht. Die Eltern wollten oder konnten nicht wahrnehmen, was in Wirklichkeit mit ihrer Tochter ablief.

Schneller als ich gedacht hatte kam die Geschichte ans Licht. Karla wurde das erste Mal von der Polizei aufgegriffen und da platzte die Bombe, weil sie auch wegen Dealen angezeigt wurde. Man sagte ihr, wenn sie in eine Therapie ginge, würde sie aus dieser Sache bedeutend besser herauskommen. Jetzt begann der lange, noch schmerzhaftere Weg. Entzug, Rückfälle, Therapie, dann konnte sie ein Praktikum als Erzieherin in einem Kindergarten machen. Sie wurde wieder rückfällig und so weiter. Ich erinnere mich noch gut, als ein Bruder mich an die Pforte rief, es sei ein hoher Militär vor der Tür mit Sternchen auf den Schultern. Ich war überrascht, denn als ich ihn sah, erkannte ich den Vater von Karla. Ich wusste nur, dass er ein erfolgreicher Geschäftsmann war, aber dass er dem Militär angehörte, war mir vollkommen neu. Er wollte einfach mit mir sprechen. Unter anderem sagte er: »Weißt du, eine Kompanie Soldaten zu führen ist kein Problem, aber mit meiner Tochter komme ich nicht zurecht. Sie hört schon lange nicht mehr, was ich sage. Jetzt weiß ich auch nicht mehr, was ich sagen soll. Wir wissen nicht mehr weiter.« Der Mann, der in so vielen Bereichen des Lebens angesehen und erfolgreich war, saß da und gestand vor sich und vor mir ein, dass er nicht mehr weiterwusste. Es berührte mich eigenartig, auch der Schmerz, den der Vater in sich trug.

Immer wieder sah ich Karla. Sie war eigentlich eine wunderschöne Frau, der man auf den ersten Blick nicht ansah, dass sie Drogen konsumierte. Es ging kontinuierlich auf und ab, bis sie für längere Zeit in ein Frauengefängnis kam. Eines Tages saß ich im Zug und plötzlich stand Karla vor mir. Sie war gealtert und hatte etliche Kilo zugenommen. Immer noch hatte sie ihre listige ironische Art. »Das freut mich, kaum komme ich aus dem Knast, sehe ich meinen Bennomönch wieder«, sagte sie. Es war ein freudig-trauriges Wiedersehen. »Und jetzt, was machst du?«, fragte ich. »Mal sehen«, erwiderte sie, »zuerst einmal feiern, dass ich draußen bin, und dann schauen, was das Leben so bringt.« Später hörte ich, dass sie in einer anderen Stadt lebt, in der Gastronomie arbeitet und wieder am Abstürzen ist. Das war das Letzte, was ich über sie erfuhr.

Mein Pastoraljahr: Alltag in einer katholischen Pfarrgemeinde

Nach dem Studium suchte ich einen Platz für mein Pastoraljahr. Das Pastoralpraktikum macht man nach dem Theologiestudium, es dauert ein bis zwei Jahre und zwischendurch besucht man Kurse, welche helfen sollen, die erlernte Theorie mit der Praxis zu verbinden. Ich konnte mich bei der Josefskirche bewerben und dachte, das wäre ideal, denn die Gemeinde liegt ganz in der Nähe der Drogenszene.

Der Pfarrer, ein älterer Priester, freute sich sehr darüber, dass ich in die Pfarrei kommen wollte. Bei einer Sitzung mit dem Pfarreirat stellte ich mich vor. Es wurde über dies und jenes gesprochen, bis der Pfarreipräsident fragte, ob ich immer noch Gassenarbeit mache. »Ja, ich gehe immer noch regelmäßig auf die Gasse und einmal im Monat feiern wir einen speziellen Gottesdienst für die Leute dort«, antwortete ich. Der Präsident sagte: »Wenn du bei uns arbeiten willst, kannst du aber keine Gassenarbeit machen.« – »Klar, ich werde in der Pfarrei arbeiten und die Aufgaben erfüllen, die ihr mir gebt.« Er ergänzte: »Weißt du, wir haben von der Gasse genug. Spritzen in der Kirche, Abfall im Kirchhof und zu oft haben halbtote Süchtige vor unserer Tür gelegen. Wir haben wirklich genug von diesen Menschen und wenn wir dich für das Praktikum anstellen, verlangen wir, dass du auch in der Freizeit keine Gassenarbeit mehr machst. Du musst uns versprechen, dass du keinen Kontakt zu diesen süchtigen Menschen pflegst, sonst bekommst du die Stelle nicht.«

Ich war schon überrascht, denn ich sah in den Süchtigen oft den leidenden und verzweifelten Christus. Ich schaute innerlich zum Herrn und fragte: Wenn du willst, gehe ich auf das ein. Aber nur, wenn du willst. Es war, wie wenn Christus mir innerlich zulächelte und sagte: Geh nur auf sie ein und lass die Süchtigen, ich schaue selbst nach ihnen.

»Gut, ich werde in diesem Jahr keinen Kontakt mit Drogenabhängigen suchen, um mich ganz auf die Arbeit bei euch zu konzentrieren.« Ich fragte mich allerdings schon, was aus den Pfarreien geworden ist, wenn sie sich nicht mehr um die verlorenen Schafe kümmern. Bald erkannte ich dann, dass hier die Not der Einsamkeit riesig war. Ich hatte dadurch viele Möglichkeiten, mit Menschen zu sprechen, die verzweifelt sind oder die einsam im Altersheim sitzen. Immer wieder ging ich in das Haus Maria-Louise, ein kleines Alten- und Pflegeheim. Einige der älteren Menschen waren »ehemalige« Alkoholiker und saßen einfach nur da und warteten. Sie warteten auf jemanden, der meist nicht kam. Die Schwestern taten, was sie konnten, und doch war es schmerzlich, dieses Warten auf den Tod mit auszuhalten. Ab und zu feierten wir eine heilige Messe und ich erteilte den Menschen die heilige Kommunion. Es kam vor – zwar nicht als ich dort war, aber davor und danach –, dass sich verzweifelte Einwohner aus dem Fenster stürzten, um sich das Leben zu nehmen. Natürlich gab es auch ganz zufriedene ältere Menschen, die es geschafft hatten, in angenehmer Würde alt zu werden und die jeden Tag Hoffnung und Zuversicht verströmten.

Ich erinnere mich, wie ich am Fest der 40 Tage nach Weihnachten mit den Leuten im Altenheim einen Wortgottesdienst hielt. Es war das Fest der Aufopferung Jesu im Tempel. Ich las das Evangelium nach Lukas, welches mir vom Abendgebet her sehr vertraut ist:

Dann kam für sie der Tag, der vom Gesetz des Mose vorgeschriebenen Reinigung. Sie brachten das Kind nach Jerusalem hinauf, um es dem Herrn zu weihen, gemäß dem Gesetz des Herrn, in dem es heißt: Jede männliche Erstgeburt soll dem Herrn geweiht sein. Auch wollten sie ihr Opfer darbringen, wie es das Gesetz des Herrn vorschreibt: ein Paar Turteltauben oder zwei junge Tauben. In Jerusalem lebte damals ein Mann namens Simeon. Er war gerecht und fromm und wartete auf die Rettung Israels, und der Heilige Geist ruhte auf ihm. Vom Heiligen Geist war ihm offenbart worden, er werde den Tod nicht schauen, ehe er den Messias des Herrn gesehen habe. Jetzt wurde er vom Geist in den Tempel geführt; und als die Eltern Jesus hereinbrachten, um zu erfüllen, was nach dem Gesetz üblich war, nahm Simeon das Kind in seine Arme und pries Gott mit den Worten: Nun lässt du, Herr, deinen Knecht, wie du gesagt hast, in Frieden scheiden. Nun lässt du, Herr, deinen Knecht in Frieden scheiden, wie dein Wort es verheißen hat. Denn meine Augen haben das Heil geschaut, das du geschaffen hast, damit alle Völker es sehen: ein Licht, das die Heiden erleuchtet, und eine Verherrlichung deines Volkes Israel. Denn meine Augen haben das Heil gesehen, das du vor allen Völkern bereitet hast, ein Licht, das die Heiden erleuchtet, und Herrlichkeit für dein Volk Israel. (Lk 2, 22-31)

Ich sprach darüber, wie Franziskus die Brüder lehrte: Wenn wir Jesus in der Gestalt des heiligen Sakraments im Brot sehen und empfangen und nicht glauben, dass es der Sohn Gottes ist, dann hätten wir mit Jesus und den Jüngern unterwegs sein können und hätten nur Jesus den Zimmermann gesehen und nie geglaubt, dass er der Heiland ist. Franziskus stellte den Glauben an das Sakrament auf die gleiche Ebene wie den Glauben an Jesus von Nazareth.

Es ist der Glaube der Kirche, dass wir – wenn wir Jesus im Sakrament sehen und ihn sogar aufnehmen – getrost sterben können wie der alte Simeon im Evangelium. Ich erinnere mich an die mit Tränen gefüllten Augen des Herrn Mayer, der im Rollstuhl saß und die Kommunion empfing. Er schaute das kleine runde Brot lange an, bevor er es in den Mund steckte und es war zu sehen, dass er eine Art Begegnung mit Jesus hatte. Nachdem ich noch eine Zeit lang bei den Leuten in der Cafeteria war, ging ich nach Hause. Am andern Tag läutete das Telefon und ich erfuhr, dass Herr Mayer am Abend friedlich eingeschlafen war. Mir wurde in dieser Zeit auch immer mehr bewusst, dass es nicht unbedingt nötig ist, als Kirche oder als Christ Gassenarbeit zu machen, denn wenn man die Augen offen hat, gibt es an allen Ecken und Enden genug Menschen, die nach Hoffnung und nach Wegen zu Gott suchen.

Am meisten Spaß machte mir der Religionsunterricht. Ich bekam die Liste der neuen Drittklässler, die ich auf die Erstkommunion vorbereiten sollte. Es war nur ein Mädchen aus der Schweiz darunter, die andern kamen aus allen möglichen Ländern der Welt. Bei der ersten Lektion waren gerade einmal zwei Schüler da. Es war wie die Suche nach den verlorenen Schafen. Jede Woche fehlten einige und ich erfuhr, dass sich in vielen Familien große Dramen abspielten: Alkoholkranke Väter oder Mütter, einige der Väter waren im Gefängnis, alleinerziehende Mütter, die an ihre Grenzen kamen. Es gab auch normale Familien und solche, über die ich gar nichts erfuhr. Ich glaube, es gab keine Stunde im Religionsunterricht, in der alle Schüler da waren, immer schwänzte jemand, war abwesend oder krank.

Das Fest der ersten heiligen Kommunion war unvergesslich. Alle Eltern waren da, auch die Väter aus dem Gefängnis und Eltern, die eigentlich geschieden waren. Alle waren herausgeputzt, der Kirchenchor sang und die Welt war in Ordnung. Für mich war es ein riesiges Geschenk, dass wenigstens an diesem Fest alles so war, wie es sein sollte. Mit der Zeit kamen immer mehr Kinder in den Religionsunterricht, da wir alle möglichen Spiele mit ihnen machten. Es waren sogar einige muslimische Kinder darunter, denn in diesem Viertel gab es sehr wenige Möglichkeiten für die Kinder. Ebenso gefiel mir die Arbeit mit den Ministranten.

Ich konnte mir gut vorstellen, in der Pfarreiarbeit zu bleiben, obwohl es auch hier viele Schwierigkeiten gab und ich mich oft fragte, warum in der Pfarrei nicht allzu viel möglich war und vieles irgendwie blockiert zu sein schien. Der Gottesdienst am Sonntag war manchmal mit 40 Leuten besetzt – in einer Pfarrei mit fast 3500 Steuern zahlenden Katholiken. Als ich einmal länger in der Unterkirche betete und Gott fragte, was hier los sei, sah ich mit den Augen des Glaubens und der Fantasie, dass die wunderschönen Engel der Pfarrei da waren, aber ihre Flügelspitzen waren alle mit schweren Ketten gefesselt. Dieses Bild verstand ich so, dass viele Möglichkeiten und Kräfte der Pfarrei gebunden und angekettet sind. Oft hatte ich auch keine richtige Aufgabe und wurde von verschiedenen Seiten subtil zurechtgewiesen. In einer besonderen Gebetsaktion versuchte ich, die Engel von den Ketten zu befreien. Daraufhin stürzte ich mit dem Fahrrad so schlimm, dass ich die ganze linke Seite wüst aufgeschürft hatte und zwei Wochen lang nicht richtig laufen konnte. Irgendwie gelang es mir danach, zu akzeptieren, dass die Situation nicht so einfach war und es wohl nicht an mir lag, die Engel zu befreien, sondern nur das zu tun, was von mir verlangt wurde und was in meinen Möglichkeiten lag.

In diesem Jahr lernte ich sehr viel, auch wenn es anders war, als ich es mir vorgestellt hatte. Vor allem lernte ich, die Kirche so zu lieben, wie sie ist, und nicht so, wie ich sie haben will. Jesus war auch gefesselt, bevor das Wunder der Auferstehung geschah, warum sollen die Kräfte der Kirche nicht auch eine Zeit lang gefesselt sein? Zudem begriff ich, dass es sehr viele Randgruppen gibt und ebenso verschiedenste Formen von Abhängigkeit.

Abhängigkeiten können unterschiedlich sein, aber sie haben alle eine Ähnlichkeit. Sie grenzen andere aus und suchen in ihrer Nische verzweifelt nach Sicherheit. Jeder, der diese scheinbare Sicherheit stört, gilt als Störenfried und wird ausgegrenzt. Jesus von Nazareth wusste um diese Neigungen besonders bei religiösen Menschen und er gab auch das Rezept, das heilen kann. Er stellte den wirklichen Umgang mit Gott auf eine Ebene zum Umgang mit den Menschen, besonders mit den Menschen am Rande, die die Norm durchbrechen. Sie geben uns mit ihrem Chaos, das sie veranstalten, immer wieder die Möglichkeit, im Bewusstsein und in der Liebe zu wachsen. Dieser Kerngedanke der Botschaft Jesu findet sich in der Geschichte vom verlorenen Schaf:

Wenn einer von euch hundert Schafe hat und eins davon verliert, lässt er dann nicht die neunundneunzig in der Steppe zurück und geht dem verlorenen nach, bis er es findet? Und wenn er es gefunden hat, nimmt er es voll Freude auf die Schultern, und wenn er nach Hause kommt, ruft er seine Freunde und Nachbarn zusammen und sagt zu ihnen: Freut euch mit mir; ich habe mein Schaf wiedergefunden, das verloren war. Ich sage euch: Ebenso wird auch im Himmel mehr Freude herrschen über einen einzigen Sünder, der umkehrt, als über neunundneunzig Gerechte, die es nicht nötig haben umzukehren. (Lk 15, 4-7)

Diakonatsweihe, ein unvergessliches Fest

Das Pastoraljahr verging schneller, als ich gedacht hatte, und ich war bereit, mich zum Diakon weihen zu lassen. Das Diakonat ist die Aufnahme in den Klerus der katholischen Kirche. Diese Weihe wird normalerweise mit einem gebührenden Fest gefeiert und ich wollte mich in Chur zusammen mit den anderen angehenden Diakonen weihen lassen. Als ich das in der Pfarrei sagte, baten sie mich, das Fest in der Josefskirche zu machen, da es dort seit Jahren keine solche Weihe mehr gegeben habe. Ich wollte dennoch nicht und hatte auch nicht das Geld für ein solch großes Fest. Sie baten mich inständig, die Feier doch in St. Josef zu machen. Ich blieb bei meiner Ablehnung, vielleicht auch etwas aus Enttäuschung darüber, was ich hier erlebt hatte und dass sie mir ein Jahr lang verboten hatten, meiner tieferen Berufung nachzugehen und den Kontakt zu den Suchtbetroffenen zu pflegen.

Schließlich kam der Kirchenpräsident persönlich auf mich zu und sagte: »Wir würden gerne ein großes Fest für dich organisieren. Die Kosten werden wir übernehmen und für bis zu 200 Gäste kochen. Du kannst alle einladen, die du willst.« Ich begann zu lächeln und fragte: »Wirklich, ihr würdet das für mich machen und ich kann einladen, wen ich will?« – »Klar, wen du willst, maximal 200 Personen.« Sofort setzte ich mich an meinen Computer und gestaltete eine Einladung.

Ich druckte sehr viele Einladungen und ging von diesem Tag an immer zu Fuß nach Hause und sprach jeden an, den ich noch von der Gasse kannte. Jeden Alkoholabhängigen und alle Süchtigen, die mich ansprachen oder etwas von mir wollten, bekamen ein wenig Geld und eine Einladung.

Bald kam der Tag der Diakonsweihe. Die Kirche war wunderschön geschmückt mit meinen Lieblingsblumen, den Sonnenblumen. Der Chor sang, der Bischof, viele Brüder, Priester, Ministranten, Verwandte und Bekannte waren da, sogar die Schwestern der heiligen Klara und unter ihnen meine ehemalige Freundin, Schwester Petra-Maria.

Als wir feierlich mit Weihrauch und Orgelspiel in die Kirche einzogen, war ich vor allem auf meine speziellen Gäste gespannt. Vom Altar aus sah ich die Menschen in den Bänken. Am meisten freute ich mich über jene, die aus der sonntäglich gekleideten Volksmenge herausstachen. Etliche Leute von der Gasse, die ich eingeladen hatte, saßen in den Bänken und lächelten oder grinsten mir zu.

Ich freute mich darauf, jetzt Diakon zu werden, denn wenn ich schon einen solchen Schritt weiter in die Kirche hinein machen sollte, dann wollte ich den Schritt ganz machen. Das heißt, ich machte den Schritt mit Christus Jesus zusammen. Er ist wohl unsichtbar unter uns, aber zu seiner vollen Wirklichkeit in der Welt gehören neben der Gemeinschaft der Kirche auch die Menschen am Rande der Gesellschaft. Die waren reichlich vertreten, obwohl ich beinahe ein Jahr lang kaum noch Kontakt mit ihnen gepflegt hatte.

Der Gottesdienst war sehr feierlich und ich erinnere mich besonders an die Lesung aus dem Buch Jesaja, wo es heißt, dass Gott seine Gesalbten in Gewänder des Heils kleiden und in den Mantel der Gerechtigkeit hüllen will (Jes 61, 10-62, 5). Zudem empfand ich es als außergewöhnlich, dass mir Bischof Amédé die Hände zur Amtsübergabe nicht nur auflegte, sondern sie mir mit aller Kraft auf den Kopf drückte. Der tiefste und köstlichste Moment war jedoch die Kommunion.

Als ich die Kommunion austeilte, sah ich wie die Suchtbetroffenen beim Nach-vorne-Kommen die Reihe wechselten, um bei mir den Leib des Herrn zu empfangen. Als die letzten fünf Leute vor mir standen, um die Kommunion zu empfangen, ging hinten die Kirchentür auf und Marcel, ein »Multi-Toxikomane« (jemand, der alle Drogen konsumiert – von Alkohol über Tabletten bis hin zu allen berauschenden Substanzen), kam herein. Die braunen Haare waren ungepflegt und klebten strähnig in seinem pickligen und ungewaschenen Gesicht, und seine Kleider sahen aus, als ob er seit Tagen auf der Straße gelebt hätte. Er sah mich vorne stehen und rief durch die ganze Kirche, sodass viele Köpfe sich nach hinten drehten: »He, Bennobruder, ich will auch das heilige Brot.« Und er humpelte, er hat ein steifes Knie, durch die Kirche zu mir. Mir kam es vor, wie wenn jemand, der vor der Himmelstür steht, gerade noch hineinschlüpft, bevor geschlossen wird. Ich kann mich bis heute an seinen Blick erinnern. Dankbar schaute er mir aus tiefster Seele in die Augen und setzte sich mit einem breiten Grinsen auf einen der letzten freien Plätze.

Nach der Kirche gab es einen großzügigen Empfang, welcher besonders von den speziellen Gästen rege genutzt wurde. Es wurden Fotos gemacht, viele schüttelten mir die Hand und wünschten mir alles Gute für meinen Diakonatsdienst. Es wurde intensiv diskutiert und dabei merkte ich kaum, dass alle Leute schon im Festsaal verschwunden waren und nur noch eine Traube Süchtiger mit mir am Stehtischchen stand.

Adelbert, ein stadtbekannter Clochard, dessen Geschichte tragisch und kostbar zugleich ist, waren die Aperitif-Gläschen zu klein, sodass er sich gleich zwei Flaschen Weißwein geschnappt hatte. Die eine schaute aus der Hosentasche seiner zu großen Militärhose heraus, die andere setzte er sich immer wieder direkt an den Mund. Sonst schenken wir keinen Alkohol an Süchtige aus, aber an diesem Tag galten all diese Regeln nicht, denn die Hauptsache war, dass sie da waren. Adelbert war damals vielleicht 65 Jahre alt. Er war nicht zu übersehen: groß, mit grauen buschigen Augenbrauen, der Kopf war meist kahl geschoren und zwar so, dass überall kleine Schnitte zu sehen waren, aus denen sich offene Stellen bildeten, und etliche Haarbüschel, die seiner Rasur entgangen waren. Es sah aus, wie wenn er es mit einem Taschenmesser gemacht hätte.

Oft kam er in unsere Gebetsrunden. Dann saß er mit steifem Rücken da, schaute feierlich ernst und konnte aus heiterem Himmel eines seiner wenigen Gebete aufsagen. Er betete dann mit feierlich tiefer Stimme das Bruder-Klausen-Gebet, das auf Nikolaus von Flüe, den Schweizer National-heiligen, zurückgeht:

Mein Herr und mein Gott,
nimm alles von mir, was mich hindert zu dir.
Mein Herr und mein Gott,
gib alles mir, was mich führet zu dir.
Mein Herr und mein Gott,
nimm mich mir und gib mich ganz zu eigen dir.

Dann versank er wieder in seine steife Haltung und schaute mit verwahrlost-würdigem Blick in die Runde. Manchmal sagte er das Gebet richtig, manchmal brachte er die Sätze durcheinander. Ich wurde nie schlau aus dieser Seele.

Wenn wir ihn fragten, wie es ihm gehe, sagte er immer, es gehe ihm bestens. Beim Essen hatte er die Angewohnheit, sich die Hosentaschen mit Fleisch oder auch Nudeln zu füllen. Er war ein echter Messie, einer der sammelt um des Sammelns willen. Immer wieder haben wir ihm gesagt, der Krieg sei vorbei und es gebe genug für alle. Irgendwie war er mit seinem auch bewusst gewählten »Clochard-Stil« köstlich. Einmal kauften wir für ihn saubere Kleider, aber am Tag darauf trug er wieder seinen Spezial-Look: Alte Militärhosen mit Schnüren zusammengebunden, eine Schnur über die Schulter wie ein Hosenträger, ein löchriges T-Shirt mit einem nicht allzu frischen Geruch. Wir nahmen ihn einfach, wie er war, freuten uns, wenn er da war, und ließen ihn wieder ziehen.

Eines Tages war er verschwunden. Eine Woche, zwei Wochen, drei Wochen. Wir telefonierten herum, aber niemand wusste, wo er war. Wir kannten seine Adresse, so gingen Vittorio, Andreas und ich in das verwahrloste Haus, in welchem viele Gestrandete und Süchtige wohnten. Wir wussten nicht, in welchem Zimmer wir nach Adelbert suchen sollten, da nichts angeschrieben war. Also klopften wir an die verschiedenen Zimmertüren und manchmal machte eine heruntergekommene Gestalt die Tür auf. Aber niemand konnte oder wollte uns Auskunft über Adelbert geben. Eine Tür war aufgebrochen und stand ein Spalt weit offen.

Wir traten in das Zimmer, oder das, was man Zimmer nennt. Es war eher eine Müllhalde, welche zu zwei Dritteln voll war mit gesammeltem Schrott, Abfall und Unrat. Wir dachten, das würde zu Adelbert passen. Auf einem schmuddeligen, mit Gegenständen überfüllten Tischchen erkannten wir im Halbdunkel einige Briefumschläge. Vittorio, der die Adresse anschauen wollte, hob einen der Umschläge vom Tisch auf. Er war auf drei Seiten aufgeschnitten, sodass der Inhalt sofort auf den Boden fiel. Auf dem Umschlag stand Adelberts Name. Wir waren tatsächlich im Zimmer oder im Schlupfloch von Adelbert. Beim Aufsammeln der liegen gebliebenen Blätter blieb Vittorio stutzend stehen und machte etwas, was man eigentlich nicht tut: Er schaute hinein. Es war die Bestätigung für die Aktien eines der größten Pharmakonzerne in der Schweiz, eine Bestätigung für mehrere hunderttausend Schweizer Franken. Wir trauten unseren Augen kaum. Adelbert, der verlausteste Clochard in Zürich, war ein Millionär. Ob das wahr ist oder nicht, wir werden es wohl nie erfahren, da wir nie mehr etwas von ihm gesehen oder gehört haben. Das Zimmer wurde bald darauf anderweitig vermietet.

Dieser Adelbert war also bei meiner Diakonatsweihe dabei und trank hemmungslos Weißwein aus der Flasche. Aber ich freute mich, dass sie alle da waren und es störte mich auch nicht, wenn der eine oder andere etwas zu viel getrunken hatte. Für mich ging der Text aus dem Lukasevangelium heute einmal mehr in Erfüllung:

Ein Mann veranstaltete ein großes Festmahl und lud viele dazu ein. Als das Fest beginnen sollte, schickte er seinen Diener und ließ den Gästen, die er eingeladen hatte, sagen: Kommt, es steht alles bereit! Aber einer nach dem andern ließ sich entschuldigen. Der Erste ließ ihm sagen: Ich habe einen Acker gekauft und muss jetzt gehen und ihn besichtigen. Bitte, entschuldige mich! Ein anderer sagte: Ich habe fünf Ochsengespanne gekauft und bin auf dem Weg, sie mir genauer anzusehen. Bitte, entschuldige mich! Wieder ein anderer sagte: Ich habe geheiratet und kann deshalb nicht kommen. Der Diener kehrte zurück und berichtete alles seinem Herrn. Da wurde der Herr zornig und sagte zu seinem Diener: Geh schnell auf die Straßen und Gassen der Stadt und hol die Armen und die Krüppel, die Blinden und die Lahmen herbei. Bald darauf meldete der Diener: Herr, dein Auftrag ist ausgeführt; aber es ist immer noch Platz. Da sagte der Herr zu dem Diener: Dann geh auf die Landstraßen und vor die Stadt hinaus und nötige die Leute zu kommen, damit mein Haus voll wird. Das aber sage ich euch: Keiner von denen, die eingeladen waren, wird an meinem Mahl teilnehmen. (Lk 14, 15-24)

Ich sagte immer lachend, dass es in der Bibel einen Druckfehler gibt, es heißt nicht Landstraße, sondern Langstraße, denn die Zürcher Drogen- und Sexmeile heißt so. Das Evangelium wurde an diesem Tag für mich ein Stück Wirklichkeit. Viele der Leute, die ich eingeladen hatte, hatten etwas anderes vor und konnten nicht kommen. Das motivierte mich umso mehr, die Menschen vom Rand der Gesellschaft einzuladen. Sicher ist das Fest in der Kirche noch nicht das himmlische Fest, aber es erinnert daran und es ist ein gutes Übungsfeld dafür.

Wir waren immer noch an den Stehtischchen und lachten. Der Pfarrer kam zu mir und sagte, dass alle auf mich warteten. »Bring deine Ehrengäste mit an den reservierten Tisch, du sitzt neben dem Bischof. Wir wollen dann beten, um das Festessen zu eröffnen.« Als ich zum Tisch kam, merkte ich, dass sie erwartet hatten, dass ich meine Eltern und Schwester Petra-Maria mit an den Tisch nehme. Aber ich wurde von Eline, Giuseppe und seiner Freundin Sabrina begleitet. Giuseppe war ein Folienraucher und Dealer, seine Freundin ging auf den Strich und war eine Fixerin wie Eline. Neben den Bischof, schräg gegenüber von mir, platzierte ich Eline, zwischen mir und dem Provinzial saß die Freundin von Giuseppe und auf der andern Seite zwischen mir und dem Pfarrer Giuseppe. Die Situation war relativ angespannt, niemand traute sich etwas zu sagen.

Der Kirchenpräsident, welcher mir bei meiner Anstellung verboten hatte, mit Süchtigen Kontakt zu haben, war am selben Tisch und schaute überrascht zu mir herüber. Ich lächelte ihn an. Bischof Amédé stand auf, sagte das Tischgebet, nahm das Weinglas und prostete uns sofort zu. Er hat die etwas unorthodoxe Situation mit so viel Liebe aufgefangen, dass nach zwei Minuten alle in ein reges Gespräch verwickelt waren. Und zwar so sehr, dass ich den Eindruck hatte, dass er seine Rolle als Bischof ganz hinter sein wunderbares Menschsein stellte, und ebenso war es bei dem Dealer und den Stricherinnen. Ich genoss das Essen in vollen Zügen und es war mir wahrlich wie ein Stück Himmel. Der Gottesdienst am Tisch des Herrn und das Festessen waren zu einem großen Fest geworden.

Eline

Kurz nachdem ich die Geschichte von meiner Diakonsweihe aufgeschrieben hatte, rief mich Eline an. Sie sagte, sie habe meine Telefonnummer verloren und erst jetzt wieder von einem Bekannten bekommen. Lange erzählte sie mir am Telefon von sich und ihrem Leben. Ich erzählte, dass ich soeben über sie geschrieben hätte, da ich an einem Buch über die Gasse arbeitete. Wir verabredeten uns für den nächsten Sonntag auf der Insel. Ich hatte gerade noch zwei Jungs aus dem Gefängnis bei mir. »Komm doch zum Mittagessen mit deinen beiden Kindern«, lud ich sie ein.

Es war der eidgenössische Dank-, Buß- und Bettag. Nach einer wunderschönen Jodlermesse, bei der ich aus dem Evangelium die Geschichten vom verlorenen Sohn, der verlorenen Drachme und dem verlorenen Schaf vorgelesen hatte, wurde mir bewusst, dass wir an diesem Tag etwas von dem Fest und der Freude, die im Himmel sind, mitfeiern konnten. Die beiden Jungs aus dem Gefängnis schienen wirklich eingesehen zu haben, dass das Leben Besseres für sie bereithält als krumme Geschichten.

Ich ging Eline und ihre wunderbaren Kinder am Bahnhof abholen. Als mich die kleine Lynn in der braunen Kutte sah, versteckte sie sich sofort hinter ihrer Mutter. Der siebenjährige Fredy, der um einiges größer war als seine ein Jahr jüngere Schwester, fragte sofort, was ich für einer sei. »Na, ich bin doch ein Franziskaner, lebe für Jesus und habe euch alle mal getauft.« Die nächste Frage kam. »Was ist das, eine Taufe?« Eine Antwort führte bei dem aufgeweckten Jungen immer zu einer neuen Frage und so spazierten wir auf die Insel.

Es freute mich riesig, an diesem Tag mit meinen Brüdern und meinen Gästen den Dank-, Buß- und Bettag zu feiern. Es war ein wunderschöner Frühherbsttag, sodass wir draußen aßen. Nach dem Essen fuhren wir mit einem Fischerboot hinaus auf den Rhein – ich, die Kinder, die Jungs vom Knast und Eline. Fredy durfte mit einem der Jungs das Boot steuern und Eline erzählte mir ihre Geschichte.

Mit gesenktem Kopf blickte sie auf das fließende Wasser und fing an: »Naja, begonnen hat die Geschichte mit den Drogen bei mir schon mit 14. Mit 15 wohnte ich bereits bei einem Freund und beendete die Schule mehr schlecht als recht, dabei kam ich tiefer und tiefer in den Drogensumpf.

Ich begann noch eine Lehre als Coiffeur, aber wenn man am Arbeitsplatz auf der Toilette kokst, hat es nicht viel Sinn.« Sie blieb kurz still. »Bald musste ich die Lehre beenden, es war noch ein Hin und Her zwischen Mutter, Vater und Freunden. Mein Vater hatte damals eine neue Frau, die gerade einmal sechs Jahre älter war als ich. Sie hat zwei Kinder geboren, die meine Halbgeschwister sind. Ein Halbbruder war in Südamerika und ist vor drei Jahren ausgewandert, jetzt lebt er irgendwo auf einer Südseeinsel. Ich habe kaum Kontakt mehr zu ihm, aber seinen Ehering trage ich heute an der Halskette. Wie du siehst, komme ich aus einer recht schrägen Familie. Mein Papa war ein Hell's Angel und für mich war es immer schrecklich, mit zu diesen Treffen zu gehen. Ich möchte darüber auch nichts erzählen, aber da läuft schon einiges.«

Ihr Blick ließ vieles erkennen, auch dass sie nichts sagen wollte, sie schaute mich kurz an und sah wieder hinaus auf den Rhein, als ob sie ihre Geschichte nochmals vom klaren Rheinwasser abspülen lassen wollte. »Du weißt ja nicht, wie schwierig es ist, aus dieser Clique rauszukommen. Ich wurde manchmal beschattet, es wurden ›Kilos‹ von … und auch Mädchen verschoben, mit den Junkies gingen sie ganz wüst ins Gericht und taten so, als ob sie Saubermänner wären.« Ich hatte den Eindruck, dass sich in diesen kurzen Andeutungen ihrer Geschichte etliche Wurzeln für ihre Suchtkarriere verbargen.

»Sag mal«, fragte ich sie, »wo haben wir uns eigentlich kennengelernt?« – »Na, im Christenhüsli. Ich kam da hin, weil es ein Ort war, wo ich etwas Ruhe fand, ein freundliches Wort gesagt wurde und ich mich irgendwie sicherer fühlte. Dann kam ich mit dem Vater meiner Kinder zusammen, wir dealten beide und ich merkte nicht einmal, dass ich schwanger wurde.«

Zum Teil erzählte sie der Reihe nach, dann fehlten wieder Passagen, die sie nicht erwähnen wollte oder so gut wie möglich verdrängt hatte. »Ja, auf den Strich ging ich manchmal auch, vor allem bevor ich mit dem Dealen klarkam, denn so konnte ich halt Geld machen. Damals, als du mich zu deiner Diakonatsfeier eingeladen hattest, war ich ja voll im Karussell der Sucht. Ich kam praktisch direkt vom Strich in die Kirche. Ich fühlte mich nicht wirklich wohl, denn es war nicht gerade meine gewohnte Umgebung. Es war schon speziell, am Mittag bei dir und beim Bischof zu essen.« Ich lachte sie an und sagte: »Ich kann dir sagen, du warst für mich damals der lebendige Beweis, dass Gott da ist und möchte, dass ich weiterhin Gassenarbeit mache. Wenn ihr Menschen, die damals voll im Karussell der Sucht stecktet, nicht gekommen wäret, dann hätte ich Angst gehabt, dass ich mich nur für kulturelle Aufgaben in der Kirche weihen lasse. Ja, Kirche ist auch Kultur, aber es geht eben im Besonderen um den lebendigen Jesus, der von sich sagt: Was ihr dem geringsten meiner Brüder getan habt, habt ihr mir getan.«

Sie lachte und fuhr unaufgefordert mit ihrer Geschichte fort. »Nach einer sehr schweren Geburt wurde mein Sohn Fredy gleich im Triemlispital behalten. Ich war in einem neuen Programm für methadonabhängige Mütter. Mein Kind wurde mir nicht mehr anvertraut, höchstens wenn ich ins Birkenhaus ginge. (Das Birkenhaus ist eine spezielle Einrichtung für Mütter mit Kleinkindern, welche in einer schweren Lebenssituation sind.) Dort konsumierte ich auch nie, denn ich wollte nur, dass mein Kind bei mir ist. Ich traf mich im Geheimen immer wieder mit dem Vater von Fredy, sodass ich zwei Monate später bereits wieder schwanger war. Als das zweite Kind kam, beschlossen die Behörden und das Birkenhaus, dass es nicht möglich sei, methadonabhängig zu sein und zwei Kinder zu haben. Meine Tochter wollten sie mir deshalb nach der Geburt wegnehmen. So entschloss ich mich, den Methadonentzug zu machen. Es war praktisch nur im Neuhof möglich, das Methadon langsam abzubauen und zugleich die Kinder in der Nähe zu haben. Auch der Vater der Kinder entschied sich, in den Neuhof zu kommen. Zuerst lief alles gut, aber mein Freund konsumierte wieder Drogen und ich war nicht bereit, in der Gruppe über meine ganz persönlichen Dinge zu sprechen. Sie wollten mich aus der Therapie werfen, da ich nicht richtig mitmachte. Mir lag aber alles daran, wegen meiner Kinder im Neuhof zu bleiben. Falls ich ginge würde es für mich fast unmöglich sein, die eigenen Kinder wiederzubekommen. Benno, ich kann dir sagen, es war immer ein Riesenkampf, aber es lohnte sich, für meine Kinder zu streiten und auch zu leiden. Ich bekam die Erlaubnis, mit meiner Bezugsperson, einer Psychologin, im geschützten Rahmen unter vier Augen über meine Geschichte zu sprechen. Die Therapeutin war so erschüttert, dass sie mehrmals in Tränen ausbrach, was es mir ja auch nicht leichter machte, da ich das Gefühl hatte, sie konnte mit dieser massiven Geschichte nicht wirklich umgehen. Zudem wurde die Geschichte nicht ganz diskret behandelt, was mir nochmals zusetzte, und am Schluss benutzten sie sie noch, um mich bei der Invalidenversicherung anzumelden. Benno, ich sage dir, da ging es irgendwie oft einfach um das Geld, weil die Therapiehäuser ganz andere Summen bekommen, wenn es über die Versicherung läuft, als wenn es über das Sozialamt geht. Klar, jetzt bin ich froh, ich habe eine Rente, mit der ich knapp, aber doch gut über die Runden komme. Ich wüsste nicht, wie ich mit den zwei Kindern noch arbeiten sollte, gerade weil Fredy, der hyperaktiv ist, sehr viel Betreuung braucht. Jetzt wollen sie mir auch einreden, dass ich zustimmen sollte, Fredy Ritalin verschreiben zu lassen. Nein, das will ich nicht, klar ist er sehr lebhaft, aber Ritalin hat einen ganz ähnlichen chemischen Aufbau wie Kokain. Nein, mein Sohn soll ohne dieses Zeug aufwachsen.«

Ich erlebte Fredy auch als sehr aufgeweckten, sicher herausfordernden Jungen, aber gleich mit Ritalin ruhigstellen? Ich bin nicht in der Lage und nicht bevollmächtigt, eine Diagnose zu erstellen. Letztlich vertraue ich darauf, dass echte Mütter die richtige Intuition haben und mit dem Arzt zusammen die bestmöglichen Entscheidungen für ihre Kinder finden. Eline ist wirklich eine echte Mutter geworden, die alles für ihre Kinder gibt. Ich habe den Eindruck, dass es ihr gelingt, mit den Kindern einen guten Weg zu gehen, auch als alleinerziehende Mama. Mir tat der Nachmittag mit der kleinen Familie richtig gut und es entstand eine Freundschaft zwischen mir und den Kindern. Ich erzählte ihnen auch, wie ich sie getauft habe, und sagte, es liege jetzt an ihnen, auf die Liebe von Jesus einzugehen.

Ich hatte Eline ab und zu im Neuhof in der Therapie besucht und sie wünschte sich, dass ich sie und ihre Kinder taufen solle. Viele Menschen von der Therapie begleiteten sie damals zu mir auf die Insel und es war ein schönes Fest. Kurz darauf kam der Vater der Kinder in Auslieferungshaft. So kompliziert die Beziehung zwischen dem Vater und der Mutter der Kinder war, sie liebte ihn, sie liebte die Kinder und schaffte es in letzter Minute, ihn zu heiraten, sodass er in der Schweiz bleiben konnte. In der Zeit der Taufe schienen sie wirklich eine richtige Familie zu werden und wir sprachen darüber, dass sie auch kirchlich vor Gott heiraten könnten.

Es kam anders. Der Vater der Kinder rutschte wieder und wieder ab und es tat weh, das mitzubekommen. Besonders wenn ich ihn auf der Gasse traf: Er jagte den Drogen hinterher und konnte oder wollte mir kaum in die Augen schauen. Seit einiger Zeit ist Eline von ihm geschieden und für sie ist klar, es gibt kein Zurück, obwohl er sehr gerne wieder zu seiner Familie zurückkehren würde. Es stimmt, er hat hier in der Schweiz nur sie und die gemeinsamen Kinder, sonst hat er kaum echte Beziehungen. Bis eine Frau, die liebt, sagt: »Ich will nichts mehr von dir«, da musste wirklich sehr viel schiefgegangen sein. Als sie mich besuchte, war er gerade im

Gefängnis und sollte wieder ausgewiesen werden. Ihr selbst geht es jetzt sehr gut, sie konnte die Sucht bis auf die Zigaretten ganz hinter sich lassen. Es ist eine Wohltat, zu erleben, wie sie jetzt ganz und gar für ihre Kinder da ist.

Nach diesem schönen Sonntag musste ich nach Zürich und so fuhren wir gemeinsam mit dem Zug. »Weißt du noch, dass du mir ein kleines Kreuzchen aus Silberdraht gemacht hattest?«, fragte sie. Ich konnte mich nicht mehr erinnern, aber für sie war es ein wichtiger Moment gewesen, zu wissen, dass es einen Gott gibt, der mit ihr geht, auch wenn sie mitten in der Sucht steht. »Ich habe das Kreuzchen irgendwann verloren und ich würde mich freuen, wenn du mir wieder eines machen würdest.« – »Du hast Glück, ich habe die Zange und den Draht dabei.« Die Kinder fragte ich, ob sie lieber ein Kreuzchen oder einen kleinen Delfin hätten. Der Delfin sei auch ein Symbol für Jesus, der uns wie ein Delfin retten will, wenn wir in den Stürmen des Alltags unterzugehen drohen. Lynn sagte sofort, sie wolle einen Delfin und Fredy rief: »Ich möchte ein Kreuzchen wie Mama.« Mit gespannten Blicken schauten sie mir zu, wie ich mit der Zange zwei Kreuzchen und einen Delfin formte. »Komm gib mir die Hand, lege sie in meine Hand.« Die hübsche kleine Hand in meiner Hand, der Delfin auf der Hand von Lynn, dann legte ich meine Hand auf ihre und begann zu beten: »Lieber Gott, segne dieses Zeichen und alle, die es sehen, segne die kleine Lynn und bewahre sie vor allem Bösen, das sie einen guten Weg in ihrem Leben gehen kann. Du hast sie in der Taufe als dein Kind angenommen, sei du ihr ein besonders guter Vater, da ihr Vater nicht da ist.« So segnete ich auch Fredy und Eline. Es passierte irgendetwas Wunderbares. Danach kuschelte sich Fredy an die Seite der Mutter und schaute aus dem Zugfenster hinaus auf die vorbeiziehende Landschaft. Die kleine Schwester machte dasselbe, sie kuschelte sich an meine braune Kutte, hielt meine Hand und schloss die Augen. Ich genoss diesen ganz speziellen

Moment und er klingt immer noch in mir nach, während ich darüber schreibe.

Sarah

In meinem Pastoraljahr lernte ich auch Sarah kennen. Sie kam mit einer Schulklasse zu mir in die Pfarrei auf Besuch. Sie schrieb selbst auf, wie sie das erlebte.

Damals war ich 13 Jahre alt. In der Schule machten wir eine Projektwoche. Ich entschied mich für den Kurs »Sinn des Lebens«. Doch die ersten zwei Tage schwänzte ich. Ich hatte einfach keine Lust, mit der Gruppe über Nacht wegzubleiben. Am dritten Tag war ich wieder dabei. Nun besuchten wir Bruder Benno. Er erzählte von Gott, aber auch von seiner Arbeit auf der Gasse. Es war so unglaublich, wie ein Geistlicher so offen und locker über das »Tabuthema« Drogen sprach. Er erzählte auch von sich selber, von der Phase, als er mal das Kiffen versuchte. Was, er hat auch mal gekifft? Krass, dachte ich, das passt doch nicht. Vage erinnere ich mich daran, wie er uns auch das »Christenhüsli« zeigte. Orte, die ich dann in meiner Verzweiflung wieder aufsuchte.

Dann ging alles sehr schnell. Mit 13 Jahren eine Kifferin und mit 14 Jahren schon voll in der Partyszene. In dieser Szene waren Drogen so was Normales. Jeder konsumierte, auch ich! Und es dauerte nicht lange bis ich das erste Mal Heroin probierte. Damals war ich 15 Jahre alt. So lernte ich meinen damaligen Freund kennen. Zuerst war er noch mein Dealer, bei dem ich das Dope kaufte. Es dauerte nicht lange und wir waren ein Paar. Das Problem war nur, dass er heroinabhängig war und ich eine 15-jährige Schülerin. Ich versprach, ihm in den Weihnachtsferien beim Entzug zu helfen, doch bis dahin war ich schon selber süchtig. Das merkte ich dann beim meinem ersten Entzug. Ich hatte vorher ja nie Entzugserscheinungen, da immer genügend Sugar (Heroin) da war.

Nun war es so weit, die Weihnachtsferien! Da habe ich das erste Mal die qualvollen Schmerzen von den Entzugserscheinungen erlebt. Zwei qualvolle Tage hatten wir schon hinter uns. Wir kämpften mit starken Gelenk- und Rückenschmerzen, Schüttelfrost, Durchfall und Schlafstörungen. Da klingelte es an der Tür: »He, wollen wir nach Zürich gehen, Stoff besorgen?« Ich konnte nicht mehr. Ich fing an zu weinen und zu schreien. Wieso muss dieses verdammte Arschloch jetzt vorbeikommen. Wie konnte ich nein sagen!

Und so schafften wir es nicht, länger als zwei Tage durchzuhalten. Wir waren sehr schnell wieder voll drin in dem Teufelskreis der Sucht. Tagein, tagaus kamen die Leute, kauften und konsumierten. Ich fühlte mich so fehl am Platz, in dieser Drogenhöhle. Zunehmend wurde ich auch aggressiver, vor allem meiner Mutter gegenüber. Wir stritten uns immer mehr und so packte ich meine Sachen und zog zu meinem Freund nach Romanshorn. In die Schule ging ich auch immer weniger. Da ich selbstständig in einem Montessori-Kinderhaus lernte, verlor ich auch dort meinen Halt. Was mir in dieser Zeit trotzdem Kraft gab, waren die anderen Kinder in der Schule, die schnell merkten, dass ich mich verändert hatte.

Doch es genügte nicht. Ich war so allein mit meinem Problem! Nach etwa vier Monaten konnte ich nicht mehr, es wurde mir zu viel. Ich fühlte mich so einsam, klein und allein. Ich rief meine Mutter an. Als ich ihre Stimme hörte, kullerte mir schon die erste Träne übers Gesicht. Ich brachte keinen Ton heraus. Doch meine

Mutter wusste, wer am Telefon ist, und fragte mich, ob ich nach Hause kommen möchte.

Nun war ich wieder zu Hause, doch mit der Sucht ging es weiter. Kurze Zeit später zog mein Exfreund zu mir nach Zürich und wollte sich eine Arbeit suchen, was aber nie geschah. Während ich in der Schule war, war er nun an der Langstraße und dealte. Nach der Schule ging ich zu ihm und half ihm beim »Verticken« der Ware. Oft ging ich noch Babysitten und half meinem Vater bei der Arbeit, um etwas Geld zu verdienen, das ich sofort wieder in die Drogen investierte. Immer mehr sehnte ich mich nach Ruhe und Geborgenheit, einem Ort, an dem ich meine Last abwerfen könnte.

In dieser Verzweiflung kam mir Bruder Benno in den Sinn, der einst von seiner Arbeit auf der Gasse erzählte. Genau, das war doch die Kirche in der Nähe vom Limmatplatz. Fast schon rannte ich dorthin. Ich konnte es kaum erwarten, in der Stille der Kirche zu sein. Es tat so gut, diese Stille. Leise weinte ich vor mich hin. Im Büro erklärten die Leute mir, dass Bruder Benno nicht mehr hier bei ihnen ist, doch die Sekretärin suchte für mich die Handynummer heraus. Ich verabredete mich mit Bruder Benno und er hatte sofort Zeit für mich. Ich war sehr nervös und geschwächt als ich im HB Treff in Zürich auf Benno wartete. Als er mich mit meinem verzweifelten Blick sah, schloss er mich zuerst mal in seine Arme. Es tat so gut, von schützenden Armen gehalten zu werden. Er umarmte mich und es schien ihn nicht zu stören, was die Leute denken, wenn ein Bruder in brauner Kutte ein junges Mädchen in den Armen hält. Ich kämpfte sehr mit den Tränen.

Benno musste noch ein Paar treffen, das auch mit den Drogen kämpfte. Zu viert gingen wir am Hauptbahnhof Zürich etwas trinken. Ich fühlte mich so unwohl. Ganz leise saß ich einfach dabei, ich sagte kein Wort. Am liebsten wäre ich weggerannt, irgendwohin, weit weg, wo ich einfach nur noch weinen und mich verkriechen hätte können. Ich schaffte es nicht mehr, die Tränen liefen mir herunter. Mit meinem Einverständnis erklärte Benno dem Paar, dass ich auch heroinabhängig bin. Als die Frau das hörte und mich ansah, nahm sie meine Hand und weinte mit mir mit. Jemand, der mich ohne ein Wort sogleich verstand, da sie ein ähnliches Schicksal hatte und schon seit Jahren den Kampf mit der Sucht führte. Ich war froh, als ich dann mit Benno doch noch allein im Platzspitzpark war. In seinen Armen konnte ich dann nochmals richtig ausweinen. Endlich durfte ich mal abladen und loslassen. Ich erzählte ihm meine ganze Geschichte, wie alles anfing mit den Drogen, von meinem Freund und so weiter.

Puh, jetzt ist es draußen und ich hab alles einmal ausgesprochen, aber wie geht es weiter? Benno riet mir, wenn möglich mit meiner Familie zu sprechen und mich von meinem Freund zu trennen, denn die ganze Beziehung steht im Zusammenhang mit den Drogen und Sucht. Nein, meiner Familie konnte ich es nicht sagen, das würde ihnen das Herz brechen und von meinem Freund konnte ich mich auch nicht trennen. Ich werde das auch so hinkriegen. Benno sagte mir noch, wenn ich mich doch dazu entscheide, es meiner Mutter zu sagen, würde er mich dabei auch unterstützen. Nein, nein, ich schaff das auch so! Zum Schluss gab mir Benno einen Delfin, den er aus Draht geformt hatte, während wir geredet haben. Er sagte, Jesus sei manchmal wie ein helfender Delfin, der beim Ertrinken einen Stoß an die Oberfläche des Wassers gibt. Auf dem Weg Richtung Hauptbahnhof fragte er mich, ob er für mich beten darf. Mitten auf der Straße hielten wir an und er betete für mich. Es war komisch, doch es war mir nicht unangenehm. Meinem Freund erzählte ich von diesem Treffen. Ich erklärte ihm auch, dass es besser sei, wenn er wieder nach Romanshorn ziehe.

Nichts wurde besser, im Gegenteil! Meine Mutter und mein Bruder haben mich oft gewarnt, dass mein Ex anfängt zu spritzen. Damals fand ich das so absurd. Absurd war es nicht, nein es war die Realität. Per Zufall entdeckte ich die Einstiche in seinem Arm. Ich sprach ihn darauf an, doch er stritt alles ab. In mir brach eine Welt zusammen. Wieso, wieso?! Spritzen ist noch eine Stufe härter als Folienrauchen! Ich wusste, dass wir ab jetzt nicht mehr auf dem gleichen Level sein würden. Wie konnte er mir das antun? Wir haben immer alles gemeinsam gemacht. Das ging mir damals durch den Kopf. Wir stritten nur noch, bis es zu den ersten Handgreiflichkeiten kam. Zu dieser Zeit fing die Migräne an. Der Schmerz war so enorm. In mir drin schrie es, ich wollte weg aus dieser Scheiße, aus diesen Drogen. Der Schmerz war nicht zu ertragen, ich musste Sugar konsumieren und wollte einfach vergessen und den schlechten Gefühlen entfliehen. Dies war mit Heroin wenigstens punktuell möglich.

Eines Tages stritten mein Freund und ich heftig um Drogen. Ich sagte ihm, dass ich aufhören möchte, dass es so nicht weitergehen kann. Es eskalierte und endete damit, dass ich mit einer Gehirnerschütterung auf dem Polizeiposten auf meine Eltern wartete. Mein Freund war nach dem Konflikt abgehauen, um sich sein Heroin zu besorgen. Dann war Funkstille, ich habe nichts mehr von ihm gehört.

Ich machte erst einmal einen kalten Entzug, ohne dass ich jemandem davon erzählte, auch nicht meiner Familie. Es ging mir sehr schlecht. Ich hatte Mühe, allein zu sein. Ständig brauchte ich Menschen und Abwechslung um mich herum. Die Nähe meiner Familie tat mir da sehr gut. Bis der Tag kam, an dem ich diese endlose Leere, die auch nach dem körperlichen Entzug blieb, nicht mehr ertragen wollte. Allein, ohne meinen Freund, ging ich an die Langstraße und stürzte erneut ab. Ich vergaß alles um mich. Es war herrlich, frei von diesem Schmerz. Mein Freund fehlte mir immer noch, doch das Heroinrauchen ließ mich alles vergessen oder wenigstens inneren Abstand dazu gewinnen, dass nicht mehr alles so schlimm zu sein schien. Schnell war ich wieder voll im Bannkreis der Sucht. Tagein, tagaus rauchte ich mein Heroin. Es passierte noch allerhand, doch es dauerte eine geraume Zeit bis ich bereit war, wirklich etwas zu ändern. Das ständige Auf- und Ablaufen der Langstraße stresste mich immer mehr. Ich war verzweifelt, denn ich wollte nicht an Heroin »verrecken« wie viele andere. Ich lief die Langstraße auf und ab. Ich suchte das KIZ (Kriseninterventions-Zentrum), wollte Hilfe annehmen.

Nach verzweifeltem Suchen kam mir Bruder Benno in den Sinn und ich rief ihn an. Er hatte sofort Zeit für mich und kam mich an der Ecke Militär-/Langstraße abholen. Mit seiner Hilfe erzählte ich meiner Mutter von dem Problem. Wir trafen sie in einem Café und ich sagte zu ihr: »Mama, ich bin heroinabhängig!« Meine Mutter nahm mich in die Arme und sagte, dass wir das gemeinsam schaffen. Benno rief gleich Erwin an, der die ersten Schritte für den Entzug einfädeln helfen konnte. Oh je, und jetzt bereute ich es, dass ich meiner Mutter von meiner Heroinsucht erzählt hatte. Vor meinem Bruder hatte ich noch die größte Angst, es zu gestehen. Mit Tränen in den Augen hat er mich zusammengeschnauzt. Heute bin ich ihm sehr dankbar dafür. Ich brauchte diese Strenge. Meine Familie fragte ständig nach, wie es mit der Suche nach einer Therapie aussieht.

Mir kam es sehr gelegen, dass das Sozialamt wegen der Therapiekosten so kompliziert tat. So dauerte es dann doch noch eine geraume Zeit, bis ich am 22. August 2003 in die Entzugsstation Beth Shalom eintrat. Das Datum kann ich mir gut merken, weil ich es noch um einen Tag verschoben habe. Damals wusste ich nicht, dass Beth Shalom nur eine Entzugsstation ist. Als ich den Prospekt sah und las, dachte ich, das wäre eine Therapie, die höchstens einen Monat dauert. Super, dachte ich. Ich wollte gar nicht aufhören mit Konsumieren, ich wollte nur nicht mehr süchtig sein. Ein Leben ohne Heroin konnte ich mir zu dieser Zeit noch nicht vorstellen. Hätte ich gewusst, dass das erst die Anfangsstation ist, wäre ich nicht bereit gewesen, dort einzutreten. Gott sei Dank habe ich das damals nicht gewusst! Ab jetzt hieß es: kein Kontakt zur Außenwelt. Der erste Tag ging so weit noch. Ich war immer noch leicht beduselt, und spürte noch das Heroin in mir. Drei Tage konnte ich nicht schlafen und ich kämpfte mit den Schmerzen. Es fiel mir sehr schwer, dass wir nur alle zwei Stunden eine Zigarette rauchen konnten. Langsam wurde es besser. Der Nebel tat sich auf. Ich fing an, meine Welt und Umwelt wahrzunehmen. Ich bewunderte den Winter mit dem Schnee und roch den Frühling.

Eines Tages kam ein neuer Bewohner, der es schaffte, Haschisch in die Station zu schmuggeln. Zu dritt haben wir dieses dann geraucht und wie es so kommen musste, flogen wir auf. Für uns bedeutete dies, dass wir die Entzugsstation sofort für einige Zeit verlassen mussten. Ich war kurz davor, ganz abzubrechen. Meine Betreuerin redete so lange mit mir, bis ich schließlich in den Quellenhof, eine Therapie für sucht- und psychisch kranke Menschen, wechselte. Sie gaben mir die Chance, von dort aus eine geeignete Therapie zu suchen.

Schlussendlich entschied ich mich für die Therapie im Quellenhof. In der Therapie war es genau umgekehrt wie im Entzug, die Tür war offen, doch der Kühlschrank geschlossen. Ich hatte viele Albträume. Ich träumte oft von meinem Exfreund und vom Heroinkonsumieren. Manchmal waren die Träume so real, dass ich am nächsten Morgen im ersten Moment gar nicht begriff, wo ich war.

Von der Therapie aus begann ich dann mit einer Lehre als Coiffeur. Ich erinnere mich gut, wie ich vor dem Beginn der Lehre einen Besuch bei Bruder Benno machte. Er drückte mir eine Schere in die Hand und sagte: So und jetzt machst du deinen ersten Haarschnitt. Hui, das war schon eine etwas zerzauste Frisur. Aber Bruder Benno schien es nicht zu stören, er freute sich so, dass ich die Schritte bis hierher geschafft hab, und er glaubte auch an mich, dass ich die Lehre als Friseurin schaffen würde.

Es gab noch etliche Hochs und Tiefs, dank vieler Gespräche mit Menschen schaffte ich es irgendwie. Als ich beinahe alles an den Nagel hängen wollte, bekam ich ein Zimmer in der Wohnung der Franziskanischen Gassenarbeit. Der Glaube half mir, aber er war doch nie so stark, dass er mich richtig trug, irgendwie musste ich selber kämpfen und doch war in schwierigen Momenten immer wieder Hilfe da. Die Lehrabschlussprüfung brachte mich wieder an den Rand meiner Belastbarkeit. Mit Bruder Benno schaute ich dann bestimmte Themen an. Er machte mit mir ein Konzept und meinte, jetzt müsse ich den Finger aber herausnehmen, sonst nütze auch alles Beten nichts. Irgendwie kriegte ich alles im letzten Moment noch auf die Reihe. Besonders die schriftliche Arbeit über ein Leben nach der Sucht, bei der Bruder Benno mich etwas unterstützte, brachte mir eine super Note. Auch wenn ich etliche Tiefschläge hatte, begann ich vor Kurzem meine erste Stelle als Friseur. Und wer war mein erster Kunde: Bruder Benno! Und dieses Mal war sein Haarschnitt perfekt.

4. WIR GRÜNDEN EINEN VEREIN

Die Szene verändert sich

Die Drogenszene am Platzspitz und am Letten wurde gänzlich aufgelöst. Die Süchtigen schlichen nun im Rotlichtviertel an der Langstraße auf und ab. Bruder Leonhard stand regelmäßig an der Ecke Militär- und Langstraße und sprach mit allen möglichen und unmöglichen Leuten. Oft hörte er die immer wieder gleichen Geschichten, spendete einen Segen, gab ein Kreuzchen oder ein frommes Büchlein. Er war wie ein Leuchtturm in der Brandung der Gasse.

Die Gassengottesdienste waren uns sehr wichtig, wir mussten aber in dieser Zeit das Jugendkulturzentrum Dynamo, wo wir einen Raum bekommen hatten, verlassen und suchten daher nach einem neuen Ort. In den Kirchen fanden wir keinen Platz und keine Aufnahme, da niemand wollte, dass wir mit »solchen« Leuten die Räume benutzten. Zudem hatten wir kein Geld, um einen Raum zu mieten. Schließlich stellte uns die Heilsarmee einmal im Monat gratis einen Raum für die Gassengottesdienste zur Verfügung. Dort feierten wir die Gottesdienste und ich ging zwischendurch alleine oder mit Bruder Leonhard auf die Gasse, besuchte Süchtige in psychiatrischen Kliniken, Gefängnissen und in den verwahrlosten Zimmern, in denen sie hausten. – Die Sucht ist aber beileibe nicht das einzige Problem der Gasse. Dazu kommen Krankheiten, Depressionen, Magersucht, Lügen und Verirrungen, von den kleineren und größeren Verbrechen ganz zu schweigen.

Eine andere Einrichtung, die sich in Zürich ebenfalls für die Menschen am Rand der Gesellschaft engagiert, ist das »Christenhüsli«, ein Verein, der von reformierten Christen getragen wird. Das Christenhüsli-Team betrieb in einem Baucontainer neben dem Jugendzentrum eine kleine Sucht-Anlaufstelle und fand damals ein neues Lokal in der Zwinglistraße. Da sie es nicht voll nutzen konnten, ergab sich für uns die Möglichkeit, dort mit einzuziehen und es entstand langsam eine Zusammenarbeit.

Gleichzeitig befassten wir uns immer mehr mit der Idee, selbst einen Verein zu gründen, um die Franziskanische Gassenarbeit auf eine gute und unabhängige Basis zu stellen.

Maria-Theresia, die Vizepräsidentin des Vereins Gassenarbeit

Eine Geschichte führte dazu, dass ich eine der wunderbarsten Frauen kennenlernte. Es war ihre überfromme Mutter, die sie unbedingt zu einem Pater zur Beichte schicken wollte. Der erste Versuch scheiterte kläglich, da der Pater noch konservativer war als die Mutter von Maria-Theresia. Aber es war einer der letzten Wünsche der schwer kranken Mutter, dass ihre Tochter, die eine Scheidung hinter sich hatte und mit der Kirche nicht gerade die glücklichsten Erfahrungen verband, bald einmal zur Beichte ginge. Eine Freundin sagte zu ihr, sie solle sich doch bei Bruder Benno melden, er sehe nicht alles ganz so schwarz-weiß, aber sei doch mitten in der Kirche zu Hause.

Wir trafen uns und sprachen lange über ihren und meinen Weg. Ich war beeindruckt, wie sie über ihre Therapieausbildung und die verschiedenen Erfahrungen in der Meditation einen tiefen Weg auf der Suche nach dem Sinn des Lebens gefunden hatte. Bei diesen Begegnungen lud ich sie ein, mit mir die Vesper zu beten. Sie machte dann auch einen franziskanischen Kontemplationskurs mit. Dort geschah etwas, das sie zutiefst berührte. Sie praktizierte schon jahrelang buddhistische Zenmeditation. Nach diesem Kurs sagte sie, sie hätte durch die Zenmeditation immer eine gute »Suppe« für das geistliche Leben bekommen, aber seit Christus Jesus dazugekommen sei, spüre sie, dass die »Suppe« der Meditation die richtige Prise Salz und Würze erhalten habe.

Inzwischen trafen sich montags regelmäßig einige engagierte Katholiken im Christenhüsli, um Gassenarbeit zu machen. Maria-Theresia wollte sich gemeinsam mit uns mehr für diese Arbeit einsetzen. Sie entschloss sich, ihre Praxis montags geschlossen zu halten und einen Tag für diese Arbeit zu verschenken. Bruder Leonhard meinte, die Gassenarbeit müsste ganz neu gestaltet werden. Die Situation der Gasse habe sich in den letzten Jahren sehr stark verändert und es wäre wohl an der Zeit, einen Verein zu gründen – gerade auch weil es immer wieder Spenden gab, die ordentlich verbucht und verwaltet werden sollten. Es war zugleich der Wunsch des Ordens, dass ein solcher Verein entstand.

Wir, einige eher charismatisch geprägte Christen, die bei den Gottesdiensten zum Teil von Anfang an mit dabei waren, setzten uns zusammen und arbeiteten Statuten aus. Natürlich überlegten wir auch, wie wir den Verein nennen sollten. Franziskanische Gassenarbeit, das klingt eigentlich gut, aber wie sollten wir speziell den Verein taufen? Im Namen schwingt immer etwas von der Vision mit. So haben wir zu Gott gebetet, uns doch einen Impuls zu geben, damit wir einen Namen wählen könnten, der gut zu uns und zu unserer Arbeit passt. Auch nachdem wir länger in Zungen gebetet hatten, bekamen wir keinen Impuls, niemand hatte ein Wort oder ein Bild. Einfach nichts – das gibt es bei so vielen charismatischen Christen nur sehr selten.

Damals waren Gottfried, Vittorio, Maria-Theresia und Luzia beim harten Kern der Gruppe, welche die Gassenarbeit mittrug. Vittorio und Maria-Theresia waren bereit, sich für den Vorstand des Vereins zur Verfügung zu stellen. Was diese beiden in den letzten Jahren geleistet haben, würde weitere Bücher füllen.

Als wir an einem Nachmittag Kaffee ausschenkten und mit den Leuten redeten, stolperte ein Kokain-Junkie herein. »Ich muss euch jetzt einfach meine Story erzählen«, sagte er mit gehetzter Stimme. Alle wurden ruhig und obwohl wir wussten, dass er völlig auf Kokain war, hörten wir ihm zu. »Also das war so, dass ich ab und zu Kokain konsumiere ist ein offenes Geheimnis.« Jemand rief, dass man das kaum übersehen könne.

»Nein, hört zu«, fuhr er fort, »ich halte ja nichts von den religiösen Typen, besonders auch nicht von den Christen, die hier ein- und ausgehen. Trotzdem komme ich gerne ab und zu ins Christenhüsli, um etwas zu essen oder einen Kaffee zu trinken, weil es hier halt nichts kostet und ich das Gefühl habe, ich bin willkommen, auch wenn ich süchtig bin. Gestern hatte ich einfach viel zu viel konsumiert und ich bin in eine schlimme Paranoia geraten. Überall sah ich die Kokain-Würmer aus meiner Haut kriechen. Ich weiß ja, wie irr es ist, aber dann hatte ich das Gefühl, dass nicht nur die Polizei hinter mir her ist, sondern auch alle möglichen Dämonen. Ich bin in Panik geraten und habe dann das erste Mal laut gebetet. Ich rief: ›He, lieber Gott, eben dieser Gott, den sie im Christenhüsli verehren, ich habe zu viel konsumiert und bin in Panik. Bitte hilf mir, dass die Würmer, die Polizei und die Dämonen mich in Ruhe lassen.‹ Plötzlich sah ich in meinem Flash einen Delfin in der Langstraße schwimmen, als ob die Straße voller Wasser wäre. Irgendwie wusste ich, dass ich total auf dem Trip bin, aber ich war doch neugierig, was das auf der Langstraße soll. Als ich näher kam, hüpfte er und schwamm durch die Luft Richtung Limmatplatz. Ich ging hinterher, wenigstens war ich von meiner Paranoia etwas abgelenkt. Total schwitzend kam ich am Limmatplatz an. Dort sah ich, wie der Delfin in einer kleinen Menschengruppe verschwand. Ihr könnt es glauben oder nicht. Ich ging zu der Gruppe hin, die Leute sprachen dann freundlich mit mir, luden mich zum Essen ein und nahmen mich sogar mit nach Hause, weil ich obdachlos war. Sie erzählten mir, dass sie eine Gebetsgruppe seien und den Impuls hatten, miteinander auf die Gasse zu gehen. Nach dem Frühstück schickten sie mich wieder auf die Gasse und wünschten mir Gottes Segen. Ich kann euch sagen, so etwas habe ich noch nie erlebt, aber ich bin mir sicher, wenn es den christlichen Gott geben sollte, dann ist er ein Delfin, der einen in Angst und Not retten kann.«

Nach diesem Zeugnis war klar: Unser Verein soll »Delfin-familie« heißen. Delfine sind sehr sozial, wenn sie aber aus dem Familienverband ausscheiden, können sie zuweilen gefährlich sein. So ist es oft auch mit Süchtigen, die aus ihren Familien ausgeschieden und teilweise aggressiv und gefähr-lich sind. Es ist die Aufgabe des Vereins, die Hoffnung zu den Menschen zu tragen. Wie die Delfine, von denen erzählt wird, dass sie Menschen in Seenot retten, sollen wir Men-schen, die im Sturm der Sucht unterzugehen drohen, retten-de Überlebenshilfe anbieten. Ebenso sollen wir versuchen, Menschen, die den Bezug zur Familie verloren haben, Mut zu machen, den Kontakt zu ihrer Herkunftsfamilie wieder aufzunehmen. Solange dies nicht möglich ist, wollen wir ein Stück »Ersatzfamilie« anbieten. Delfine werden auch in The-rapien für autistische Menschen eingesetzt. Wenn Menschen in einer Sucht gefangen sind, erinnert vieles an Autismus: Sie sehen dann nur noch sich und ihren Stoff.

Wir sahen schnell, dass solche Ideen leicht zu formulieren sind, dass ihre Umsetzung jedoch etwas ganz anderes ist. In den folgenden Jahren lernten wir jedenfalls viel dazu.

Die offizielle Vereinsgründung

Zuerst stand die Vereinsgründung im Vordergrund. Wir wählten den 2. Oktober 2000, da an diesem Tag die Kirche das Fest der heiligen Schutzengel feiert.

Wir gingen auf die Straßen und Plätze und luden die Leute von der Straße ein zu unserem Gründungsfest. Ganz nach dem Evangelium, als der Herr seine Freunde einlud, aber auch den Knechten den Auftrag gab, auf die Landstraße (Langstraße) zu gehen und die Guten und die Bösen geradezu zu nötigen, zum Fest zu kommen. Es kamen Menschen aus allen Gesellschaftsschichten zur Gründungsversammlung: Der Bischof, Ordensleute, Freikirchler, Bürger, Behinderte, Dealer, Prostituierte, Fixer, Muslime, sogar ein Millionär war da. Wir richteten den Saal wunderschön her und stellten unter anderem 2000 Kerzchen auf, um das 2000. Geburtsjahr Jesu besonders zu würdigen. Ein riesiges Buffet war aufgebaut, da alle, die kamen, aufgefordert waren, etwas für die Teilete mitzubringen.

Zuerst beteten wir das kirchliche Abendgebet, dann wurden die verschiedenen Artikel der Statuten besprochen. Der Vereinszweck ist in Artikel 2 so formuliert: »Der Verein ist gemeinnützig und dient vor allem Menschen in schwierigen Lebenssituationen, insbesondere den Menschen, die auf der Gasse anzutreffen sind. Er ist ein Zusammenschluss von Personen, die der franziskanischen Spiritualität nahestehen, besonders dem Testament des heiligen Franz von Assisi.«

Den ersten Satz hatten wir zunächst anders formuliert: »Der Verein ist gemeinnützig und dient ausschließlich suchtbetroffenen Menschen.« Die Süchtigen intervenierten jedoch und sagten, es sei falsch, nur für Süchtige da zu sein, denn sie hofften, die Sucht einmal hinter sich zu lassen. Wenn sie dann in eine schwere Situation kommen, möchten sie auch weiterhin bei uns anklopfen können. Heute sind wir sehr dankbar, dass wir diese neue Formulierung gewählt haben. Es war wohl die Vorsehung, dass die Süchtigen sich zu Wort meldeten. Alle anderen Artikel waren klar.

Wir beschlossen die Satzung und wählten den Vorstand des Vereins. Zudem setzten wir den Mitgliedsbeitrag fest: Es sollten ganz bewusst nur zehn Franken sein, damit jede und jeder dem Verein beitreten konnte. Später wurde der Jahresbeitrag auf symbolische fünf Rappen verringert.

Natürlich haben wir uns an diesem Abend auch mit den inhaltlichen Schwerpunkten unserer Arbeit befasst. In der Franziskanischen Gassenarbeit soll dem Armen immer wieder in der eigenen Armut begegnet werden. Christus begegnet uns in den Menschen.

Das zentrale Element der Arbeit sind Begegnung und Beziehungen. Das drückt auch das Logo unseres Vereins aus, das von Schwester Petra entworfen wurde und das die Delfine zeigt.

Eine Familie, ein Netz zu haben, das einen auffängt, ist ganz wichtig für unsere Arbeit. In diesem Sinne wünschte uns auch Weihbischof Henrici Gottes Segen für unseren Weg. Er sagte, eine der Hauptaufgaben der Diakonie sei es, sich um randständige Gruppen zu kümmern. Zwei Wünsche wollte er uns mitgeben: Zum einen solle sich der Verein mit anderen kirchlichen Gruppierungen, die auf der Gasse arbeiten, vernetzen. Er denke da vor allem an die Jugendseelsorge und an Schwester Marie Dominique, die sich der Prostituierten annimmt. Zum zweiten solle den Menschen am Rand der Gesellschaft durch die Franziskanische Gassenarbeit nicht nur Nähe entgegengebracht werden, sondern sie solle eine Hilfe für Menschen sein, von der Gasse wegzukommen.

Ich selbst sprach über Franz von Assisi und seine Begegnung mit dem Aussätzigen, die Begegnung, die das Schlüsselerlebnis des Franziskus war und zugleich das Fundament unseres Vereins sein sollte: In einem ersten Schritt stieg Franziskus zu dem Aussätzigen hinab, um ihn mit Geld zu versorgen. Im zweiten Schritt umarmte er den Aussätzigen und durch den Geist Gottes wurde ihm das, was er früher als bitter empfunden hatte, nun zur Süße und er fand so zur tiefsten Berufung für sein Leben. Dann sprach Ottilia, die Künstlerin, die diese Szene in einem eindrucksvollen Bild, das vorwiegend in Braun- und Grüntönen gehalten war, verarbeitet hatte. Ottilia war selbst lange Zeit im Kloster gewesen, sie trat später aus und heiratete einen Mann, der ebenfalls einige Zeit den klösterlichen Weg gegangen war. Sie versteht es, der franziskanischen Spiritualität in der Malerei in ganz eigener Form ein Gesicht zu geben.

Ironie des Schicksals: Das 150 × 85 Zentimeter große Bild, das wir zur Gründung geschenkt bekamen, hat jemand von der Gasse am helllichten Tag aus dem Christenhüsli gestohlen. Vielleicht ein Zeichen, dass man über diese Begegnung nicht nur reden oder sie in Kunst umsetzen soll, sondern dass wir uns bemühen, selbst immer wieder den Aussätzigen, Süchtigen und an den Rand gestoßenen Menschen in unsere Arme zu schließen. Denn wenn wir das lernen, werden wir auch lernen, unsere unbewussten »aussätzigen« Seelenanteile zu integrieren.

Unsere Arbeit zieht Kreise

Immer häufiger wurden wir von Schulen angefragt, ob wir über unsere Arbeit erzählen wollten. Es war spannend zu sehen, wie sich alles entwickelte. Schon als Kind wollte ich Missionar werden und erst recht, als ich ins Kloster ging. Dort war es mir besonders am Anfang, in meinem manchmal nicht allzu erleuchteten Eifer für das Reich Gottes, das größte Anliegen, der Welt von der frohen Botschaft Jesu zu erzählen. All meine Versuche, mich in der Evangelisation einzusetzen, fruchteten aber nie richtig. Es war wie bei den Fischern zur Zeit Jesu. Sie haben die ganze Nacht gefischt und nichts gefangen. Da kam Jesus und sagte: »Ihr müsst die Netze nochmals auswerfen.« Normalerweise fahren die Fischer nachts hinaus, Jesus schickte sie aber mitten am Tag nochmals auf den See, eine Zeit, die normalerweise äußerst ungünstig zum Fischen ist. So lesen wir bei Lukas:

Als er seine Rede beendet hatte, sagte er zu Simon: Fahr hinaus auf den See! Dort werft eure Netze zum Fang aus! Simon antwortete ihm: Meister, wir haben die ganze Nacht gearbeitet und nichts gefangen. Doch wenn du es sagst, werde ich die Netze auswerfen. Das taten sie, und sie fingen eine so große Menge Fische, dass ihre Netze zu reißen drohten. Deshalb winkten sie ihren Gefährten im anderen Boot, sie sollten kommen und ihnen helfen. Sie kamen, und gemeinsam füllten sie beide Boote bis zum Rand, sodass sie fast untergingen. Als Simon Petrus das sah, fiel er Jesus zu Füßen und sagte: Herr, geh weg von mir; ich bin ein Sünder. Denn er und alle seine Begleiter waren erstaunt und erschrocken, weil sie so viele Fische gefangen hatten; ebenso ging es Jakobus und Johannes, den Söhnen des Zebedäus, die mit Simon zusammenarbeiteten. Da sagte Jesus zu Simon: Fürchte dich nicht! Von jetzt an wirst du Menschen fangen. Und sie zogen die Boote an Land, ließen alles zurück und folgten ihm nach. (Lk 5, 4-11)

Meine Berufung zur Evangelisation war wie das Fischen, manchmal haben wir die ganze Nacht gearbeitet und gebetet und nichts »gefangen«. Dann kam die Gassenarbeit und ich verabschiedete mich innerlich von der klassischen Evangelisation. Sicher, einmal führten wir einen Alpha-Kurs im Christenhüsli durch, das ist ein Kurs über das ABC des Glaubens. Es war sehr viel Arbeit, aber es fruchtete nicht wirklich. Daraufhin begannen wir noch konsequenter, den Menschen zu dienen und nur noch vom Glauben zu sprechen, wenn wir danach gefragt wurden. Schon während des Kurses hatten wir uns hierzu entschieden. Ganz nach der Regel des

Franz von Assisi, der die Brüder mahnt, wenn sie unter die Ungläubigen gehen, sollen sie ihnen dienen, und wenn sie nach ihrem Glauben gefragt werden, sollen sie bekennen, dass sie an den dreieinigen Gott glauben.

Jetzt, einige Jahre später, spreche ich regelmäßig vor kleinen Gruppen Jugendlicher, vor Schulklassen und manchmal vor mehreren Hundert jungen Menschen. Oft bin ich auch auf Wirtschaftsforen, in Banken, bei Rotariern und so weiter. Mit dem Wissen der Gassenarbeit mache ich Prävention vor dem Hintergrund des Evangeliums, meist mit dem Schwerpunkt »Sucht und Sehnsucht nach …«. Inzwischen bieten auch andere Mitarbeiterinnen und Mitarbeiter solche Einsätze an. Etliche der Jugendlichen finden neu zum Glauben oder werden im Glauben an Jesus den Auferstandenen, der uns auch in der Not der Zeit entgegentritt, bestärkt. Viele entscheiden sich, ihr Leben neu auszurichten.

Als ich einmal durch Zürich ging, kam ein junger Mann auf mich zu und sagte. »Hallo Bruder Benno, du warst vor zwei Jahren bei uns im Konfirmationsunterricht. An diesem Abend habe ich mich endgültig entschieden, mit dem Heroinrauchen aufzuhören. Seit damals habe ich das Zeug nicht mehr angefasst. Am Anfang war es schwer, aber jetzt bin ich bereits im zweiten Lehrjahr und es läuft nicht schlecht.« Er erzählte mir, dass er sich von gewissen »falschen« Freunden distanziert habe und sogar ab und zu wieder in die Kirche gehe. Ich freute mich riesig über dieses Zeugnis, denn es war eine Bestätigung, dass es richtig war, Gassenarbeit zu machen und auf Anfrage bei den Schülern und jungen Erwachsenen zu sprechen, immer wieder die gleichen Fragen zu beantworten und das Evangelium auch in diese Kreise hinein zu verkünden. Vor dem Hintergrund der Gasse ist die Prävention in Verbindung mit dem Glauben ein wirklich tolles Werkzeug. Natürlich gibt es immer wieder Jugendliche, die nur ein müdes Lächeln für das übrig haben, was ich sage, aber ich bekomme auch Post oder E-

Mails, die mir zeigen, dass die Vorträge wichtige Impulse für das Leben der Jugendlichen geben.

Eine weitere Story: Chris

Jedes Mal wenn Menschen materielle Hilfe bei mir suchen, versuche ich eine Form von Gegenleistung zu verlangen. Da ich weiß, dass Chris gut schreiben kann, bat ich ihn, mir eine kurze Zusammenfassung seiner Geschichte zu schreiben, besonders im Hinblick auf meine Rolle dabei. Ich weiß, dass ich nur ein kleines Puzzleteilchen in seinem Leben bin. Ich weiß um die vielen Menschen, die dazu beigetragen haben, dass sein Leben in eine bessere Richtung gekommen ist. Besonders Maria-Theresia, die Vizepräsidentin unseres Vereins, hat wohl noch viel mehr bewirkt als ich. Das Geschriebene verstehe ich als eine Art Dank, auch wenn ich in einem Licht erscheine, das wohl nicht ganz meine Wirklichkeit wiedergibt, aber sicher etwas von der Wirklichkeit, wie Chris mich erlebt.

Ein Fels in der Brandung!

Wieder einmal war ich in einer Situation, dass ich meine Miete nicht bezahlen konnte.

Keine Arbeit seit vier Wochen und kein Geld mehr. Ich gehe mittlerweile sehr ungern zu Bruder Benno, um ihn um Hilfe zu bitten, aber wenn es wirklich brennt, mache ich den Schritt im Wissen, niemanden auszunutzen, sondern dann nach Hilfe zu suchen, wenn ich wirklich Hilfe brauche – und ich weiß, dass es in dem Moment sicher auch für Benno stimmt.

Solche Situationen erlebte ich leider schon zur Genüge. Der Unterschied von früher und jetzt ist jedoch noch sehr wichtig für mich. ICH BIN ABSOLUT CLEAN.

Heute geht es darum, nicht abzuschmieren, das heißt, meinen Mindestverpflichtungen in finanziellen Angelegenheiten nachzukommen. Miete, Krankenkasse, Telefon, Strom etc. und Gott sei Dank nicht wie früher immer dem Stoff hinterherzurennen.

Ich hatte jedoch Glück im Unglück, Bruder Benno kurz vor meinem absoluten Absturz in die unendlichen Tiefen der Sucht kennenzulernen. Das war an seiner Diakonsweihe.

Da sah ich diesen Mann das erste Mal, als er vorne in der Kirche auf dem Boden lag und sich in Gottes Hände begab und sich ihm als Diener verpflichtete. Wir sahen uns nur kurz und keiner von uns ahnte zu diesem Zeitpunkt, was noch auf uns zukommen würde.

Ich stürzte und stürzte in den darauf folgenden Monaten in ungeahnte Tiefen der Sucht – ohne einen Stopp. Drogenbeschaffung, Gasse, Lügen, Verletzen und so weiter. Bis zu jenem Tag, an dem ich jemanden so verletzte, dass er an den Folgen zu Tode kam.

Der dunkelste Tag in meinem Leben war da. Ich musste mich dem stellen, kam ins Gefängnis und war derart verzweifelt und ohne jegliches Verständnis für mich selber, wie man es sich wohl kaum vorstellen kann. Der persönliche Ground Zero! Die Verzweiflung, der Schmerz, die Nüchternheit, die Trauer und und und. Alles auf einmal groß und stark, scheinbar unüberwindbar.

Alles was mir noch blieb in dieser dunklen Gefängniszelle, in diesem ganzen Elend, war Gott! Nur hatte ich auch zu ihm jeglichen Kontakt verloren. In diesem Zustand war es mehr als schwer, auch nur einen klaren Gedanken zu fassen. Nur ein Gedanke war klar und der war: Melde dich bei Bruder Benno.

Wie es dieser Mann so an sich hatte, schaffte er das Unmögliche und bekam eine Besuchserlaubnis, um zu mir zu kommen, obwohl ich in Isolationshaft war. In jenem Augenblick, den ich nie mehr vergessen werde, kam er und hatte mir Licht mitgebracht.

Licht an einen Ort, wo es kein Licht gab, Trost an einem Ort, an dem es keinen Trost gab.

Alles, was er tun konnte, war für mich zu beten. Nur das! Was in diesem dunklen Zimmer passierte, hat mich zutiefst berührt, aber auch erschüttert. Ich vermag nicht, meinen Bezug zum Glauben und zu Gott auszudrücken, aber ich weiß um meine Seele und fühle das, wovon andere immer reden.

Ich war wohl gottesfürchtig, aber keinesfalls religiös und ich hatte auch nicht viel dafür übrig, jedoch habe ich meine Meinung inzwischen grundlegend geändert – seit jenem Erlebnis im Gefängnis mit Bruder Benno.

Seine stete Mitwirkung führte schon nach einigen Monaten zu meiner Entlassung in eine Entzugsstation.

Von da an nahm alles seinen Lauf. Ich bekam eine Therapiemaßnahme. Das Ende von rund 17 Jahren Drogenmissbrauch rückte näher. Ich fühlte mich von der Schweizer Justiz wohlbehütet und begriff die Chance, die ich durch eine Therapie bekam. Nur war das alles nicht so einfach, wie es zunächst den Anschein hatte. So lange Zeit im Dunst der Drogen zu stehen, frisst sich doch sehr tief hinein und hinterlässt schwere Verletzungen an Geist und Seele.

Ich kam zu Pfarrer Sieber in die Therapiestation Sunnedörfli. Ein schöner Ort mit gut gesinnten Menschen. Wie sich dann aber bald herausstellen sollte, waren sie mit jemandem wie mir total überfordert. Ich konnte mir meine Taten selbst nicht vergeben und wurde die ganze Zeit von meiner Sucht gefoltert, die unaufhörlich nach Befriedigung verlangte. Der schlimmste Rückfall trat nach einem Jahr Kampf ein, als ich mir in einem Urlaub Drogen besorgte. Diese führten beim

Konsum zu einer furchtbaren Überdosis. Reanimation, Kampf ums Überleben!

Aufgewacht in einer psychiatrischen Klinik, eingesperrt und den Tod noch in den Knochen, war es wieder einmal so weit. Am Boden zerstört, ausgewiesen aus der Maßnahme, aus allen Regelungen ausgeschlossen. Zu allem Übel flüchtete ich, wurde von der Polizei verfolgt und wusste weder ein noch aus. Auch der Drogenkonsum blieb nicht lange aus. Wieder am Anfang vom Ende.

Ich rief nach Bruder Benno und wieder kam er und wieder fanden wir zusammen eine Lösung für den Moment. Warum und wie er das fertigbrachte, weiß ich nicht. Auf jeden Fall schaffte er es, den zuständigen Richter davon zu überzeugen, dass es für mich im Moment das Beste wäre, unter seiner Obhut zu stehen. Alles Weitere werde sich dann schon finden.

Benno organisierte für mich einen Platz im Wallis, in einer von seinem Mitbruder Leonhard gegründeten christlichen Therapiestation (die Station »Gema«, das heißt Knospe und steht für neu aufkeimendes Leben ohne Sucht; leider musste die Station inzwischen wieder schließen). Er brachte es sogar fertig, den Richter zu überzeugen, dass es sehr schlecht wäre, mich jetzt einfach ins Gefängnis zu stecken. Dieser willigte ein und ich kam ins Wallis.

Die Natur, das Haus und der einzige Therapeut an diesem Ort waren Gold für meine Seele.

Das Vertrauen und die Liebe, die mir an diesem Ort entgegengebracht wurden, taten rasch ihre Wirkung. Ich durfte mich frei bewegen, was dazu führte, dass ich mich neu gegen die Drogen und für den Weg raus aus dem Ganzen entscheiden konnte. So unglaublich es klingen mag: Ich war damals das erste Mal seit langer Zeit ein glücklicher Mensch und durfte mit Benno wunderschöne Momente des Glaubens und eine Art von Liebe, die von etwas viel Größerem durchstrahlt war, erfahren.

Wieder einmal begleitete mich Bruder Benno aus einem beispiellosen Abgrund zurück ins Licht. Ich wunderte mich selber oft, woher dieser Mann seine Kraft nimmt, um am Rande des Abgrundes immer und immer wieder zu helfen und dies oft entgegen jeglicher Logik, entgegen vieler anderer Meinungen und und und?!?

Seine Antwort auf diese Frage war auch immer dieselbe! Aus Gott! Die Wahrheit, das Licht, die Liebe und der Glaube, aber vor allem die Wahrheit!

Nach einigen Monaten schaffte ich es dann auch wieder zurück in die Maßnahme und in eine Therapiestation im Züricher Unterland, Ulmenhof. Dies ist ein Ort für Menschen wie mich, der der Situation vollauf gerecht wurde: sehr streng geführt und mit viel Menschlichkeit und Fachwissen ausgerüstet.

Ich zog die Sache dieses Mal ganz durch und hatte mit dem Fundament, das ich mir im Wallis aneignen konnte, einen ganz anderen Hintergrund. Mit GOTT-VERTRAUEN und einem erstmals nüchternen Geist und Körper wurde es mir möglich, die Chance wahrzunehmen, wirklich aus diesem Teufelskreis herauszukommen. Die folgenden zwei Jahre waren die erste neue Zeit in meinem Leben, in der es mir ermöglicht wurde, ein echtes Stück weiterzukommen, und das tat ich auch.

Auch in dieser Zeit war Bennos Hilfe und Begleitung, diesmal in Form einer zusätzlichen christlichen Therapie und Seelsorge immer da. Das war sehr wichtig, um noch einen anderen Punkt, einen Gegenpol und eine weitere Perspektive zu schaffen und nicht zuletzt, um einen Ort (Kloster Zürich) der Geborgenheit oder manchmal auch einen Rückzugsort zu haben.

Ich wurde auf Bewährung freigelassen, drei Jahre nach meinem Ground Zero. Ich dachte, dass das Leben jetzt einfacher und besser wird. Zu diesem Zeitpunkt hatte ich eine Freundin, zu der ich dann auch ging. Ich wohnte mit ihr zusammen und versuchte ein »NORMALES LEBEN« zu führen. Die Begegnungen mit Bruder Benno blieben jedoch, zum Glück, weiterhin bestehen. Nur wurde das mit dem normalen Leben dann doch etwas schwieriger, als ich dachte. Anfangs sah man mir die Vergangenheitnoch sehr an. Die Arbeitswelt war hart und gnadenlos. Ich machte die Prüfung als Baukranführer, welche finanziell von der Franziskanischen Gassenarbeit mitgetragen wurde, und war anfangs nicht gerade der Schnellste und Beste. In den nächsten beiden Jahren folgte Job auf Job.

So weit, so gut, nur leider war die Sucht noch nicht ganz bezwungen. So kam es, dass ich nach einiger Zeit, etwa alle drei Monate, wieder einen Rückfall produzierte. An diesem Umstand litt ich sehr, zumal ich das nicht wollte. Mit der Zeit schien es, als wäre eine absolute Unabhängigkeit für mich nicht zu schaffen. Eine bittere Einsicht und ein immer trostloser werdender Zustand. Was kam, musste so kommen. Trennung von meiner damaligen Partnerin, Jobverlust, ein dreimonatiger voller Absturz mit Drogen.

Ich wusste mir wieder einmal nicht zu helfen, wollte aber nicht wieder zurück in die Sucht. Wieder nahm ich das Telefon und rief Bruder Benno an. Ich erzählte ihm von meiner Situation und bat ihn abermals um Hilfe.

Es hätte mich nicht gewundert, wenn er gesagt hätte: »Ich habe genug für dich getan, es tut mir leid, aber mir reicht's, es ist hoffnungslos mit dir …« Nein, so war das dann nicht. Er wusste zwar nicht so recht, was er nun machen sollte und wie er mir helfen könnte, aber es dauerte nicht lange, da kam sein Anruf. Ich dürfe ein paar Tage, entgegen den Regeln des Klosters, bei ihm auf der Insel verbringen. In dieser Zeit würde sich dann bald eine bessere Lösung finden.

Allein der Gedanke brachte mich wieder auf den richtigen Weg und bewirkte einen Voll-Stopp des Drogenkonsums. Schon am nächsten Tag fuhr ich zu Benno auf die Insel. Ich war drei Monate abgestürzt, sah aus wie ein Häufchen Elend und war schwer geknickt. Der linke Arm war von meinem Drogenkonsum halb gelähmt und ich hatte kaum noch ein Gefühl in ihm. Benno und seine Brüder nahmen mich in diesen Tagen einfach als rettende Maßnahme bei ihnen auf. Die einzigen zwei Bedingungen waren: Kein Drogenkonsum und den Tagesablauf des Klosters mitmachen. Sprich 7 Uhr Morgenandacht, 7.30 Uhr Morgenmesse, 8 Uhr Morgenessen und so fort.

Es gelang mir größtenteils, alles zu befolgen, und ich war mehr als nur froh, dass ich das Privileg hatte, an diesem speziellen Ort und mit diesen ganz speziellen Menschen einfach nur sein zu dürfen. Wohlgemerkt entgegen den Regeln des Klosters, wonach eigentlich keine Fremdbewohner aufgenommen werden dürfen.

Die Atmosphäre auf der Insel, mein Wille und alle Beteiligten taten sehr schnell ihre Wirkung. Die Nähe zum Glauben, das Beten, die Menschen, die Natur, das große Vertrauen in Gott und der warmherzige, großzügige Umgang mit mir, ja sogar spürbares Vertrauen in mich. Einmal gab mir Bruder Benedikt 500 Franken in die Hand, um etwas zu kaufen. Dieses Vertrauen in mich tat so gut, dass ich nicht einmal daran dachte, Drogen zu kaufen. Alles berührte mich wieder einmal sehr, sehr tief. Die Wirkung war dementsprechend groß.

Dazu kam, dass, da wir keinen kurzfristigen Platz für mich fanden, die Brüder auf der Insel nach einer Weile darüber abstimmten, ob ich noch länger bleiben könne oder nicht. Tatsächlich durfte ich noch bleiben. Es wurden drei Monate daraus. In dieser Zeit lehrten mich die Brüder sehr viel, ohne es zu merken.

Nach dieser sehr schönen fruchtbaren Zeit gelang es mir wirklich, wieder von Grund auf neu anzufangen. Meine Hoffnung, mein Vertrauen ins Leben und mein Glaube waren sehr gestärkt worden, ich bekam die nötige Distanz zu den Drogen. Ich suchte und fand sogar einen neuen Job, löste meine alte Wohnung auf, war wieder zurück im Leben. Dies ist bis heute so geblieben und ich werde alles daran setzen, dass es auch in Zukunft so bleibt.

Ich lebe nun seit längerer Zeit mit meiner neuen wundervollen Partnerin zusammen, habe meistens Arbeit, ein paar gute Freunde und bin auf dem besten Weg, in absehbarer Zeit sogar schuldenfrei zu werden.

Doris

Eine Schlüsselerfahrung ähnlich wie die Weihnachtsgeschichte war dieses österliche Erlebnis.

In der Fastenzeit 2000 fuhr ich mit dem Bus von der Arbeit auf der Gasse nach Hause. Als Doris mich im Bus entdeckte, kam sie sofort auf mich zu und begann zu erzählen. Doris war eine Drogenprostituierte und wohl eine der am schlimmsten heruntergekommenen Süchtigen, die ich in Zürich kannte. Sie lachte und weinte während sie mit mir redete. Sie sagte mir, dass sie mit den Drogen aufhören wolle, dann erzählte sie von ihren großen Plänen, als Leiterin in einer Entzugsklinik, dann fluchte sie wieder über die perversen Freier, die nicht bezahlen wollten, dann fragte sie mich, wie es mir gehe und bevor ich antworten konnte, rief sie: »Schau, dort im Schaufenster, diese Hifi-Stereo-Anlage werde ich mir kaufen …« Ich hatte schon oft verwirrten oder psychotischen Menschen zugehört, aber dieses Mal war es speziell und mir war, als ob mir der Schutzengel zuflüsterte, sie ist jetzt im Karussell von Leben und Tod und die Sucht treibt es gefährlich schnell an. Versuch einfach zuzuhören, vielleicht kannst du auf ihr »Karussell« aufspringen und einige unvergessliche und lehrreiche Runden mit ihr drehen.

Doris war immer noch am Erzählen über dies und jenes, dann sagte sie in völliger Klarheit: »Gell, Benno, du kannst mir nicht richtig folgen?« Ich schaute sie nur mit großen Augen an. Dann fasste sie an meine Kutte und sagte: »Weißt du, ich spreche jetzt vom 2ten zum 10ten vom 100sten zum 38ten und so weiter, aber vertrau mir, am Schluss wird es zu einem Ganzen … und übrigens kannst du mir nicht helfen, mein Zimmer etwas aufzuräumen? Du brauchst aber Lederhandschuhe, denn es ist alles voller Spritzen und Nadeln. Ja, zudem bin ich nicht nur HIV-positiv, sondern habe von den Freiern noch allerlei andere Krankheiten und gell, du kommst zu mir filmen, wenn ich Drogen konsumiere?« »Was soll ich?«, fragte ich. »Ich habe eine Filmkamera und möchte, dass mich jemand filmt, wenn ich Drogen nehme.« »Wie kommst du zu einer Filmkamera …?« Sie lachte, »ja, du weißt schon, wie das bei uns so läuft …« – »Gekauft hast du sie jedenfalls nicht«, sagte ich. »Du weißt ja, wofür ich das Geld brauche, aber sagen wir so, sie ist ›geklauft‹, dann weinte sie wieder, es war wirklich ein Wechselbad der Gefühle. Die Leute im Bus schauten uns fragend an, was will der Ordensmann mit dieser verwirrten Drogenfrau? Mir war das egal, denn ich bin es inzwischen gewohnt, dass die Leute alles Mögliche über mich denken und erzählen. Vieles hat eine gewisse Wahrheit und vieles ist schon sehr verdreht, aber was soll's, dachte ich, ich bin, was ich bin, nicht mehr und nicht weniger als das, was ich vor Gott bin, wie Franziskus uns in seinen Schriften lehrt.

Dann schleppte mich Doris zu sich nach Hause, drückte mir die Videokamera in die Hand. Damals wusste ich noch überhaupt nicht, wie diese Technologie funktioniert. Zum Glück war der Akku leer. »Ich möchte aber, dass du mich beim Drogenkonsumieren aufzeichnest, ich habe kein einziges Bild von dieser Zeit und ich mache das schon mehr als das halbe Leben. Drogen, das ist doch ein wesentlicher Teil von mir …« Irgendwie gelang es ihr, eine alte Fotokamera mit Film aufzutreiben, während ich Putzzeug und Lederhandschuhe organisierte. Es ist schwer, dieses Drogenelend anzuschauen, ohne etwas zu tun, deshalb begann ich in einer Ecke aufzuräumen. »He, schau hier die Kamera«, sagt sie und drückte mir die Kamera in die Hand. Immer wieder sagte sie, ich solle ein Foto machen. »Und jetzt muss ich den Drogenflash genießen, du kannst ja solange etwas aufräumen.« Die Situation war vollkommen krank und absurd.

Nachdem ich die Bilder gemacht hatte, war ich ganz bleich und Doris meinte: »Komm, wir gehen etwas an die frische Luft.« Draußen saßen wir miteinander auf dem Kiesplatz. Sie begann wieder zu erzählen, neben uns war die einzige Blume, die im Kies wuchs. Sie sagte: »Schau, bei mir sieht es aus wie auf diesem Kiesplatz. Alles tot, keine Arbeit, keine vernünftigen Beziehungen, den Kontakt zur Familie habe ich verloren und um meine Gesundheit mit Aids, Tripper und Hepatitis steht es schlecht. Aber ich hab Hoffnung, so wie diese hübsche blaue Blume mitten im Kies wächst, so habe ich Hoffnung mitten im Elend meiner Situation, dass ich mein ganzes Schicksal ändern werde mit der Hilfe Jesu.« Sie wollte mir die Blume schenken, aber ich wollte sie nicht, da ich ihre Hoffnung auf Änderung schlichtweg nicht teilen konnte. Ein Maler in weißer Arbeitskleidung kam vorbei. Doris hüpfte auf und schenkte ihm die Blume der kleinen Hoffnung. Er schaute verdutzt drein und ging mit der Blume der kleinen Hoffnung und einem Lächeln im Gesicht weiter.

Als ich die Fotos nach der Entwicklung abholte, wurde es mir beinahe übel und für mich war klar, das war zu viel.

Jetzt ist Schluss mit der Gassenarbeit. Drei Tage lang drehten sich diese Bilder wie wild in meinem Kopf, ich legte sie in meiner Klosterzelle auf den Boden und versuchte einzuordnen, was ich da erlebt hatte. Das erste Bild zum Beispiel zeigt, wie Doris in den Unterhosen dasteht. Man sieht, wie sie ihre Fixertasche vor ihren Füßen auf den Boden auskippt. Am Boden liegen Kondome, Spritzen, Nadeln, Schokolade, Brot, Schminkzeug, Papier, Zigaretten und vieles mehr. All das, was sie braucht, um ihre Sucht zu stillen. Auf einem anderen Bild zeigt sie fast stolz ihre Drogen, Heroin und Kokain. Auf einem weiteren sieht man, wie sie die Drogen zum Spritzen vorbereitet und so weiter.

Freitags beten wir Brüder in vielen Klöstern gemeinsam den Kreuzweg Jesu. Als wir den 15 Stationen des Leidens Jesu folgten, entdeckte ich, wie ich alles einordnen sollte. Plötzlich sah ich die Parallelen zwischen der Sucht und dem Leidensweg Jesu. Diese Erfahrung wurde mir zu meinem persönlichen Ostererlebnis. Seit diesem Moment habe ich nicht nur Hoffnung für alle Christen, sondern auch für jene, für die die Gesellschaft die Hoffnung aufgegeben hat, und auch für die Schöpfung, für die ganze Menschheit im Gefüge des Kosmos. So erlebe ich diesen Kreuzweg Jesu sozusagen als kosmischen Schlüssel für den Weg der Aussöhnung mit Gott, dem Menschen und der Schöpfung. Der Schlüssel wurde damals vor zweitausend Jahren in Christus Jesus gedreht. Und immer wieder, wenn wir über den Kreuzweg Jesu nachdenken, werden in unserem Bewusstsein neue Türen der Gnade geöffnet.

In meinem Buch *Meditationen der Stille* habe ich dieses Erlebnis als Kreuzweg Jesu verarbeitet. Bis heute prägt mich dieses Erlebnis, durch das mir die Einsicht geschenkt wurde, dass alle Menschen erlöst sind, aber es oft nicht wissen und somit in den alten »Gleisen« fahren.

Drei Tage später feierten wir Brüder ausnahmsweise mitten am Sonntagnachmittag eine heilige Messe.

Mir gingen immer wieder die Bilder durch den Kopf, Bilder auf denen Doris zu sehen ist, wie sie verzweifelt in ihren blutverschmierten Armen und Beinen herumstochert, um für ihre Drogen wenigstens eine Vene zu finden. Auch wenn ich die Bilder inzwischen mit dem blutigen Kreuzweg Jesu in Verbindung brachte, Hoffnung kam bei mir noch lange nicht auf. In dem Moment, als Priesterbruder Albert die Hostie in die Höhe hielt und sagte: »Das ist mein Leib«, und dann den Kelch, »das ist mein Blut zur Vergebung der Sünden«, kam Doris unverhofft in die Kapelle herein. Sie sah, wie wir andächtig die Messe feierten und kniete sich zwischen die Brüder. Ich blickte sie an, dann schaute ich wieder auf die Gaben von Brot und Wein und all die Hoffnungslosigkeit, all die schrecklichen Bilder von der blutverschmierten Fixerin mit unzähligen Einstichen, alles wurde für mich emotional erfahrbar im Kelch aufgesogen.

Wohl zum ersten Mal konnte ich als Diakon mit einer tiefen eigenen Erfahrung sagen: »Geheimnis des Glaubens«, worauf alle antworteten: »Deinen Tod, o Herr, verkünden wir, und deine Auferstehung preisen wir, bis du kommst in Herrlichkeit.« In diesem und in einigen anderen Gebeten in der heiligen Messe kommt die kosmische Dimension dieses Geschehens zum Ausdruck. Das, was in Jesus vor zweitausend Jahren geschah, ist für den, der glaubt, bis heute in jeder heiligen Messe reinste Gegenwart. Seit dieser Osterzeit hatte ich nie mehr Zweifel, dass durch Gottes Gnade die traurigsten Geschichten auf diesem Planeten zum Segen werden können. Nach der Messe hielten wir noch eine halbe Stunde Meditation. Doris saß in sich versunken wie alle Brüder da. Ich konnte kaum glauben, was ich da sah. Nach der Meditation wurde sie von den Brüdern zum Nachtessen eingeladen. Wir konnten normal mit ihr reden und lachen, haben bei einem Glas Wein die Freude der Auferstehung gefeiert.

Natürlich ging die Geschichte weiter. Nach diesem Abend hatte ich die Illusion, dass im Leben von Doris jetzt alles anders war. Aber zwei Tage später traf ich sie wieder völlig mit Drogen abgefüllt auf der Straße. Bald schon wurde ich zu ihr ins Krankenhaus gerufen, sie lag im Sterben und verlangte nach mir, ich sollte ihr die heilige Krankenkommunion bringen. Der Arzt stand mit mir am Bett und meinte, es sei gut, dass ich da sei, denn es gehe nicht mehr lange. Sie lag röchelnd vor mir und konnte kaum noch sprechen. Ich erteilte ihr die Krankenkommunion und fragte, ob ich noch beten solle, dass Gott ihr so viel Leben gebe, wie sie noch brauche, um vor ihn hinzutreten. Sie nickte. Ich betete und sagte dabei: »Oh, guter Gott, du kennst das Leben von Doris, gib ihr einfach so viel Zeit, wie sie noch braucht, um wirklich vor dich hinzutreten und sei ihr gnädig in der Stunde ihres Todes.«

Zwei oder drei Wochen später, wen sah ich plötzlich wieder auf der Gasse herumrennen und mit Drogen dealen? Es war Doris. Ich ging zu ihr hin und fragte sie: »Was machst du denn hier, du müsstest doch schon lange tot sein?« Sie lachte mich zwischen ihrem Drogenstress an und meinte: »Zwei, drei Tage, nachdem du bei mir warst, wurde ich ganz unerwartet gesund und habe mich im Krankenhaus wohl nicht so gut benommen.« Ich schaute sie fragend an. »Ich hab einige Medikamente geklaut im Büro der Schwestern. So musste ich die Klinik wieder verlassen und jetzt bin ich da« – und schon war sie wieder mit einem anderen Süchtigen um die nächste Hausecke verschwunden. Ich stand da, schaute zum Himmel und fragte Gott: Was soll das, warum ist sie wieder gesund, hast du sie etwa geheilt? Und wozu? Dass sie noch schlimmer sündigt als vorher? Für so viele brave Leute hatte ich gebetet und sie starben und die wilde Doris bekommt Heilung, was soll das? Da kam mir der Satz aus der Bibel in den Sinn: *Ich aber sage euch: Liebt eure Feinde und betet für die, die euch verfolgen, damit ihr Söhne eures Vaters im Himmel werdet; denn er lässt seine Sonne aufgehen über Bösen und Guten, und er lässt regnen über Gerechte und Ungerechte.* (Mt 5, 44-45) Ich war beschämt über mich, weil ich mir anmaßte, dass Gott nur die Braven belohnt. Nein, er liebt und lässt die Sonne über allen Menschen aufgehen, ich soll es genauso machen. So versuche ich seit diesem Tag die Menschen zu lieben, unabhängig davon, was sie tun und lassen. Und es gelingt mir immer etwas besser, auch wenn es Rückfälle gibt.

Einige Zeit später verfiel Doris wieder in eine tiefe Depression und Krankheit, und es sah so aus, als sei sie am Ziel ihres Lebens. Doch es kam ganz anders: Sie riss mehr tot als lebendig aus der Klinik aus, ging auf den Strich und lernte einen Freier kennen. Zwischen ihm und Doris entstand erst Freundschaft, dann Liebe. Bei einem weiteren Ausbruchsversuch fiel Doris aus dem Fenster der Klinik auf ein parkendes Auto und verletzte ihr Knie sehr schwer. Sie war längere Zeit an den Rollstuhl gefesselt und ihr neuer Freund besuchte sie regelmäßig. Es war rührend zu sehen, wie die Liebe neu in ihr Leben einbrach und die »Wandlung« beschleunigte.

Im Jahr 2007 konnte ich diese Liebe feierlich auf der Insel segnen, viele Freunde und Familienangehörige waren an der Hochzeitsfeier anwesend. Sie lebt jetzt mit ihrem Mann ohne Heroin und Kokain in einer kleinen Wohnung. Ihre Zähne sind geflickt, sie hat etwas zugenommen, besitzt eine Katze und kann immer etwas Geld beiseitelegen, um mit ihrem Lebenspartner kleine Urlaube in Spanien oder anderswo zu machen. Ihr steifes Bein erinnert sie allerdings noch an den Sturz aus dem Klinikfenster.

Kürzlich begleitete sie mich zu einer Hochzeit nach Deutschland. Eine ehemalige Mitarbeiterin, die Doris auch oft unterstützt hatte, heiratete. Auf der Reise sagte ihr Mann: »Wenn wir genug Geld haben, werden wir schauen, dass wir für mein Schätzli ein ›neues‹ Kniegelenk bekommen.« Das Fünkchen Hoffnung hat es in sich.

Wie tief das Geschehen des Kreuzes in das Leid des Makro- und des Mikrokosmos vorstößt, erahne ich seit dieser Ostererfahrung mit Doris. Nur weil ich zutiefst davon überzeugt bin, dass wir Menschen von Gott her erlöst sind, nur aus dieser Sicht heraus kann ich auch sagen, dass der Mensch im Kosmos und seiner Geschichte eine unglaublich wichtige Rolle spielt. Sonst könnte es leicht nach Größenwahn klingen. Aber dass der Kosmos eigentlich bereits getragen ist vom Erbarmen Gottes, lässt einen frohgemut leben. Ich weiß, dass ich keine Angst davor haben muss, Fehler zu machen, sondern erlebe, dass *denen, die Gott lieben, alles zum Besten gereicht* (nach Röm 8,28).

Die Gassenarbeit im Internet

Bei einer speziellen Visionssuche am 1. Januar 2000 hatten wir den Impuls, eine Art Internet-Kapelle oder eine Webseite für die Gassenarbeit einzurichten. Allerdings hatte niemand von uns einen Bezug zur Computerwelt. Selbstverständlich habe ich auf einer Schreibmaschine mit digitalem Display meine theologischen Arbeiten geschrieben und seit einiger Zeit standen ein Laptop und ein Drucker bei uns im Kloster, aber niemand wusste so recht, wie diese modernen Geräte funktionierten. Dass man mehr machen kann als mit einer Schreibmaschine, war uns nicht wirklich bewusst. In dieser Zeit bekamen wir Brüder auch die erste E-Mail-Adresse, aber niemand interessierte sich dafür. Wir schrieben lieber die guten alten Briefe mit den teuren Briefmarken. Zudem hatten die Computer dauernd irgendein Problem. So blieb diese teure neue Technologie mehr oder weniger ungenutzt im Büro stehen.

Jetzt war der Impuls da, eine Webseite für die Gassenarbeit zu machen – aber niemand hatte eine Ahnung, wie das funktionieren sollte.

Einige Zeit danach lernte ich auf der Gasse Fred kennen. Er war obdachlos und ich bot ihm spontan ein Zimmer in unserer Gemeinschaft in Zürich an. Das Schicksal hatte ihm zugesetzt. Die Ehe war zerbrochen, seine Firma ging Konkurs und zudem hatte er eine längere Suchtgeschichte hinter sich, die er jetzt allerdings im Griff habe, wie er mir beteuerte. Es war eindrücklich und erschütternd zu hören, wie er seine Geschichte erzählte. Besonders das Heroin war für ihn eine unglaubliche Erfahrung, die ihm Kraft und Hoffnung zu geben schien. Er hätte jetzt nichts mehr damit zu tun, aber ganz wahr war die Geschichte nicht. Es stimmte wohl, dass er zu diesem Zeitpunkt nichts mit Heroin zu tun hatte, aber wenn er Geld in seinen Händen hatte, konnte er nicht mehr widerstehen.

Als ich ihn fragte, was er denn für eine Firma betrieben hätte, erzählte er mir, dass er bis vor etwa vier Jahren die ersten Webseiten gebaut hätte, dann sei seine Firma in finanzielle Probleme geraten. Ich lächelte und sagte: »Dann kannst du Webseiten machen?« – »Klar«, erwiderte er, »wenn ich einen ordentlichen PC habe und die entsprechenden Programme.« Ich zeigte ihm unseren praktisch neuen PC, der vielleicht ein Jahr alt war. Er strahlte und meinte, dass das eine ganz tolle Maschine sei, es gebe sogar ein ganz brauchbares Programm für die Gestaltung einer Webseite. »Ja, kannst du mir eine Webseite machen, so als kleine Gegenleistung dafür, dass du bei uns eine Unterkunft hast?« »Ich kann es versuchen, aber ich muss mich zuerst schlaumachen, denn ich kenne diese neuen Programme nicht so genau. Außerdem brauchen wir eine Digitalkamera, denn Webseiten leben nun mal von Fotos und nicht nur vom Text.«

Ich wusste nicht einmal, was eine Digitalkamera ist, aber ich hatte etwas Geld für die Gassenarbeit und konnte selbst darüber verfügen. Der Verein wurde ja erst einige Monate nach dieser Begegnung gegründet. Mit schwerem Herzen ging ich mit Fred in ein Geschäft. Die Digitalkameras kosteten damals ein Vermögen. Mir fiel es sehr schwer, das Geld, welches ich für die Gassenarbeit hatte, für solche digitalen Spielzeuge auszugeben. Fred verlangte nach dem Chef des

Geschäfts und erklärte ihm, was er für den Franziskaner gerne hätte. Der Chef kannte die Franziskaner von seiner Kindheit an. Er gab uns die Digitalkamera zum Selbstkostenpreis und meinte noch, es sei toll, wenn die Mönche sich auch mit der neuen Technologie für das Reich Gottes einsetzten. Ich selbst war noch nicht wirklich davon überzeugt, dass wir eine Webseite einrichten sollten, aber Fred und der Verkäufer meinten, dies sei eine wunderbare Sache.

Am Fest der Himmelfahrt Jesu im Jahr 2000 war es so weit: Wir konnten unsere erste kleine Webseite über die Gassenarbeit freischalten. Ich weiß noch gut, wie wir mehrmals die Internetverbindung neu starten mussten, da die langsame analoge Telefonleitung immer wieder unterbrochen wurde. Aber dann stand die Webseite und ich hatte gelernt, sie selbstständig zu aktualisieren, Links zu setzen, Fotos einzufügen und so weiter. Bald kam die Anweisung des Ordens, dass wir für alle veröffentlichten Texte die kirchliche Druckerlaubnis brauchten. Es wurde sehr kompliziert, jeden Text brav vorzulegen und geduldig zu warten, bis das Okay kam. Nach der Vereinsgründung ging unsere Vizepräsidentin Maria-Theresia zu den zuständigen Brüdern und sprach mit ihnen über die Webseite. So ging die Verantwortung für die Webseite und die Öffentlichkeitsarbeit für den Bereich der Gassenarbeit an unseren Verein. Wir haben das Konzept der Kontrolle geändert. Jeder, der die Passwörter hat, kann und soll veröffentlichen und wenn etwas nicht in Ordnung ist, wird es im Nachhinein geändert. So entstand ein dynamisches kreatives Prinzip, bei dem aus Fehlern schnell gelernt werden kann. Bald schon hatten wir Tausende von Zugriffen auf unsere kleine Webseite, die wir ohne einen Franken zu investieren ins Internet stellen konnten. Inzwischen arbeiten wir an einer dreidimensionalen Webseite. Die Insel Werd kann bereits dreidimensional bereist werden. Hier finden sich verschiedenste Informationen über Spiritualität, unser Leben und unsere Aufgaben in Text, Bild und Film.

5. AUS UNSERER ARBEIT: GESCHICHTEN, DIE DAS LEBEN SCHRIEB

Auszüge aus dem Archiv

Es gibt so viele Momente, so viele Geschichten von Einzelnen und von der Institution der Delfinfamilie. Die Einträge aus unserem Archiv auf der Webseite können einige Momente der Gassenarbeit einfangen und wiedergeben. Darüber hinaus zeigen sie, was wir doch alles bewegen konnten und können und wie sich die Dinge weiterentwickelt haben.

Der erste Eintrag im August 2001

Franziskus wünschte, dass die Frohe Botschaft zu allen Geschöpfen dringt. Ein Wort davon ist: Im Himmel gibt es viele Wohnungen, aber hier auf der Erde muss man sie finden – besonders wenn jemand von einer Sucht betroffen ist.

Heute machten wir uns Gedanken darüber, wie es mit der Homepage weitergeht. Ines initiiert die Sache mit dem Monatsrückblick.

Gestern fragte Martin nach einer Wohnmöglichkeit, da er es alleine nicht mehr packt. Heute konnte ich mit dem Bewo (Begleitetes Wohnen) der Jugendseelsorge ein Rendez-vous einfädeln. Wir hoffen, dass es klappt.

Eine Direktunterstützung ging an Chris, einen ehemaligen Fixer, der seinen Führerschein wieder zurückhaben musste, um seiner Arbeit nachzugehen. Da die Fahrausweise nach einer bestimmten Zeit verfallen, musste er bis Ende August

890 Franken an das Straßen- und Verkehrsamt überweisen. Da ich ihn schon länger persönlich kenne und begleite, haben wir ihm das gerne aus der Delfinkasse bezahlt.

Jemand, der einen sehr guten Weg hinter sich hat, musste noch eine alte Buße bezahlen. Die Person konsumiert schon länger keine Drogen mehr, arbeitet für den Mindestlohn und lebt auf dem Existenzminimum. Jetzt wurde sie von der Polizei vorgeladen. Sie hatte riesige Angst, erneut von der Vergangenheit eingeholt zu werden und bat mich, sie zu begleiten. Der Richter war überrascht, dass ein Franziskaner in Kutte sozusagen als »Anwalt« da war. Jedenfalls sagte ich: »Schauen Sie, Jesus hat meine Buße damals bezahlt und jetzt ist in der Kasse genug Geld, um auch diese Buße zu bezahlen. Also machen wir einen Strich unter die Rechnung und bezahlen sofort.« So viel ich mitbekommen habe, war der Richter so erstaunt, dass er sogar die Verfahrenskosten gestrichen hat. Schön, einen solchen Erlöser zu haben, der sogar unsere Schulden getilgt hat. Einfach so.

Liebe Freunde der »Delfinfamilie« – Weihnachtsbrief im Dezember 2001

Ja, der Delfin als Symbol ist nach wie vor sehr gerne gesehen, auch wenn es immer wieder einige Erklärungen braucht, weshalb die Franziskanische Gassenarbeit gerade dieses fast vergessene Christussymbol gewählt hat. Jedenfalls macht der junge Verein »Delfinfamilie« schon ganz kräftige Sprünge im »Meer der Gnade«.

So möchten wir kurz die verschiedenen Sprünge andeuten:

Im präventiven Bereich zeigen sich ungeahnte Möglichkeiten auf: Wir werden in Schulen und Pfarreien eingeladen und die Rückmeldungen der Jugendlichen sind oft sehr motivierend. Nicht selten erhalten wir SMS, Briefe, E-Mails oder Anrufe von den Schülern oder jungen Erwachsenen. Manchmal begleiten uns kleine Gruppen von Jugendlichen auf die Gasse. Die Konfrontation mit den »überforderten« Süchtigen haben schon einige der »verträumten« Kids aufgeweckt, sodass sie nicht mehr ohne Weiteres kiffen oder »Pillen« schlucken.

Ein zweiter Sprung ist die Gassenwohnung bei uns an der Hofackerstraße 19. Endlich steht nicht mehr alles Material der Gassenarbeit in der »Klosterzelle« von Bruder Benno-Maria, sondern im Büro der selber renovierten »Delfinwohnung«. Gleichzeitig haben wir in der Küche ein kleines Lager mit Esswaren angelegt für die vielen, die vorbeikommen und um Essen bitten. Das andere Zimmer halten wir für »Notfälle« frei, zum Beispiel für Süchtige, die für zwei bis drei Tage Ruhe brauchen, um sich selber neu zu orientieren. Oder für ehemalige Fixer, die öfter einmal auf Besuch kommen, oder für solche, die einen Rückfall hatten und wieder aufstehen wollen. Für Praktikanten/innen, die einige Tage bei uns mitarbeiten möchten, steht das Zimmer ebenfalls zur Verfügung.

Der dritte und sichtbarste Sprung ist sicher die niederschwellige Gassenarbeit an der Langstraße. Nach wie vor gehen wir auf die Straßen, sprechen die »Gehetzten« an oder werden oft von ihnen angesprochen, um Gedanken über Ab-, Ein-, Um-, Aus- oder Aufstieg auszutauschen. Auch der etwa zwölfstündige »Hauskreis«, der durch Essen, Kaffeetrinken, Gebet, Beratung und Austausch geprägt ist, wird im Christenhüsli von vielen genutzt. Es kann Tage geben, da brauchen wir bis zu sechzig Mahlzeiten. Einige wollen auch kurz mit uns beten. Andere wünschen einen Drahtdelfin oder ein Kreuz, wieder andere bitten darum, dass wir für sie einen Schutzengel (Gebetspaten) suchen oder erkundigen sich über die Möglichkeit von Entzug oder Therapie.

Der vierte Sprung der Hoffnung ist der Gebets- oder Schutzengeldienst für die Süchtigen. Jenen Personen, die mit uns wenigstens kurz gebetet haben, erzählen wir, dass es immer wieder Christen gibt, die während etwa einem Jahr einen Suchtbetroffenen täglich in ihr persönliches Gebet einschließen. Die »Schutzengel« erhalten lediglich den Geburtstag und die Adresse eines Betroffenen; ob sie sich bei diesem melden, zum Beispiel in Form eines Briefes oder kleiner Geschenke, bleibt ihnen freigestellt. Fast jede Woche hören wir von irgendeinem »Hoffnungslosen« freudestrahlend, dass sich sein »Schutzengel« gemeldet hat. Einige »Engel« wollen anonym bleiben. Manche Betroffene sind etwas enttäuscht, wenn wir ihnen die Adresse ihres Engels nicht bekannt geben. Trotzdem freuen sie sich sehr, dass jemand ganz persönlich für sie betet.

Der fünfte Sprung der Freude sind sicher die verschiedenen kleinen und großen Anlässe, wenn wir mit den Betroffenen einen Ausflug machen, oder gemeinsam in Gottesdienste gehen. Der Höhepunkt 2001 war sicher das Clean-Openair (ohne Drogen) auf der Insel Werd. Dies war ein Fest echter Freude, so toll, dass wir es am 29. Juni 2002 wieder durchführen wollen.

Einen speziellen Sprung des Gebetes machte der Präsident des Delfinvereines Vittorio Ferlin. Mit einem Stein aus der Drogenszene im Rucksack ist er zu Fuß von Einsiedeln in etwa 100 Tagen nach Santiago de Compostela gepilgert. Täglich war er auch für die Not des modernen Aussatzes (Sucht) betend unterwegs. Einige Süchtige und auch wir vom Gassenteam hielten den Stein in unseren Händen. Und mit dieser Geste übertrugen wir symbolisch unsere Anliegen auf den Stein. Diesen Stein legte er am 29. Oktober unter das Kreuz, wo die Steine der Pilger seit Jahrzehnten aus aller Welt abgelegt werden.

Der sechste Sprung ist der Sprung der Dankbarkeit für unsere materiellen Grundlagen und unsere Finanzen. Durch Gottes Fügung und eure großzügigen Spenden war einfach immer genug Geld da, mit dem wir unser Existenzminimum abdecken konnten und den vielen Nöten nicht nur mit einem wohlwollenden Wort begegnen mussten, sondern oft tatkräftig helfen durften. Sicher sprechen wir uns da mit der Caritas ab, aber es gibt immer wieder Situationen, wo die offiziellen Stellen nicht helfen können oder dürfen.

Der Sprung der Freiwilligkeit ist der siebte Sprung. Ohne die vielen freiwilligen Mitarbeiter, die im Hintergrund oft Ungeheures leisten, wäre das alles nicht möglich oder es bräuchte horrende Geldbeträge, die niemand bezahlen würde. Aber wir sind überzeugt, dass diese vielen Stunden verschenkter Zeit und Arbeit wesentliche Bausteine am Reich Gottes sind. Jedenfalls tragen alle viel Hoffnung und Licht in die dunklen, verschlungenen Wege des Lebens. So möchten wir allen, die sich in irgendeiner Form engagieren, einfach von ganzem Herzen »Vergelte es Gott« sagen.

Wer sich etwas genauer informieren möchte, kann auf der Homepage jeweils auch den Monatsrückblick anschauen. Oder am besten kommst du selber auf die Gasse. (Jeweils montags im Christenhüsli an der Zwinglistr. 33 mit Bus 31 vom HB Zürich bis Kanonengasse, dann circa 150 Meter zu Fuß). Eine Aktivmitgliedschaft kannst du erwerben, wenn du mindestens einmal pro Monat mit uns auf die Gasse kommst. Natürlich sind wir auch dankbar, wenn du Passivmitglied wirst. Der Jahresbeitrag beträgt symbolisch 10 Franken.

Wir wünschen Euch eine lichtvolle Weihnachtszeit und Pace e Bene für das Neue Jahr

»Kalte Nächte«

Die Aktion »Kalte Nächte« wird von den Sieberwerken organisiert. Ich wurde angefragt, ob wir von der Delfinfamilie auch einige Nächte übernehmen. So gingen wir vom 20. bis 24. Dezember jeweils ab circa 22 Uhr bis 2 oder 3 Uhr auf die Gasse, um nach den Menschen zu sehen, die in der Kälte herumirren und eventuell einen Schlafplatz suchen. Hier ein Kurzbericht über einen solchen Einsatz.

Katja und Lukas, welche ich vor einigen Monaten trauen durfte, begleiteten mich in dieser Nacht. Inmitten einer nicht genehmigten Demonstration trafen wir uns zwischen den Polizisten und linken Demonstranten beim Stadelhofen. Zuerst schauten wir nach dem kleinen Bethlehemstall aus Glas – das ist eine Art gläsernes »Gartenhäuschen« in der Nähe des Bahnhofs, es gilt als geheimer Schlafplatz, wobei es bei Minustemperaturen nicht ganz harmlos ist, dort zu übernachten. Es waren zwar schon länger keine Obdachlosen mehr erfroren, aber das ist auch dieser Aktion von Pfarrer Sieber zu verdanken. Es waren aber weder Maria noch Josef noch sonst Hirten oder Obdachlose anzutreffen. Dann gingen wir am Seeufer entlang und schauten in den Büschen und Toiletten. Das verschneite Ufer lud zu einem schönen nächtlichen Spaziergang ein. Dazwischen hatten wir viel zu reden und zu lachen. Auch die alten Sofas hinter dem Café Schöffel waren leer. Oft ist dort Luigi, der eigentlich in die Psychiatrie gehört, aber bis jetzt die kalte Freiheit vorgezogen hat. Die kurze Begegnung mit einem Straßenmusikanten tat irgendwie gut.

Dann gab es eine heiße Schokolade und weiter ging es an die Langstraße, dann hinunter zum Limmatquai, wo wir den Leuten vom Dora Flora Bus – eine Anlaufstelle für die Mädchen vom Drogenstrich – guten Abend sagen wollten. Sie wimmelten uns nicht sehr freundlich ab, da der Bus nur für Frauen ist. »Gott segne sie trotzdem«, sagte Lukas trocken.

Am Hauptbahnhof begegneten wir Frieda, die noch die letzten zwei Züge abwartete, um möglichst viele Menschen zu segnen. Frieda ist eine weißhaarige Frau, die sich liebenswürdig, aber nicht ganz zwanglos von Gott berufen fühlt, die Menschen zu segnen, und sie tut dies seit Jahren auch beharrlich, vielleicht ist sie auch eine Heilige oder ein Engel.

Zu Lukas sagte sie, der liebe Gott habe es nicht gerne, wenn sie dauernd herumrede, er solle ihr besser segnen helfen. Verdutzt fragte mich Lukas, wie sie denn das mit dem Segnen mache. Sie tut es mit Gedanken und verbindet die Menschen so mit Jesus. Nach einigem Hin und Her ließ sie sich zur Tramhaltestelle fahren, wo sie auch die Nacht verbringen wird. Sie freute sich aber sichtlich, als wir einige Fotos von ihr schossen. Sie klagte wie immer über ihre Schmerzen, aber wir konnten sie nicht überzeugen, dass sie ein Bett im Sune-Egge haben könnte. Am Samstagmorgen sei zu viel los und sie müsse am Bahnhof sein, sonst sei der liebe Gott enttäuscht, und ihn hätte sie schon zu oft enttäuscht. Sie will draußen schlafen.

Unter der Centralbrücke schauten wir noch in die Boote und auch dieser müde Geselle im Schlafsack dachte nicht daran, an einem anderen Ort zu übernachten. Wenn die vielen Leute wüssten, dass hier mitten in der reichen Stadt unter der Centralbrücke gleich beim Hauptbahnhof Menschen schlafen, ginge man irgendwie anders über diese teuren Pflastersteine der Züricher City.

Der Straßenmusiker, den wir vor einigen Stunden getroffen hatten, lächelte uns nochmals zu, er habe den Zug verpasst, aber auch er wollte keine warme Schlafstelle. Die Menschen von der Straße sind sehr misstrauisch, warum sollte es plötzlich jemand gut mit ihnen meinen? Und wenn man sich auf das Gute einlassen würde, kommen alle alten Verletzungen und Schmerzen, welche in der Seele schlummern, wieder ans Licht. So bleiben die meisten lieber auf Distanz und alleine. Er kramte aber noch einige kleine selber gemalte Bilder hervor und schenkte sie uns. Es tat gut, selber beschenkt zu werden. Wie wollen wir jemanden beschenken, wenn wir nicht selber zuerst beschenkt werden, von Mensch und Gott?

Es war schon 2 Uhr, als wir zur Langstraße zurückgingen und ein junger Punk Lukas nach dem Weg fragte. »Dorfstraße 12f in Urdorf, da kommst du jetzt nicht mehr hin, aber wir werden dich fahren.« Unterwegs erzählte er uns, wie er von der Polizei verhaftet worden war, bevor er zur Demo kam. Er machte einen recht eingeschüchterten Eindruck, da die Polizei ihn nicht mit Samthandschuhen angepackt zu haben schien. Jedenfalls war er froh, als wir ihn bei den Eltern seiner Freundin abliefern konnten.

Beim Zurückfahren schauten wir nochmals nach Luigi, der anderswo die Nacht verbringt. Frieda stand noch immer hinter ihrem Rollstuhl in der Ecke und ich war froh, als ich endlich nach dem kurzen, sehr dankbaren Nachtgebet ins Bett schlüpfen konnte.

✶

Marcel wohnt im Moment bei uns. Er kam aus dem Gefängnis und hatte nichts, nicht einmal mehr seinen Heimatschein, geschweige dann einen Franken. Damit er nicht sofort wieder auf die schiefe Bahn gerät, bekam er bei uns einen Vertrag zur Untermiete und kann sich so wieder anmelden. Dann bekommt er auch wieder eine neue Identitätskarte. Welch große, innere Anstrengung es ist, den Hindernislauf durch alle Büros zu bewältigen, habe ich mit ihm selber erlebt. Die Menschen, welche am »Rande« leben, sind oft durch Behörden, Beamte und Anlaufstellen traumatisiert. Es ist für sie ein Horror, in diese Büros zu gehen, alles immer wieder zu erklären, dann zur nächsten Tür und so weiter. Obwohl in vielen Büros liebe Beamte sind, kommt es doch sehr schnell zu Schwierigkeiten. Denn in der Verzweiflung werden die Betroffenen schnell ausfällig oder aggressiv, was die Zusammenarbeit mit den Behörden sehr erschwert. Da ist es gut, wenn jemand dabei ist und hilft, die ersten Hürden zu nehmen.

✶

Nicht nur Christen kommen zu mir und wollen einen Delfin oder ein Kreuzchen, sondern, was mich sehr freut, immer wieder kommen Menschen von der islamischen

Glaubengemeinschaft und wollen ein kleines Zeichen. Besondere Freude haben sie, wenn ich ihnen den Namen Allah-Akbar mit etwas Draht mache. Ein gemeinsames Gebet hinterlässt eine innere Verbindung, welche wohl große Chancen in sich birgt. Chancen, in denen eventuell das Potential schlummert, um Frieden zwischen Christen, Juden, Muslimen und der ganzen Schöpfung herzustellen.

Wutausbrüche von Bruder Benno

Wer kennt sie nicht, die feurige Seite von Bruder Benno? Gleich dreimal schimpfte er in nicht unbedingt gütigem Ton, wie man es von einem braven Franziskaner erwarten würde. Das erste Mal als ein Drogensüchtiger sich am Fest Maria Verkündigung mehrmals spottend über Maria und die Heiligen äußerte. Nach der dritten Warnung warf er den jungen Mann aus dem Christenhüsli, dabei wurde auch noch Geschirr zerschlagen. Kurz darauf kam eine ältere Dame, die Bruder Benno eine billige kaputte Lampe und einen kaputten Mixer mitgeben wollte. Zuerst sagte er relativ höflich, aber bestimmt, dass er noch bis Mittwoch unterwegs sei und ganz bestimmt nicht die ganze Zeit alten Schrott herumtrage. Es gab eine längere Diskussion und dann meinte Benno energisch, er mache schon fast jeden Blödsinn mit, aber gelegentlich dürfe er sich auch abgrenzen. Er sagte dies nicht nur mit schönen Worten und die Dame war ganz entsetzt und meinte, ja, wenn er mit etwas nicht in der Öffentlichkeit brillieren könne, mache er es nicht, das sei ja unter seiner Würde.

Als Benno dann zu schimpfen begann über all jene, die sich nicht von ihrem alten Schrott lösen können und meinen, damit noch ein gutes Werk zu tun, indem sie ihre abgeschabten, zum Teil ungewaschenen Kleider

zu ihm bringen, für seine Schäfchen, platzte ihm beinahe der Kragen – oder besser die Kutte. Er sagte, die
Leute auf der Straße seien schon genug stigmatisiert
von der Armut. Wenn geholfen wird, dann sollen die
Menschen am Rand schöne, saubere und ganze Sachen
bekommen.

✶

»Ciao fratello,
stimmt es, dass du dich für einen Kurs in Nahkampfaus-
bildung angemeldet hast? Die Lage wird ernst!! Und Gott
lächelt.

Gerne hoffe ich, dass deine Beulen verheilt sind.«

Diese E-Mail bekam ich, nachdem jemand mitbekommen hatte, dass ein Drogensüchtiger mich mit Fäusten
und Fußtritten verhauen hatte. So nach dem fünften Schlag
dachte ich, es ist schon dumm, dass Jesus sagte, man soll
nicht nur die rechte, sondern auch die linke Wange hinhal-
ten. Nach einigen weiteren Schlägen sagte ich, ob es ihm
wirklich Spaß mache, ein armes Brüderchen zu verhauen,
das sich nicht wehrt. Die Quittung kam prompt, er spuckte
mich kräftig an und ließ mich dann in Ruhe. Aber vor zwei
Tagen kam dann eine liebe Entschuldigung.

Das Runterspülen von Kokain

Ich selber bin eine ehemalige Prostituierte. Ich kenne
Bruder Benno schon lange und habe den Wunsch,
katholisch zu werden und mein Leben ganz nach Gottes Willen auszurichten. Auf diesem Weg der Konversion begegneten mir die verschiedensten Leute mit den
verschiedensten Problemen. Ein besonderes Erlebnis
war der Freitagnachmittag, den ich bei meiner Freundin verbrachte.

Ich bat Bruder Benno-Maria, mich an diesem Freitag
zu meiner Freundin zu begleiten, um auch ihr ein paar

gute Worte zuzureden. Ich spürte schon, als ich erwähnte, dass Bruder Benno-Maria mitkäme, dass sich bei meiner Freundin die verschiedensten Gefühle ausbreiteten.

Als wir in die Wohnung kamen, spürte ich die Gefühle meiner Freundin zwischen Freude, Angst, Beklemmung, und was ersichtlich war, war das Zittern ihrer Hände. Wir sprachen eine Weile darüber, wie wir ihr helfen könnten, in ihre Probleme ein wenig Licht hineinzubringen. Bruder Benno musste zum Zug und verließ uns. Wir brachten ihn zum Bahnhof, und als wir zurückkehrten in die Wohnung, nahm meine Freundin ein kleines Päckchen in Alufolie hervor und zeigte es mir. Sie meinte, wir könnten es zusammen so als Abschluss konsumieren. In diesem Moment ergriff mich die Angst; ich betete inständig um Hilfe für diesen Augenblick, diese Situation. Denn so lange war ja meine Abstinenz auch noch nicht her.

Ich eröffnete ihr, dass ich auf keinen Fall mehr konsumieren werde, aber dass es mich gar nicht stört, wenn sie es nähme. Ich betete im Stillen weiter. Daraufhin sagte sie, nein, alleine wäre das auch blöd für sie, und da jetzt schon dieser Bruder Benno hier war, wäre es wahrscheinlich auch besser, das zu lassen.

Sie bat mich, es nach Hause zu nehmen, und dort in den Müll zu werfen.

Ich sagte ihr, dass ich das nicht wolle, dass es mir lieber wäre, wenn wir das gleich beenden würden, und ich machte ihr den Vorschlag, dass wir es zusammen ritualmäßig ins WC spülen könnten. Das taten wir dann auch, wir schauten, wie das kleine weiße Zeug (Kokain) ins WC fiel, beteten und spülten, ich sagte noch einen Segensspruch und vergessen war das Ganze. Wir verbrachten dann einen unbeschwerten Abend, mit viel Fröhlichkeit und Liebe. Ich denke, es war der erste Schritt, und weitere folgen und für mich …, was gibt es

Schöneres, als seine eigenen Freunde zu begleiten, mit
ihnen zu leiden und zu versuchen, die Hoffnung in ihr
Leben zu bringen. Jesus ich danke dir …

Kürzlich traf ich diese Frau wieder, die jetzt ganz ohne Drogen und schuldenfrei lebt.

So ist das Archiv voller kleiner Episoden, von Therapiean-
tritten, kleinen und größeren Ereignissen und Erfolgen.
Einige besonders schöne Geschichten möchte ich aber aus-
führlicher wiedergeben oder die Betroffenen selbst erzählen
lassen.
    So hätte ich zum Beispiel nie gedacht, dass ich je mit der
Sadomaso-Szene in Kontakt kommen würde, vor allem
wusste ich nicht einmal, dass es so etwas gibt, bevor ich
Deborah kennengelernt hatte,

Deborah – Ein Lebensbericht

»Aus dir wird kein anständiges Mädchen, aus dir wird
eine Prostituierte!« Diese Worte sagte der Pfarrer zur
versammelten Gemeinde bei meiner Kindertaufe. Im
Alter von 17 Jahren wurde ich Prostituierte – und blieb
es über 20 Jahre lang.

Vergeudete Jahre

Wenn ich auf mein bisheriges Leben zurückschaue, so
kommt mir der Gedanke, dass es komplett vergeudet
war. Ich habe zwar versucht, richtig zu leben, doch bin
ich eigentlich erst jetzt dabei, es richtig zu lernen. In
vielem bin ich mir innerlich ungewiss, doch ich versuche in der Beziehung zu Jesus zu wachsen und daraus
immer wieder neu meinen Weg zu erkennen.

Beim Ausstieg gingen die Probleme erst richtig los. Den Ausstieg schaffte ich nicht auf Knopfdruck. Vielmehr war es ein Prozess von etwa vier Jahren. Damals beendete ich meine Tätigkeit in der Prostitution und begann als Geschäftsführerin in einem Zoofachgeschäft. Von der Arbeit her ging es recht gut, aber psychisch bekam ich Probleme wie noch nie in meinem Leben. Angstzustände, Schlaflosigkeit, Depression und Resignation wurden zu meinen ständigen Begleitern. Und dies alles, obwohl ich nie etwas mit Drogen oder Alkohol zu tun hatte. Nachts hatte ich die schlimmsten Träume. Ich sah dämonische Mächte, grausige Tiere. Manchmal war ich wie außerhalb meines Körpers. Während des ersten Jahres ging ich zweimal wöchentlich in einen Hauskreis. Dies war der einzige Moment, in dem mich wohlfühlte. Der Rest war Chaos. Nach gut einem Jahr kündigte ich den Job im Zoofachgeschäft, da meine seelisch-geistige Verfassung und die inneren Angriffe unerträglich wurden.

Zurück ins Studio

Nach meinem Ausscheiden versuchte ich verschiedentlich, einen neuen Weg zu finden. Doch es war nicht einfach. Ich wollte der alten Lebensweise fernbleiben, aber irgendwie merkte ich neben all den ungeheuerlichen Herausforderungen, dass meine neue Lebensführung nicht ganz authentisch war. Ich habe zwar auf Menschen, die es gut mit mir meinten, gehört und bin auf ihren dringenden Rat hin ausgestiegen. Aber es waren nicht meine eigenen Schritte und vor allem nicht mein Tempo. Nach diversen »Überlebensversuchen« ging ich wieder zurück in mein altes Studio. Viele können das vielleicht nicht nachvollziehen, doch ich habe trotz allem mein Christsein nicht über Bord geworfen. Im

Gegenteil: Sowohl bei Kolleginnen als auch Kunden gab ich Zeugnis über Jesus. Hier hatte ich den Zugang zu Menschen, die sonst kaum zu erreichen waren. Wir sprachen miteinander, wir beteten zusammen auch im Studio nach einem »Programm«. Ich nahm sie mit in Gottesdienste, einige bekehrten sich und begannen ein neues Leben. Zugleich arbeitete ich an mir selber oder, besser gesagt, ließ Gott an mir arbeiten. Zu diesem Zeitpunkt wurden meine Schlafstörungen immer schlimmer. Ich fühlte mich machtlos und verzweifelt. Durch einen Traum offenbarte mir Gott den Grund für die Störungen. Der Grund war mein Vater, den ich nicht kannte. Nach genauen Nachforschungen bewahrheitete sich, dass mein Vater mit schweren okkulten Dingen zu tun hatte und ich schlussendlich all die Jahre die Folgen zu tragen hatte. Dies war vermutlich auch der Grund, warum bei meiner Taufe der Pfarrer über mich so etwas aussprechen konnte. Durch einen intensiven Gebetseinsatz von Pers Schild (er ist Pastor und macht Gassenarbeit besonders in der Region Basel) erlangte ich Befreiung von all diesen Bindungen. Danach hatte ich erstmals eine einigermaßen ruhige Nacht. Von diesem Zeitpunkt an ging für mich der Himmel immer mehr auf. Mein gebrochener Wille, meine Unfähigkeit, im richtigen Moment Nein oder Ja sagen zu können und dies auch so umzusetzen, wurde langsam wieder gefestigt.

Definitiver Ausstieg nach inneren Prozessen

Durch tiefe seelsorgerische Prozesse konnte ich mit Gottes Hilfe Schritt für Schritt meine Persönlichkeit und meine Willenskraft wieder zurückerhalten, bis ich innerlich stark genug war, definitiv aus dem Gewerbe auszusteigen. Ich bin sehr glücklich, dass mich Gott frei gemacht hat. Durch seine Gegenwart hat er mir sehr geholfen. Immer wieder erlebe ich eine innere Ruhe und Freisetzung durch den Heiligen Geist, sei es beim Lesen der Bibel, beim Gebet oder in Gottesdiensten. Auch meinen jetzigen Freund betrachte ich als Geschenk und Hilfe Gottes, denn wir haben viele gute Gespräche miteinander. Natürlich habe ich auch heute noch immer wieder Kämpfe. Ich denke aber, es hängt damit zusammen, dass viele Frauen und Männer aus meinem Umfeld gläubig geworden sind. Wo ich hinkomme oder auch gerufen werde, werden die Frauen sehr hellhörig und öffnen sich für das Evangelium. Durch diesen Dienst bin ich natürlich ein Dorn im Auge des Widersachers Gottes, und so versucht dieser immer wieder, mich zu torpedieren und zu blockieren. Doch heute kann ich diesen Angriffen viel besser entgegentreten.

Zukunftspläne

Eigentlich habe ich zwei Anliegen: Zum einen möchte ich den Menschen, insbesondere den Frauen im Rotlichtmilieu, das Evangelium verkünden. Zum anderen möchte ich in christlichen Gemeinden in der Schweiz und in Deutschland Zeugnis geben. Wichtig ist, bei den Christen beziehungsweise beim Leib Christi zu beginnen. Ich stelle mir auch vor, bei der Schulung und Unterstützung von Mitarbeiterinnen und Mitarbeitern mitzuhelfen, welche sich entsprechend ihrer Berufung gezielt Randgruppenleuten und eben besonders Menschen aus der Prostitution annehmen möchten.

Anliegen an die Christen im Umgang mit Randgruppenpersonen

Zu guter Letzt ein paar Worte und Anliegen an uns Christen. Ich glaube, der Leib Christi hat einen Auftrag an den Menschen am Rande der Gesellschaft. Doch hierzu müssen die Christen unbedingt mehr eins werden. Auch müssen sie sich selbst festigen gegen die Sünde, besonders im Bereich der Sexualität und Pornografie. Denn die Frauen aus dem Rotlichtmilieu kommen so, wie sie sind, in den Gottesdienst – in entsprechender Art, Kleidung und Aufmachung. Man darf nicht vergessen, sie sind durch ihre Struktur nichts anderes gewohnt. Werden die Christen dadurch überfordert und reagieren sie falsch, dann verlieren beide.

Bei aller eigenen Klarheit und Transparenz braucht es eine große Portion an Toleranz, Liebe und Geduld diesen Menschen gegenüber. Man kann sie nicht einfach »bekehren« und erwarten, dass sie von Stund an ein völlig anderes Leben führen. Tatsächlich kann man zwar relativ einfach eine Frau aus der Prostitution herausholen. Aufgrund ihrer eigenen Willensschwäche (sie ist es gewohnt, gegen das eigene Empfinden immer den Willen anderer zu tun) lässt sie sich schnell irgendwohin mitreißen. Doch das Ganze ist nicht echt und fällt sehr schnell wieder in sich zusammen. Die Frauen müssen lernen, ihren eigenen Willen zurückzufordern und *ihre* Schritte zu gehen. Deshalb lasse ich persönlich die Frauen auch dort, wo sie sind. Ich nehme sie mit zu Gottesdiensten, mache aber keinen Druck in Richtung Ausstieg. Man muss sie lassen. Der Moment des Ausstiegs kommt wie von alleine, aber diesen Moment können nicht wir für diese Frauen bestimmen. Das muss in ihnen wachsen.

Wenn die Frauen sich für das Evangelium öffnen, machen sie ungeheure Prozesse durch. Sie können sehr leicht aggressiv, beschimpfend oder sonst sehr schwierig werden. Das ist für Außenstehende oft schwer einzuordnen. Sehr schnell können dann Vorwürfe und Unverständnis von »reiferen« Christen tief verletzen und die Frauen wieder aus der gottesdienstlichen Gemeinschaft hinaustreiben. Deshalb brauchen sie sehr viel Liebe, Verständnis, Spannkraft und vor allem die Größe, solche Ausbrüche nicht persönlich zu nehmen. Wichtig ist auch, dass diese Frauen eine feste Bezugsperson haben und vielleicht eine oder zwei näherstehende Personen. Die anderen Christen sollten mit ihnen einen freundlichen, natürlichen Umgang pflegen, aber keine konkreten Ratschläge erteilen. Dies verwirrt sonst nur.   Deborah

Die Geschichte von unserem Haluk

Schon lange kennen wir den verkifften Velokurier, der lange behauptete, das Kiffen sei eine gute Sache, obwohl er schon alles verloren hatte: Ausweise, Krankenkasse, Anmeldung und so weiter. Dann hatte er noch Unfälle mit dem Velo und geriet in eine solche Lebenssackgasse, dass er selbst langsam etwas ändern wollte. Aber eben, was ändern, wenn es einen nicht gibt – und niemand bezahlt?

So haben wir uns entschlossen, den Beamtenhindernislauf neu aufzunehmen. Er war das letzte Mal vor drei Jahren irgendwo gemeldet, und 18 Jahre Kiffen hinterlassen eine massive Suchtstruktur, Entwicklungsdefizite und »Hirnlücken«, das heißt, man will nicht sehen, wie schlimm es wirklich ist, man ist nicht konfliktfähig und kennt nur eines: immer wieder die Flucht in den Drogenrausch. Bei Konflikten immer wieder »französische«, unversöhnte Abschiede, bis kaum noch eine Beziehung trägt. In diesem verwahrlosten Zustand haben wir ihn dann bei uns auf der Insel Werd aufgenommen.

Ich hätte nie gedacht, was es heißt und kostet, ein verlorenes Schaf wieder zurück in die Herde Gottes zu bringen. Oft, sehr oft sind wir und die Brüder im Kloster an die Grenzen der Belastbarkeit gekommen. Da nichts mehr selbstverständlich war – vom Zähneputzen, von der Arbeit über das Aufräumen oder dass man nicht mit den Gartenschuhen durch das ganze Kloster geht – war das Zusammenleben mit ihm sehr schwierig. Langsam aber pendelte sich alles ein, der Junge bräuchte aber wohl immer noch eine Therapie, weil sein zerrüttetes Leben nicht nach drei Monaten aufgearbeitet ist. Auch wenn er nicht mehr kifft und die Papiere wieder hat, fehlt noch sehr viel.

Es gab viel köstliche und schöne Momente, so zum Beispiel die feierliche erste heilige Kommunion. Ursprünglich ist Haluk Muslim, aber er wollte unbedingt katholisch werden, obwohl ich ihm unzählige Male gesagt habe, dass er zuerst den Islam kennenlernen und sich mit seinen Herkunftswurzeln aussöhnen sollte, sonst werde er nie wirklich katholisch werden oder bleiben, auch nicht nach einer öffentlichen Konversion. Denn wenn man wirklich das Wesen der Herkunftsreligion entdeckt, merkt man normalerweise, dass man bereits am richtigen Ort ist. Wer unversöhnt die Religion wechselt, stolpert hingegen über die eigenen alten Geschichten im Glauben, wenn auch in einem neuen Kleid und in einer neuen Umgebung. Sicher gibt es Ausnahmen, dass Gott jemanden, aus welchen Gründen auch immer, von einer Tradition in die andere beruft. Aber Christsein ohne Respekt und versöhnte Liebe zu den eigenen Wurzeln ist keine gute Voraussetzung.

Haluk war jedoch manchmal sturer als ein Esel – das sagte ich auch zu ihm, wenn er mit seinem Dickschädel wieder durch alle Mauern rennen wollte. Oft haben wir auch gelacht über die vielen kleinen und größeren »Malheurs« und Missgeschicke. Die erste Zeit ging einfach alles in seinen Händen in die Brüche. Küchengeräte, Rasenmäher, Fahrräder und so weiter. Eines Morgens gab ich ihm einen Pickel und sagte: »Schau, hier hat es nur einen Stiel und ein Eisen, da wirst du nichts kaputt machen. Bitte grabe diese Wurzel aus.« Zwei Stunden später kam er mit dem zerbrochenen Pickel.

Er beginnt wieder als Velokurier oder wollte es zumindest. Wie fragil Beziehungen von Menschen mit Suchtgeschichte sein können, zeigt das Bild vom zerbrochenen Jesuskind. Ohne bösen Willen wollte Haluk helfen, den Weihnachtsbaum zu schmücken. Als ich dazukam, schaute er mich fast unschuldig verzweifelt an und sagte: »Gell, heute ist Weihnachten und da schimpft man nicht.« Ich sagte, es komme darauf an. Beschämt zeigte er mir das Jesuskind. Ich musste trotzdem lächeln: Das zerbrochene Jesuskind in der Krippe. »Ja, Jesus hat den ganzen ›Zerbruch‹ auch von dir auf sich genommen, um unsere zerbrochenen Beziehungen wieder heil zu machen. Das geschieht nicht erst am Kreuz, sondern heute schon in der Krippe.« Wir lächelten. Am Heilig Abend war das Kind wieder in der Krippe, dank der Flickkunst von Bruder Michael. Jesus ist auferstanden und kann das zerbrochene Leben wieder heilen – und wir konnten in Freude Weihnachten feiern. Nur einige kleine Wunden sieht man bis heute am Jesuskind.

Ein Dankschreiben von Damaris

Ich kam Anfang August 2004 auf die Insel. Direkt von der Gasse wurde mir so ein schöner Platz geschenkt. Man gab mir die Chance, mich wieder in eine geregelte Tagesstruktur einzuleben. Ich spürte schnell, dass mir die Ruhe, die auf dem Inseli herrscht, sehr gut tat. Auch die geregelten Zeiten, zu denen alle zusammenkommen, um zu singen, Vesper zu beten und Messen zu feiern, gaben mir sehr standhaften Boden. Der Praktikumsvertrag, den ich unterzeichnen durfte, gab mir viele Anhaltspunkte, mich in ein neutrales Leben einzuklinken. Ich gab mir Mühe, auf der Insel ein wenig Sauberkeit zu halten. Doch manchmal war das sehr schwierig, denn die lieben Brüder trampelten mir oft mit den schmutzigen Schuhen auf den frisch gewischten Boden. Da erlaubte ich mir auch, etwas zu schimpfen. Das nützte manchmal. Die Brüder sind halt Männer. Das merkte man schon, wenn es um Hausarbeiten ging. Und doch staunte ich immer wieder, dass alles Wichtige sauber war. Ich glaube, die Brüder sind mir dankbar für die Arbeit, die ich leistete. Auch ich bin ihnen sehr dankbar, dass sie mich aufgenommen haben.

Die Zeit auf der Insel gab mir so viele neue Perspektiven für meinen weiteren Lebensweg. Ich denke oft nach, in welchem Sumpf ich liegen würde, wenn mich die Brüder nicht aufgenommen hätten. Oft kommen mir dann die Tränen. Ich weiß gar nicht, wie ich mich bedanken kann für diese Zeit, die mir so fest geholfen hat, mir wieder einen festen Boden zu bauen. Auch die Kraft, die die Brüder in sich tragen, motivierte mich immer wieder neu. Denn von diesen harten Drogen wegzukommen ist sehr schwer. Doch jetzt weiß ich, dass es im Leben viele andere Sachen gibt, an denen ich Freude bekommen habe. Ich glaube, mein Leben hat so einen neuen Sinn bekommen. Vielleicht gehe ich auch ganz anders mit meinem Leben um.

Die Therapiestunden, die ich mit Maria-Theresia verbringen durfte, haben mich dazu gebracht, mich meinem Leben zu stellen. Ich musste oft nach Zürich fahren, um Medikamente zu beziehen und mit meinem Arzt die Standortgespräche durchzuführen. Die dafür aufgewendete Zeit galt als Arbeitszeit. Auch das habe ich den Brüdern zu verdanken. Die schönen Bergtouren, welche ich mit Benedikt erleben durfte, bereiteten mir auch immer große Freude. Auch die Spaziergänge, die ich mit Raphael und Benno unternahm, gaben mir immer wieder neue Motivationsschübe. Michael hat mich oft in schwierigen Momenten auf spontane Art abgelenkt. Obwohl wir auf einer Insel leben, sind wir doch nicht von der Welt abgeschnitten. Die vielen Besucher machten immer wieder einmal eine angenehme Kontaktaufnahme möglich. Auch mit Pius, der einige Zeit mit uns lebte, konnte ich gute Gespräche führen.

Es gab auch schwierige Zeiten, die ich bewältigen musste. Besonders als ich dabei war, das Methadon abzubauen. Und doch gab es in meinem Leben noch nie eine so gute und zugleich auch lehrreiche Zeit. Ich durfte ganz allein im Häuschen neben dem Haupthaus wohnen. Benno baute für mich ein wunderschönes Zimmer, an dem ich mich immer wieder freute. Ich konnte mich zurückziehen und doch war ich nicht weit weg von den Brüdern. Als es kälter wurde, kaufte mir Benno einen kleinen Ofen. So ging ich auch an den kalten Tagen gerne in mein Stübli. Ich möchte mich hiermit ganz herzlich bedanken, dass man für mich eine so schöne Bleibe erstellt hat. Ich weiß gar nicht, wie ich mich bedanken kann für die gute und auch sehr schöne Zeit, die ich auf der Insel und mit den Brüdern verbringen durfte. Ich will euch von ganzem Herzen DANKE sagen, dass ich bei euch sein durfte. Ihr habt mir wirklich sehr weitergeholfen. Gott möge euch allen diese Zeit vergelten. Damaris

Katrin und Stefano

Stefano verstarb am 17. Juli, seine Freundin Katrin starb am 27. Juli.

Stefano wurde im kleinsten Familienkreis fast anonym beigesetzt, nachdem er an einer Überdosis gestorben war. Oder besser, er hatte einen gefährlichen Virus, der zusammen mit den Drogen zum Tod geführt hatte. Katrin, seine 18-jährige drogensüchtige Freundin, wünschte sich, im selben Grab liegen zu dürfen. Sie rechnete nicht damit, dass dieser Zeitpunkt schon bald da sein würde. Nach der Beerdigung von Stefano hatte sie mir sogar eine frisch aufgezogene Spritze mit Heroin und Kokain übergeben, als Zeichen dafür, dass es damit jetzt ein Ende haben sollte. Wir gingen mit der Spritze vor das San-Damiano-Kreuz und legten sie auf den Querbalken des Kreuzes zum Zeichen, dass wir die Sucht Jesus abgeben wollen. Für mich war das ein großes Zeichen der Hoffnung.

Aber das hochansteckende Virus von Stefano war schon in ihrem Körper. Nur drei Tage, nachdem wir noch einmal gemeinsam am Grab von Stefano trauerten und ganz persönlich Abschied genommen hatten, starb auch sie. Am Grab hatte sie mir noch erzählt, wie sie beerdigt werden möchte, nicht so kalt und anonym wie Stefano, dessen Familie sich für ihn und seine Drogenkrankheit schämte. Sie wollte eine schöne Rede, »am liebsten von dir, Benno«, und viele Freunde und alte Schulkolleginnen. Zudem wünschte sie sich eine schöne Todesanzeige mit einem guten Bild in der Zeitung.

Dass Bruder Tod sie so schnell zu sich holen würde, hätte ich nie gedacht. Katrin bat mich an dem Abend, nachdem wir auf dem Friedhof gewesen waren, im Kloster übernachten zu dürfen. Sie wollte nicht alleine in dem Zimmer schlafen, in dem ihr Freund wenige Tage zuvor verstorben war. Ich ging zur Abendmesse und sie wollte im Zimmer bleiben.

Nach der Messe fand ich sie kaum noch ansprechbar auf dem Bett liegend inmitten von schwarzem Erbrochenem. Die Sanitäter waren schnell da und auf der Intensivstation lernte ich ihre Eltern kennen. Es war schlimm zu sehen, wie Katrin innerhalb von wenigen Tagen an Organversagen starb. Ich erzählte ihren Eltern, dass ich mit Katrin über ihre Beerdigung gesprochen hatte. Die Eltern organisierten alles, wie sie es sich wünschte, und es gab sogar eine Ausnahmebewilligung, dass ihre Urne mit in das Grab ihres langjährigen Freundes Stefano gelegt werden konnte.

Anstelle einer Predigt wollte ich einfach einige Dinge erzählen, die ich mit Katrin erleben durfte.

Katrin habe ich fast immer nur mit Stefano angetroffen. Sie gehörten, seit ich sie kenne, zusammen. Die beiden hatten sich während ihres Entzuges in der Klinik kennengelernt. Die Art ihrer ersten Begegnung war so intensiv, dass sie sogar ihre Entzugsschmerzen vergaßen. Stefano erzählte immer wieder von dieser ersten Begegnung. Das war lange bevor sie in die Hofackerstraße zogen und damit Nachbarn unseres Stadtklosters in Zürich wurden.

Dann folgten viele kurze oder längere Begegnungen. Sie erzählten mir immer ganz ehrlich, was sie wieder angestellt oder ausgefressen hatten. Ich dachte dann an das Wort von Jesus: Ich bin der Weg, die Wahrheit und das Leben. Wenn Jesus von der Wahrheit spricht, meint er die Wirklichkeit, die wir leben. Es geht nicht darum, dass wir besonders gut sind, sondern dass wir zu unseren Stärken, Schwächen und Sünden stehen, so wie wir eben sind. So wusste ich sehr genau, wie sie das Geld für ihren Drogenkonsum beschafften. Mir gefiel es nicht sonderlich, aber Franziskus sagte einmal: Wenn jemand in der Begegnung mit mir nichts von der Liebe und Barmherzigkeit Gottes erkennt und danach nicht umkehrt, dann bin ich selber so sündig, dass seine Liebe mich nicht wirklich durchscheint. Wie sollte ich da noch das Recht haben, jemandem seine Fehler und Sünden vorzuwerfen? Jesus sagte ja, wir sollen zuerst den Balken aus unserem Auge entfernen, und wenn der Balken wirklich draußen ist, sieht der andere Gottes Liebe in mir. Aber dann muss ich nichts oder kaum etwas sagen, denn jeder merkt es selbst.

Oft kamen Karin und Stefano wegen des Essens zu uns. Wir teilten immer wieder mit ihnen, was wir selbst geschenkt bekamen. Als Stefano aufgrund von Herzproblemen ins Spital musste, kam Katrin häufiger zu uns, gerade auch um zu beten. Die Verfassung von Stefano war so schlecht, dass ich selbst erstaunt war, dass die beiden bald darauf wieder miteinander unterwegs waren.

Oder ich denke an den Abend, an dem ihnen das Glück so hold war. Sie hatten kein Geld und wollten diesem Tag noch etwas abgewinnen. Plötzlich traf ich sie auf der Gasse. Sie drückten sich geheimnisvoll an mich und kamen sofort mit mir auf den Bus. Voller Freude erzählten sie mir, dass sie einen Bunker gefunden hatten. Ein Bunker ist das Depot eines Drogendealers, der, um keine großen Mengen Stoff mit sich herumzutragen, die Drogen oft irgendwo in der Nähe der Szene versteckt. Für die Junkies kann es lebensgefährlich sein, wenn sie einen Bunker ausheben und die Drogen mitnehmen, denn die Dealer sind nicht zimperlich, wenn sie merken, dass man sie bestohlen hat.

Jetzt konnten Stefano und Katrin sich unverhofft einen schönen Abend machen. Als sie einen Passanten um eine Zigarette baten, schenkte er ihnen gleich das ganze Päckchen. Sie waren erstaunt über so viel Glück.

Bei bester Laune fuhren wir dann nach Hause und Stefano sagte, während Katrin mit strahlenden Augen danebenstand: »Zu unserem totalen Glück für heute fehlt nur noch etwas zum Essen.« Wie bestellt, hatte jemand ein kräftiges Menü mit Fleisch, Gemüse und Beilagen vor unsere Klostertür gestellt. Auch wenn ich kein großer Freund von Drogen bin, so freute ich mich für Katrin und Stefano, die in den letzten Jahren nicht mehr viel Glückliches erlebten. Sie hatten einen grauen Alltag, der vom Beschaffungsstress geprägt war, aber trotz allem sahen sie immer wieder auch die schönen Momente und erzählten mir oft davon.

Da wurde Stefano plötzlich wieder krank. Katrin hatte es sehr schwer ohne ihren Freund. Trotzdem hatte sie am Tag vor ihrem Geburtstag damit begonnen, Strafen abzuarbeiten, die sie wegen Schwarzfahrens bei den Verkehrsbahnen Zürich erhalten hatte. Zum Geburtstag war sie dann am Mittag bei uns in der Brüdergemeinschaft. Obwohl es um Stefano schon sehr schlimm stand, freute sie sich an der Torte mit den Kerzen. Dann ging sie zu ihrer Mutter und feierte zu Hause am Abend noch einmal. Am Tag darauf besuchte ich sie. Sie zeigte mir die Geschenke. Ganz besonders freute sie sich an den Muscheln und teilte mit mir die Süßigkeiten, die sie ebenfalls geschenkt bekommen hatte. Wir hielten uns die Muscheln an die Ohren und lauschten wie Kinder dem Rauschen in der Muschel. »Hörst du das weite Meer in der Muschel?«, lachte sie mich an. Das Meer ist ein Bild für die Unendlichkeit, und die Muschel gilt in der christlichen Tradition als Symbol der Ewigkeit. Der heilige Jakobus von Compostela in Spanien wird immer mit einer Muschel dargestellt. Das will sagen: Wir sind nur Pilger auf dieser Erde, unsere Heimat ist im Himmel.

Stefano und Katrin wollten schon lange aus dem schäbigen Zimmer an der Hofackerstraße wegziehen. Ab Anfang August hatte die Mutter von Stefano, die sich immer wieder für die beiden einsetzte, eine Wohnung gefunden. Die Aussicht, das schäbige Zimmer mit einer kleinen Wohnung tauschen zu können, erfüllte beide mit riesiger Freude.

Dann musste ich für eine Woche verreisen und in dieser Woche starb Stefano. Die traurige Nachricht erreichte mich auf dem Anrufbeantworter. Kaum zu Hause angelangt, ging ich sofort zu Katrin. Sie erzählte mir von der Beerdigung und dem dreitägigen Aufenthalt bei Stefanos Mutter, aber auch von ihrer Verzweiflung, dass sie fast nicht mehr wisse, was sie machen solle. Ich wusste auch nicht, was ich sagen sollte, und nahm sie einfach einige Zeit in die Arme.

Wir verabredeten uns dann für den Sonntag, um am Grab von Stefano gemeinsam Abschied zu nehmen. Wir saßen lange auf dem Friedhof, hörten Musik, beteten und schauten den Flugzeugen nach. »Schau Katrin, Stefano wird jetzt in eine andere Welt reisen. Versuch ihn ziehen zu lassen. Komm, wir schauen einem Flugzeug nach, bis wir es nicht mehr sehen und versuchen dabei, Stefano wirklich loszulassen. Irgendwann werden wir auch mit den himmlischen Flugzeugen, dessen Personal die Engel sind, in die ›andere‹ Welt nachfliegen.« Danach sagte sie: »Ich habe es versucht, aber am liebsten würde ich mit ihm gehen.«

Als wir nach Hause gingen, wurden ihre Bauchschmerzen immer schlimmer. Wenige Stunden später musste ich sie ins Krankenhaus einliefern. In der Universitätsklinik taten sie, was sie konnten. Doch drei Tage später, am folgenden Donnerstag, verstarb unsere Katrin morgens um 8.30 Uhr. Ihre Mutter und ihre Tante wuschen ihren Leib, rieben sie mit gutem Lavendelöl ein und zogen ihr noch ihre Lieblingskleider an, die sie vor Jahren von der Mutter bekommen hatte. Diese Kleider trug sie, als sie Stefano kennenlernte. Sie trug sie auch wieder bei der Beerdigung und legte sie nicht mehr ab, bis sie selbst ins Krankenhaus musste.

Jesus sagte: Wenn ich gegangen bin und einen Platz für euch vorbereitet habe, komme ich wieder und werde euch zu mir holen, damit auch ihr dort seid, wo ich bin.

In letzter Zeit hatten wir begonnen, über die Hochzeit von Katrin und Stefano nachzudenken. Aber es kam alles sehr schnell anders. Es sieht beinahe so aus, als ob Jesus eine Wohnung für sie vorbereitet hat, und sie beide in die himmlischen Wohnungen geholt wurden. So freue ich mich trotz der traurigen Situation, dass sie jetzt im gleichen Grab ruhen dürfen, auch wenn ich sie nicht mehr trauen konnte, wie sie es sich schon lange gewünscht hatten.

Es war eine der eindrücklichsten Beerdigungen, die ich erlebt habe. Viele alte Freunde und Freundinnen waren da, Familienangehörige und viele Menschen, die ich von der Szene her kannte. Bei einem feierlichen Empfang klang die Beerdigung aus. Und doch klingt Katrins Sterben in mir bis heute nach.

Stephy und die Kordel des heiligen Franziskus

Viele Suchtgeschichten sind ähnlich und doch ist jede ganz anders, so möchte ich eine furchtbare und zugleich irgendwie mystische Lebensgeschichte wiedergeben, da ich erlebe, wie Stephy immer wieder den Faden zum Leben sucht, um aus dem schwarzen Loch der verzweifelten Leere herauszukommen. Sie kämpft immer wieder mit aller Kraft, um an der »Kordel des heiligen Franziskus« aus der dunklen Hölle herauszukommen. Es gibt in Assisi ein Bild des Jüngsten Gerichts: Der heilige Franziskus steht mit den Heiligen und Seligen im Himmel und seine lange Kordel mit den drei Knoten hängt tief hinunter in die Hölle. Dort haben die unversöhnten Opfer, die gefangenen Süchtigen, die bösen Hexen, die falschen Christen, Satanisten und alle, die mit einem Bein schon in der Hölle sind, sozusagen die Möglichkeit, an der Kordel des Heiligen wieder in den Himmel hinaufzuklettern. Ich erzählte ihr einmal von diesem Bild und manchmal sagte sie: »Ich finde die Kordel des Heiligen nicht, darf ich deine festhalten?«

Bei einem Weihnachtsessen, welches jedes Jahr von einem großen Hotel in Zürich veranstaltet wird, lernte ich Stephy kennen. Es ist erstaunlich, wie dieses Nobelhotel einmal im Jahr für alle Armen, Süchtigen und Elenden in der Stadt den schönsten Saal herrichtet und alle bedient, als wären sie gut bezahlende, vornehme Gäste. Warum sie das machen, weiß ich nicht genau, aber ich hörte, dass das Hotel einer christlichen Gruppierung gehört und dass sie wissen, was es heißt, diese Menschen aufzunehmen und zu bewirten.

Jedenfalls saß ich zwischen Pingu auf der einen und einem Mädchen, das ich noch nicht kannte, auf der anderen Seite. Sie war mager, trug ein goldenes Paillettenkleidchen und hatte lange schwarze Haare mit verschiedenen, einge-flochtenen Haarsträhnen. Sie war geschminkt und trug eine Reihe von Schmuckstücken: Pentagramme, Totenköpfe, glitzernde Steine … Irgendwie war sie bezaubernd in dieser wirklichen und doch unwirklichen Umgebung.

Wir durften unsere Teller am riesigen Buffet füllen. Sie waren randvoll mit allen Köstlichkeiten der Erde. Stephy stellte ihren Teller neben meinen. Sie hatte ein Salatblatt, eine halbe Baumnuss und zwei Weintrauben im Teller. Wir prosteten uns zu – es gab nur alkoholfreie Getränke, was bei dieser Gesellschaft wohl klug war, aber etliche waren den-noch mit verschiedensten Mitteln berauscht.

Stephy saß wie eine scheue kleine hübsche Maus am Tisch. Sie knabberte an ihrer Nuss. Wir unterhielten uns über dies und jenes. Plötzlich zupfte sie mich an der Kutte und flüsterte mir etwas ins Ohr. »Was sagst du? Du musst etwas lauter sprechen, da der Geräuschpegel zu hoch ist.« Sie flüsterte mir ohne Vorwarnung ins Ohr: »Du, ich habe meine Seele mit meinem Blut dem Satan verkauft, kann ich davon wieder loskommen?«

Ich verschluckte mich beinahe, denn ich hätte nicht er-wartet, dass ich je mit solchen Worten einen Menschen ken-nenlerne. »Weißt du was, wir werden uns bald einmal tref-fen und die Sache etwas genauer anschauen. Aber wenn du magst, mache ich ein Kreuzchen und sage noch ein Gebet für dich«, antwortete ich. Sie nickte scheu.

Als ich sie besuchen wollte, war sie nicht an dem Ort, den sie mir angegeben hatte, sondern lag im Krankenhaus. Sie brachte kein Wort heraus. Erst beim zweiten oder dritten Besuch erfuhr ich, dass sie kurz nachdem wir gebetet hatten massiv vergewaltigt worden war. Eine lange Geschichte mit vielen Begegnungen begann. Sie lebte dann auch längere Zeit bei uns auf der Insel Werd. Als es ihr besser ging, begleitete sie mich oft zu Schülern und erzählte von ihrer Geschichte. Wir machten eine kleine Webseite für sie, dort schreibt sie:

Ich bin noch am Schreiben, so einfach ist das nicht, über 20 Jahre des Lebens, Leidens und der Suchtgeschichte auf Papier zu bringen.

Geboren: 31. 8. 1970, Spital Bülach, 1.30 Uhr

Tochter von: Gabriele und Peter

Keine Geschwister

Körperliche und psychische Gewalt lernte ich leider schon sehr früh kennen.

1 Jahr Kindergarten Hasenbühl Kloten

6 Jahre Primarschule Hinterwieden Kloten

In der Primarschule machte ich die ersten Erfahrungen mit Heroin beim Wasserreservoir Gerlisberg.

Ich hatte schon lange einen Hang zu okkulten, mystischen und geheimnisvollen Ritualen.

3 Jahre Sekundarschule Kloten/Dietlikon

In dieser Zeit begann ich regelmäßiger Heroin zu schnupfen und auch ab und zu Koks.

In dieser Zeit ließ ich mich auch auf eine okkulte Sekte mit einem Blutsvertrag ein.

1 Jahr vierte Sek. in Örlikon

3 Jahre Lehre als Kaufmännische Bankangestellte SBG UBS Zürich

In dieser Zeit begann ich mit dem Methadonprogramm.

Mit etwa 16 Jahren erlebte ich einen massiven Übergriff durch einen Mitarbeiter. Es wurde aber vertuscht und ich hatte diffuse Ängste. Die Kraft fehlte, um wirklich etwas dagegen zu unternehmen. Diese Ängste wirkten sich sicher auf mein Essverhalten aus. Ich verlor das Hungergefühl und auch der Zyklus blieb aus, was mich aber nicht störte, im Gegenteil.

Nach der Lehre versuchte ich meinen Eltern zuliebe einen Drogenentzug zu machen, was aber nichts brachte.

1 Jahr Abteilungsleiterin bei Portefeuille SBG UBS Zürich.

4 Jahre Devisenhandel SBG UBS Zürich

Bei der Arbeit merkte aber nie jemand, dass ich Drogenprobleme hatte.

1 Jahr Reisen und Trampen

2,5 Jahre bei einer Handelsfirma Zürich

Längere Unterbrechung wegen zwischenmenschlichen Konflikten. Ich wurde von einem »Stalker« verfolgt.

Ich reagierte mit einer Essstörung und magerte stark ab.

In dieser Zeit wurde ich auch von diesem »Stalker« entführt.

In diesem Zusammenhang wurde ich das erste Mal mit einem Teppichmesser geschnitten. Mir gelang die Flucht und ich konnte im Urdörfli für einige Zeit untertauchen. Aber dieser »Stalker« verfolgte mich weiter, es war einfach schlimm. Dieser Typ meinte, ich werde ihn sicher lieben, er wolle nur mein Bestes und so weiter. Es war einfach schlimm.

Danach stieg ich wieder ins Berufsleben ein. Ich war zwei Jahre bei Mövenpick (Zürich).

In dieser Zeit war ich relativ stabil, was Drogen anbelangte und ich bekam wieder Freude am Leben. Kurz nachdem ich mich auch wieder beim Kunstturnen anmeldete, wurde ich von einem Auto angefahren. Dabei zog ich mir schwere Wirbelverletzungen zu. Das machte mir einen totalen Strich durch die Rechnung, was Arbeit und Freizeit anbelangte. Der fehlende Rhythmus, die Schmerzen und so weiter ließen mich wieder bedeutend mehr Drogen konsumieren.

Dann ging das Chaos erst richtig los, Angst, Drogen, Stress, Gewalt, Einsamkeit, körperliche Übergriffe und eine weitere schlimme Vergewaltigung, das alles zusammen führte zu Suizidversuchen. In dieser Zeit der Verzweiflung lernte ich auch Christen kennen. Viele davon halfen mir nicht wirklich weiter, sondern stießen mich mit ihren Ansichten zum Pentagramm und anderen Dingen mehr ab.

Durch Bruder Benno und die Leute, die ich durch ihn kennengelernt habe, begann ich langsam wieder zu vertrauen, was mir noch nicht immer gelingt. Jedenfalls nehmen sie mich an, wie ich bin. Sie versuchten mir weder den Glauben aufzuschwatzen noch mir meine alten Schutzsymbole (wie das Pentagramm) wegzunehmen. Im Gegenteil, sie interessierten sich zuerst mal für mich, für das, was ich tue. Sie nehmen mich auch einfach mit in Schulen oder zu Vorträgen und ich kann, wenn ich will, von meinen Erfahrungen erzählen. Wer mich kennt, weiß, dass ich nichts mehr von mir erzählt und auch praktisch nicht mehr gelacht habe. Doch jetzt kann ich zwischendurch wieder herzhaft lachen. Ich habe genug Abstand von allem, um darüber zu sprechen. Dies wiederum löst Hoffnung und einen Prozess der Verarbeitung aus. Sicher, meine Zukunft ist ungewiss und ich bin nach wie vor süchtig und ich weiß nicht, wie alles weitergeht …

Schon früh in ihrem Leben ließ sie sich auf ein dunkles Ritual ein, sie verschrieb ihre Seele in einer speziellen Zeremonie, von der sie mir immer wieder Bruchstücke erzählte, an die dunkle Seite. Dabei war sie zuerst weiß angezogen, Schritt für Schritt wurde ihr jedoch das weiße Kleid der Unschuld ausgezogen, die Haut wurde geritzt und sie unterschrieb mit ihrem Blut einen Vertrag, zum Zeichen dafür, dass sie als Priesterin, Hexe oder Dienerin der dunklen Seite angehörte. Bei dieser Zeremonie wurden auch Tiere geopfert. Zudem bekam sie einen neuen Namen und von da an trug sie nur noch schwarze Kleider und immer das Pentagramm.

Sie ist fest davon überzeugt, dass die Verfolgung und Entführung durch den Stalker im Zusammenhang mit der satanistischen Bewegung steht, da sie aus dieser Sekte aussteigen wollte. Es gab etliche Zwischenfälle, so wurde an ihre Zimmertür eine aufgeschlitzte Katze mit dem Kopf nach unten aufgenagelt, es gab Drohungen gegen sie, gegen die Familie und so weiter. Geschichten, die kaum zu glauben sind. Aber seit ich mit einem Jungen gesprochen habe, der mir erzählte, wie auf Friedhöfen Tiere geopfert, deren Blut getrunken und die rohen Herzen gegessen werden, um Satan anzubeten, weiß ich, was alles möglich ist. Ein Polizeibericht, den ich kürzlich sah, beschrieb solche Rituale. Ob es nur Fantasie oder tatsächlich Wirklichkeit ist? Ich war noch nie bei einem solchen oder ähnlichen Geschehen dabei, aber die Tragik, die solche Menschen umgibt, die dabei waren, diese Tragik erlebe ich real. So bekam Stephy immer mehr Angst, dieser Sekte den Rücken zuzuwenden. Zudem hinterließen der jahrelange Drogenmissbrauch und die nicht sehr glücklichen Verarbeitungsversuche dieser traumatischen Erfahrungen tiefe Spuren in ihrer Persönlichkeit. Immer wieder taucht sie ab in die Dunkelheit ihrer Seele und verliert den Kontakt zum Leben. Immer wieder versuchen wir ihr die Kordel des heiligen Franz, welche aus der Liebe Christi gestrickt ist, zuzuwerfen. Dann geht es wieder ein Stück und dann kommen wieder die Rückschläge.

Am 6. 6. 06 – ein besonderes Datum – war wieder so ein Moment, der sie tief in den Abgrund riss. Lange konnte sie nicht darüber sprechen. Das Brandmal, welches ihr an diesem Abend in einem wüsten Ritual in den Oberarm gebrannt wurde, spricht für sich. Ein Pentagramm, das etwas größer war als ein Fünf-Franken-Stück, wurde ihr mit einem glühenden Eisen auf den linken Oberarm gebrannt. Sie wurde einmal mehr rituell missbraucht und dann wieder sich selber überlassen. Sie war total verstummt und nicht fähig, Anzeige zu erstatten. Zudem wusste sie nicht genau, wer es war, denn alles sei im Dunkeln und mit Masken geschehen. Das Brandmal wollte über Monate nicht heilen. Immer wieder gab es Infektionen. Sie machte daraufhin weitere Suizidversuche und es gleicht einem Wunder, dass sie noch lebt.

Immer wieder rafft sie sich auf und versucht Schritte zurück ins Leben zu finden. Schritte, die nicht einfach sind, sei es der Kontakt mit der Herkunftsfamilie, seien es Schritte hin zu guten Freunden, seien es Schritte hin zu gepflegten Hobbys oder hin zu einer Aufgabe und Beschäftigung. Immer wieder erkläre ich bei Vorträgen, dass keine Therapie der Welt wirklich greifen kann, wenn nicht die fünf Punkte – Familie, Freunde, Hobbys, Arbeit und eine gesunde Spiritualität – entwickelt und gepflegt werden oder wenigstens daran gearbeitet wird.

Das Bild von Franziskus, der seine Kordel in ihre ganz persönliche Hölle hängen lässt, tut ihr immer wieder gut. Oft kommt sie mit, wenn wir irgendetwas unternehmen, zum Beispiel zu Wallfahrten, Familientreffen oder auch zu Feuerläufen. Trotzdem ist sie immer noch süchtig, aber ich sagte ihr: »Schau, ob du noch die Medikamente und Drogen nimmst oder nicht, ich hab dich lieb und werde dich genauso achten, wie wenn du nichts konsumieren würdest, aber für dich selber würde es mich freuen, wenn du Schritte in die richtige Richtung findest.«

6. WIE ES WEITERGEHT

Über die Jahre hat sich vieles sehr positiv entwickelt und wir konnten zusammen mit den Süchtigen neue Wege entdecken – auch wenn es immer noch zu wenige sind, die die Möglichkeiten sehen und auch nutzen. Es gab immer wieder neue Projekte oder Veranstaltungen, die inzwischen einen festen Platz im Jahreslauf einnehmen, so zum Beispiel unser Open-Air-Konzert mit Musik, Lagerfeuer und wunderbarem Essen, das immer im Sommer bei uns auf der Insel stattfindet.

Ich und andere Mitglieder unseres Vereins treten in Schulen auf oder machen Vorträge im Lions Club und anderen Einrichtungen, sogar Seminare für Manager gehören dazu. Mit der Zeit sind auch die Medien auf uns aufmerksam geworden, Presse, Radio und Fernsehen berichten über unsere Arbeit und fragen mich und andere Mitarbeiter für ein Interview oder eine Sendung an. So sind wir inzwischen von einem guten Netzwerk von Menschen umgeben, die mitmachen, über uns erzählen und besondere Begegnungen ermöglichen.

Immer wieder heißt es aufzubrechen und mit Gottes Hilfe neue, ungewohnte Schritte zu wagen, hinein in eine manchmal doch noch sehr unklare Zukunft. Ein solcher Schritt war das Haus Zuflucht.

Haus Zuflucht

Das Haus Zuflucht hat viel mir Roger zu tun, dessen Kinder ich getauft habe, lange bevor ich wusste, dass er ein schwerreicher Unternehmer ist. Er begann sich für unsere Arbeit am Rande der Gesellschaft zu interessieren. Immer wieder einmal begleitete er mich auf die Gasse und sah, wie ich – wenn irgend möglich – Wege mit Menschen ohne Hoffnung suchte.

Er war zum Beispiel dabei, als ich Isak aufnahm, einen völlig heruntergekommenen drogensüchtigen Juden. Isak war so am Ende von der Hetze nach Drogen, ausgezehrt von Aids und in seiner Not oft sehr aggressiv, dass er mit wüstesten Flüchen um sich warf. »He, mein Isakbruder, ich frage jetzt nicht, wie es dir geht, man sieht es«, sagte ich zu ihm. Er war durchnässt und seine wenigen Habseligkeiten schob er auf einem alten Damenfahrrad neben sich her. »Ach, du elender Heuchler und Bruder mit einem falschen Herzen, schau wie beschissen es mir geht, ich habe mir in die Hosen gemacht, da ich die Pisse nicht mehr halten konnte.« Es kam nochmals ein Schwall von derben Ausdrücken. Ich erwiderte: »Dass ich gewisse heuchlerische Züge habe, kann ich so wenig abstreiten wie meine falschen und sündigen Herzenshaltungen. Vielleicht kannst du mir helfen, etwas besser zu werden?« Schon war sein ironisches Lachen wieder da. In all seinem Durcheinander ist ihm ein so entwaffnender, ironischer schwarzer Humor geblieben, dass man ihm kaum oder zumindest nicht lange böse sein konnte. »Ja, ich hätte einen Vorschlag, wie du vielleicht etwas besser werden könntest. Nimm mich doch zwei, drei Tage mit auf deine schöne Insel, sodass ich mal wieder etwas ausruhen und mich richtig waschen kann.«

Normalerweise kann man nicht zu uns auf die Insel kommen, da wir kein Erholungshaus sind, weder für Manager noch für Süchtige, sondern ein Franziskanerkloster. In solchen Momenten höre ich aber auf die Impulse des Herzens, denn letztlich geht es nicht um Regeln, sondern um das Reich Gottes und da soll Gott immer noch das letzte Wort haben. Und wie sollte er das, wenn man nicht immer wieder mutig auf die Impulse des eigenen Herzens hört? So sagte ich zu Isak: »Na ja, wenn du nicht total auf Entzug kommst, könnten wir vielleicht eine Ausnahme machen.« – »Bis morgen reicht mein Methadon«, erwiderte Isak.

Roger, mein gut betuchter Freund, stand dabei und ich sagte zu ihm: »Wie könnte ich mit gutem Gewissen im schönen Inselklösterchen weiterleben, wenn ich Isak einfach so auf der Straße stehen lasse?« – »Du kannst ja nicht allen helfen«, meinte Roger. »Das muss ich auch nicht, aber jetzt steht Isak da, und Jesus sagte: ›Ich war obdachlos und du hast mich aufgenommen‹, und wenn Jesus in der Gestalt von Isak einmal zu uns ins Kloster kommen möchte und ich im Herzen spüre, dass das richtig ist, wie könnte ich Nein sagen?«

Es war erstaunlich, wie angenehm es mit Isak auf der Insel war. Keine Flüche, keine Eskapaden, wir sprachen über Gott und die Welt und tranken beim Essen ein Glas Wein miteinander. Er freute sich, als ich mit ihm über mein Verhältnis zu den Juden sprach. »Lieber Isak, ich kann es mir auch nicht erklären, aber immer wenn ich Juden oder Synagogen sehe, erfüllt mich eine leise Freude. Ich fühle mich hingezogen zum heiligen Geheimnis, welches im Volk Israel wohnt. Dieses Volk, auf das ein ganz besonderer Blick unseres himmlischen Vaters fiel, aus diesem Volk ging Jesus, der Christus, hervor.« Isak meinte, unter diesem Volk seien aber auch sehr spezielle Leute. Ich schaute ihn lachend an und er verstand mich: »Na, wenn du sogar mich magst und ich bin fürwahr nicht das vorbildlichste Aushängeschild für mein Volk.« Er lachte wieder sein spitzbübisches Lachen, welches so wohltuend ist, denn es schafft Abstand zu den riesigen Problemen. »Sicher, ich esse kein Schweinefleisch, aber das macht mich nicht zu einem wirklich guten Juden. Aber ich sehe ja, dass du mich irgendwie magst.« – »Ja«, erwiderte ich, »und ich mag dich unabhängig von deiner Religion, einfach weil du du bist. Deine Zugehörigkeit zum Volk Israel gibt dem Ganzen eine besondere Würze.« Am Tag darauf wollte er wieder nach Zürich, ein Tag länger auf der Insel wäre für ihn ohne Methadon eine große Qual.

Einige Zeit später wurde ich in den Rotarierclub Uitikon eingeladen, wo Roger regelmäßig hingeht. Ich durfte über die Gassenarbeit sprechen und es entstand ein enger Kontakt. Einige Male wurde ich auch zum Essen und zu Vorträgen eingeladen; sie hätten mich sogar in ihren Club aufgenommen. Aber an dieser Stelle muss ich immer sagen, der Club der Franziskaner ist schon mehr als genug.

Von randständigen Menschen, die in einer anderen christlichen Organisation in einem spannenden Projekt lebten, wurde ich gefragt, ob ich sie nicht ein wenig unterstützen könnte. Ich erzählte Roger davon und er war bereit, einen Nachmittag pro Woche zu investieren. Gemeinsam mit mir versuchte er dieser christlichen Organisation etwas unter die Arme zu greifen, und zwar auf der Ebene der Stiftung, die wie der dazugehörige Verein und die Randständigen chronisch unter Geldmangel und ungelösten Konflikten litt. Ein Stiftungsrat freute sich schon, dass da ein gutherziger Großsponsor auftauchte, um die riesigen Finanzlücken zu schließen. Roger ist aber kein blinder Geldgeber. Zuerst will er die Löcher erkennen, in denen das Geld versickert. Dann wird alles angeschaut, um auch auf struktureller Ebene etwas zu verändern. Wenn sich etwas in die richtige Richtung bewegt, kann man mit der Bank sprechen und auch Sponsoren können gewonnen werden. Ohne diese Voraussetzung funktioniert das aber nicht.

Wir entschlossen uns, uns ein Jahr Zeit zu nehmen, um dann Bilanz zu ziehen und zu prüfen, ob sich etwas zum Besseren hinbewegt. Natürlich ließen wir die Betroffenen nicht mit leeren Händen stehen. Wir organisierten einiges für sie, von Gottesdiensten, Schwitzhütten, Ausflügen, Beschäftigungsideen bis hin zu Sitzungen mit den wichtigsten beteiligten Personen. Außerdem bezahlten wir das Material für kleinere Umbauten und vieles mehr.

Der Höhepunkt war sicher Weihnachten. Für einen Bewohner hatten wir schon länger einen Esel bezahlt, und dann konnte ich noch einige Schafe organisieren, die mein Schwager dann dieser Institution schenkte. Am Heiligen Abend wurden wir eingeladen, mit den Bewohnern des Hauses zu feiern. Die Weihnachtsmesse feierten wir im Stall. Esel, Schafe, Hunde, die Krippe und Maria und Josef sowie einige »randständige Hirten« waren da. Ein Mitbruder, der Priester ist, zelebrierte mit uns die heilige Messe. Übrigens haben jene, die ich mit Maria und Josef bezeichne, einige Zeit später geheiratet. Ich erzählte von Franziskus, dem »Neuentdecker der Weihnacht«. Damals, vor 800 Jahren, war Jesus vor allem der Allherrscher des Universums. Franziskus ging in Greggio in einen Stall und die Messe wurde zwischen Ochs und Esel gefeiert, denn Franziskus wollte fühlen, sehen und riechen, in welcher Armut Jesus der Christus auf diese Welt gekommen ist.

So viele schöne, lustige, tragische, schmerzhafte und heitere Momente es gab, letztlich mussten Roger und ich uns eingestehen, dass wir nichts wirklich bewegen konnten, weder bei dem Verein noch bei der Stiftung. Einzelne Bewohner machten riesige Schritte. »Josef« ist wie gesagt inzwischen glücklich mit der »Maria« verheiratet, hat zwei Kinder und ernährt seine Familie durch seiner Hände Arbeit. Aber viele sind am gleichen Ort geblieben oder gar an einem noch schwierigeren Punkt ihres Lebens angelangt. Es war weder für mich noch für Roger einfach, einzugestehen, dass wir hier nicht wirklich weiterkamen.

Kurz darauf wurde ich gefragt, ob ich eventuell ein Haus übernehmen würde. Zum Glück hatte ich Roger in meiner

Nähe, der sich mit Immobilien sehr gut auskennt. Er zeigte mir, dass man mit Häusern sehr vorsichtig sein muss, auch wenn sie »geschenkt« sind.

So wurde der Gedanke geboren, eine eigene Stiftung für den Fall zu gründen, dass jemand der Gassenarbeit ein Haus zur Verfügung stellen möchte. Der Name der Stiftung ist »Zueflucht« und soll besonders jenen, die nur schwer eine Wohnung oder einen Platz finden, eine Zuflucht geben. Der Stiftungszweck wurde so definiert:

»Die Stiftung bezweckt die Unterstützung von Menschen in schwierigen Lebenssituationen, insbesondere der Menschen, die auf der Gasse leben. Sie will einsame, isolierte, heimatlose Menschen, die auf dem Arbeits- und Wohnungsmarkt benachteiligt sind – ungeachtet ihrer Herkunft oder Religion – unterstützen und ihnen einen gemeinschaftlichen Lebensraum im Sinne des Evangeliums ermöglichen. Die Stiftung engagiert sich schwerpunktmässig im Kanton Zürich und kann auch in der ganzen Schweiz aktiv sein. Die Stiftung verfolgt keine Selbstzwecke.«

Allein unsere Stiftungsräte sind ein großes Geschenk. Drei von ihnen haben einen reformierten Hintergrund, die anderen drei sind katholisch. Alle wichtigen Berufe sind vertreten, vom Handwerker über den Buchhalter bis hin zum Rechtsanwalt, Architekten und Immobilienspezialisten. Es ist wirklich ein Glück, gemeinsam mit diesen Stiftungsräten dafür zu sorgen, dass es Lebensraum gibt für die Menschen, die aus verschiedenen Gründen den Platz in der Gesellschaft verloren haben.

Was man alles braucht, um eine Stiftung zu gründen, die dann auch in das Handelsregister eingetragen wird, lernt man erst, wenn man tatsächlich eine Stiftung gründen will. Dennoch war es schön zu sehen, wie sich alles ergab. Als jemand von unserem Vorhaben hörte, schenkte er anonym das Stiftungskapital, sodass die Franziskanische Gassenarbeit sozusagen als Stifterin auftreten konnte. Es war ein besonderer Moment, als Vittorio und ich im Namen der Gassenarbeit die Stiftung notariell beglaubigen ließen. Dann kam noch die Steuerbefreiung und alles war unter Dach und Fach.

Schon lange wussten wir, dass wir das Christenhüsli an der Zwinglistraße verlassen mussten, da das Haus verkauft wurde. Obwohl der Vermieter uns nochmals eine verlängerte Gnadenfrist gab, sahen wir, dass wir in einigen Monaten wie viele andere obdachlos sein würden. Wir schauten etliche Lokale und Objekte an, aber überall erhielten wir die gleiche negative Antwort. Die Besitzer wollten nicht mehr an uns vermieten, wenn sie hörten, welche Leute wir betreuen. Dabei finden die meisten Menschen das, was wir machen, toll, aber eben lieber nicht in ihrem Haus oder in ihrer Straße … Nach dem Motto: Jeder will Strom haben, aber keiner will ein Atomkraftwerk oder gar eine Lagerstätte mit alten Brennstäben in seiner Nachbarschaft. Jeder will Wohlstand, aber niemand will hinsehen und erkennen, dass der Wohlstand eine neue Form von Armut und Not hervorbringt. Jene Menschen, die dem Grundprinzip des Wohlstandes, nämlich dem Konsum, erlegen sind, brauchen aber auch einen Platz. So schrieben wir in unserm Rundbrief, dass unsere Anlaufstelle für Obdachlose und Süchtige bald selber obdachlos würde, wenn nicht bald ein Wunder geschehe. Das »Wunder« ließ nicht lange auf sich warten.

Die rechtlichen Grundlagen der Stiftung Zueflucht waren kaum geschaffen, da erhielt ich einen Anruf von unserem Weihbischof Henrici. Ich traute zuerst meinen Ohren nicht, denn er sagte, dass er gehört habe, dass das Christenhüsli bald auf der Straße stehe, da das Lokal verkauft werde. Ich antwortete, dass wir bis Ende des Jahres bleiben könnten und dass wir schon nach einer kleinen Bleibe für unsere Anlaufstelle suchten. Bischof Henrici meinte, dass er eventuell ein Haus für unsere Zwecke hätte, und zwar das Alten- und Pflegeheim der Stiftung Maria-Louise, die sich gerade auflöse. Es war das Heim, in welches ich während des Pastoraljahrs immer wieder gekommen war. Eine Stiftung aufzulösen ist noch komplizierter als Stiftungen zu gründen, denn das Kapital und der Besitz der Stiftung sollten möglichst einem ähnlichen Stiftungszweck übergeben werden. Als wir das Haus anschauten, waren wir wirklich überrascht, denn es sah beinahe so aus wie das Haus, welches wir vor sieben Jahren in einer gemeinsam formulierten Vision beschrieben hatten.

Das war so: Nachdem wir abends das Christenhüsli geschlossen hatten und einige völlig erschöpfte Süchtige mitten im Winter wieder auf die Straße schicken mussten, hatten Maria-Theresia und ich zwei ähnliche Träume. Ich träumte von einem riesigen Wohnwagen, wo wir die Menschen wenigstens kurzfristig aufnehmen könnten. Maria-Theresia träumte von einem Haus mit Speisesaal, Kapelle und Zimmern für die Randständigen. Wir erzählten uns gegenseitig von unseren Träumen und formulierten eine gemeinsame Vision von einem Haus speziell für den armen Christus in der Gesellschaft. Die Vision stellten wir dann auch ins Internet.

Zunächst war jedoch noch nicht klar, ob wir das Altenund Pflegeheim der Stiftung Maria-Louise bekommen würden, denn es gab noch andere Institutionen, die zur Auswahl standen. Wir mussten relativ schnell ein Konzept erstellen und formulieren, wie wir das Haus nutzen würden. Eine lange Verhandlungsphase begann, in deren Verlauf es auch zu vielen Missverständnissen kam. Dann wurde die Lösung des Baurechtsvertrages gefunden und die Rechtsanwälte begannen zu verhandeln. Der liebe Gott holte den sehr korrekten und etwas gestrengen Rechtsanwalt des Bischofs unerwartet zu sich in den Himmel und alles verzögerte sich noch mehr.

Nach einem Gespräch mit Bischof Henrici einigten wir uns auf eine Schlüsselübergabe an Pfingsten 2007. Wir wussten, dass im Immobilienrecht der Handschlag letztlich nicht zählt, aber für uns war diese kleine sympathische Feier, bei der sich die beiden Stiftungen im Saal des Hauses Marie-Louise trafen, sehr wichtig. Die Verhandlungen gingen mit einem neuen Rechtsanwalt weiter und wir begannen das Haus Schritt für Schritt zu bewohnen.

Es war beinahe ein Fest, zu sehen, wie viele Hände mit anpackten. Seien es Freunde, Bekannte, Familienangehörige oder Leute von der Gasse, und schneller als wir dachten, war das große Haus entrümpelt und zum größten Teil geputzt. Einige Zimmer wurden noch frisch gestrichen und ich montierte ein paar provisorische Türen.

Die erste Haussegnung war unvergesslich. Am 7. Juli 2007 trafen wir uns, um das Haus tüchtig auszuräuchern, denn praktisch alle, die ins Haus kamen, hatten ein dumpfes oder beklemmendes Gefühl. Wir nahmen Weihrauch, ein Symbol des Wohlgeruchs Gottes, der Anbetung, aber auch der Reinigung. Weihrauch bindet negative und positive Energien und wenn man nach dem Weihräuchern frische Luft einziehen lässt, erfrischt das die Räume sehr gut. Zudem streuten wir Salz als Bild für einen gesunden Glauben. Jesus sagte zu seinen Schülern: »Ihr seid das Salz der Welt, das richtige Maß ist der Schlüssel.« Zudem hat Salz die Fähigkeit, zu neutralisieren. Negatives und Positives wird ausgeglichen und es entsteht ein guter Boden für den Neubeginn. Außerdem nahmen wir Weihwasser, was an die christliche Taufe erinnert. Ein Teil des gesegneten Salzes kommt jeweils ins Weihwasser. Bei der Segnung des Weihwassers bittet der Geistliche, dass das Böse überall dort weiche, wo dieses vom Salz durchdrungene Wasser hinkommt. So zogen wir weihräuchernd, salzstreuend und weihwasserspritzend durch das ganze Haus.

Selbstverständlich gab und gibt es noch viele Diskussionen, da das Haus von verschiedenen Gruppen genutzt wird. Es geht besonders darum, wie wir uns finden mit den verschiedenen christlichen Ansätzen, sei es mit der Kinderspielgruppe, dem Verein Inklusiv, der Delfinfamilie und allen, die hier neu ein- und ausgehen. Alle suchen ihren Raum und die Grenzen. Da kommt es natürlich auch zu Konflikten. Ob und wie wir alles hinbekommen, wird sich in der nächsten Zeit immer mehr weisen, die Hoffnung jedenfalls ist groß.

Inzwischen beherbergt das Haus etliche Menschen, die obdachlos waren und die sich in schwierigsten Situationen und Konstellationen befinden: Vom nach einer langen Alkoholkarriere inzwischen »trockenen« Senior, der älteren obdachlosen Dame über Süchtige, die nach unzähligen Versuchen, eine Therapie zu machen, wieder auf der Straße standen, bis hin zu jungen Erwachsenen, die keinen leichten Start ins Leben haben. Alle wollen ein Zimmer und unterschreiben den Mietvertrag und damit die Regeln der etwas anderen Wohngemeinschaft. Auch wenn der Vertrag relativ klar ist, ist es meist ein langer Prozess mit vielen Neustarts, um mit Menschen einen Weg zu finden, die es oft verlernt oder gar nie gelernt haben, mit anderen zusammenzuleben.

In unserem Mietvertrag sind neben den organisatorischen Dingen und der Bezahlung auch die Verhaltensregeln im Haus festgelegt. So ist es verboten, illegale Drogen zu konsumieren. Unter Paragraf 4 heißt es weiter: »Wer Drogen innerhalb der Wohnung oder im Haus tauscht, kauft, verkauft, anbietet oder jegliche Art von Prostitution oder Hehlerei ausübt, hat mit der sofortigen Beendigung der Vereinbarung zu rechnen. Jede/r BewohnerIn ist bemüht, eine geregelte Tagesstruktur aufzubauen, die einzeln mit der verantwortlichen Begleitperson der Delfinfamilie besprochen wird.« Außerdem wird bestimmt, dass der Kontakt zwischen den Bewohnerinnen und Bewohnern des Hauses einvernehmlich geschehen muss. Jede Form der Anwendung oder Androhung von Gewalt führt zu einer fristlosen Beendigung des Mietverhältnisses. Um alles, was ansteht, zu besprechen, haben wir Wohngruppenbesprechungen eingeführt. Die

214

Teilnahme daran ist obligatorisch. Darüber hinaus verpflichten sich die Mieter, die Hausordnung einzuhalten.

Viele Punkte sind leider mehr Papier als Wirklichkeit und schon einige Male mussten wir Leute wieder auf die Straße setzen. So gab es zum Beispiel einen recht netten Kerl, der, bevor er bei uns wohnte, lange Zeit obdachlos gewesen war. Allerdings sammelte er zwanghaft pornografische Bilder und klebte sie überall auf. Zudem ließ er immer wieder Menschen von der Straße ins Haus. Trotz des Verbots, ohne Einwilligung der Wohngruppe Leute aufzunehmen, waren eines Abends einige üble Gesellen im Haus, tranken Alkohol und es kam beinahe zu einem sexuellen Übergriff. Obwohl es Winter war, musste ich ihm nach mehreren Verwarnungen die Schlüssel abnehmen. Ich schenkte ihm einen guten warmen Schlafsack. Das Aufräumen seines Zimmers war ein eigenes Erlebnis, denn es war tapeziert mit pornografischen Darstellungen. Einige Tage nach dem Rauswurf kam eine SMS von ihm. Er verstehe zwar nicht, weshalb er gehen musste, er sei ja nur barmherzig gewesen mit anderen Obdachlosen, aber so schlimm sei es nicht im Schlafsack, einzig die Wände, um seine Pornos aufzuhängen, fehlten.

So wurden immer wieder Interventionen nötig, aber im Großen und Ganzen kommen wir bislang gut zurecht und wir lernen täglich etwas Neues dazu.

Hoffnung bringen

In diesem Buch sind nur einige der Biografien, die mein Leben mitprägten und prägen, angesprochen. Ich habe es geschrieben, weil ich an die Hoffnung glaube, die nicht zugrunde gehen lässt. Die Hoffnung, die den Hoffnungslosen immer wieder sagt: Wir glauben an einen Gott, der uns in Jesus gezeigt hat, dass er bis in die dunkelsten Winkel der menschlichen Not hineingestiegen ist. Dass dieser Jesus zutiefst in jedes Elend, in jede Schuld hineingestiegen ist und sie am Kreuz durchlitten hat. Dass er all jene mit hineinnehmen will durch seinen Tod in seine Auferstehung, in den neuen Tag des Seins, der am Ostermorgen begann.

Zum Schluss möchte ich noch einmal auf das Bild zu sprechen kommen, das in der Grabeskirche des heiligen Franz von Assisi zu finden ist. Es geht um die Gerichtsszene:

Wenn der Menschensohn in seiner Herrlichkeit kommt und alle Engel mit ihm, dann wird er sich auf den Thron seiner Herrlichkeit setzen. Und alle Völker werden vor ihm zusammengerufen werden, und er wird sie voneinander scheiden, wie der Hirt die Schafe von den Böcken scheidet. Er wird die Schafe zu seiner Rechten versammeln, die Böcke aber zur Linken. Dann wird der König denen auf der rechten Seite sagen: Kommt her, die ihr von meinem Vater gesegnet seid, nehmt das Reich in Besitz, das seit der Erschaffung der Welt für euch bestimmt ist. Denn ich war hungrig, und ihr habt mir zu essen gegeben; ich war durstig, und ihr habt mir zu trinken gegeben; ich war fremd und obdachlos, und ihr habt mich aufgenommen; ich war nackt, und ihr habt mir Kleidung gegeben; ich war krank, und ihr habt mich besucht; ich war im Gefängnis, und ihr seid zu mir gekommen. Dann werden ihm die Gerechten antworten: Herr, wann haben wir dich hungrig gesehen und dir zu essen gegeben, oder durstig und dir zu trinken gegeben? Und wann haben wir dich fremd und obdachlos gesehen und aufgenommen, oder nackt und dir Kleidung gegeben? Und wann haben wir dich krank oder im Gefängnis gesehen und sind zu dir gekommen? Darauf wird der König ihnen antworten: Amen, ich sage euch: Was ihr für einen meiner geringsten Brüder getan habt, das habt ihr mir getan. Dann wird er sich auch an die auf der linken Seite wenden und zu ihnen sagen: Weg von mir, ihr Verfluchten, in das ewige Feuer, das für den Teufel und seine Engel bestimmt ist! Denn ich war hungrig, und ihr habt mir nichts zu essen gegeben; ich war durstig, und ihr habt mir nichts zu trinken gegeben; ich war fremd und obdachlos, und ihr habt mich nicht aufgenommen; ich war nackt, und ihr habt mir keine Kleidung gegeben; ich war krank und im Gefängnis, und ihr habt mich nicht besucht. Dann werden auch sie antworten: Herr, wann haben wir dich hungrig oder durstig oder obdachlos oder nackt oder krank oder im Gefängnis gesehen und haben dir nicht geholfen? Darauf wird er ihnen antworten: Amen, ich sage euch: Was ihr für einen dieser Geringsten nicht getan habt, das habt ihr auch mir nicht getan. Und sie werden weggehen und die ewige Strafe erhalten, die Gerechten aber das ewige Leben. (Mt 24, 31-46)

Jeder hat schon solche Gemälde gesehen, auf der unteren Seite des Bildes jene, die in die Hölle kommen, auf der oberen Bildhälfte die Engel und die Heiligen in der himmlischen Glorie.

Das Gerichtsbild in Assisi hat wie schon gesagt etwas Besonderes: Wer das Bild genauer betrachtet, sieht wie die Franziskaner aus dem Himmel ihre langen Stricke, die sie um die Hüften gebunden haben, in die Hölle hinunterhängen lassen und den »Verworfenen« sozusagen eine Hintertür für den Himmel eröffnen.

Das Haus Zuflucht soll ein Ort sein, wo immer ein Stück des Seils der verherrlichten Franziskaner zur Verfügung steht. Ein Stück der Kordel, die sie vom Jenseits in die dunklen Bereiche der Gasse, der Obdachlosigkeit und der Sucht hängen lassen.

Aus meiner Sicht tut es weniger weh, in der Hölle zu leiden, als den Weg anzutreten, der aus der Hölle führt. Denn mit jedem Schritt aus der Hölle heraus wird man sich der eigenen Fehler bewusster. Man erlebt die unversöhnlichen Seiten und man sieht, wie wenig man die anderen liebt oder bereit ist, sie zu lieben, wie einen die kleinsten Dinge zur Weißglut treiben und wie viele Entwicklungschancen, Schulen des Lebens und so weiter verpasst werden. Zudem sind die Folgeschäden des Absinkens in die Drogenhölle oder in andere dunkle Zustände nicht zu unterschätzen.

Aber es gibt immer einen Ausweg, das Leben, und durch das Leben bietet Gott uns verschiedenste Wege an. Er hat auch viele Menschen, die mithelfen. Nur, ohne die Bereitschaft, das Kreuz zu tragen, das heißt auch Schmerz zu akzeptieren, gibt es keine neue Entwicklung, keine wirkliche Versöhnung und keine echte Weiterentwicklung. Aber wer sich im Gebet immer wieder an Gott wendet, bekommt im Übermaß Liebe, um das alles durchzuhalten.

Wir sehen es im Haus. Hier leben plötzlich Menschen zusammen, die auf der Straße waren, oder sonst total isoliert lebten. Einerseits schätzen sie es, dass sie endlich einen Ort haben, wo sich jemand für sie interessiert, wo jemand mit ihnen ein Stück Leben teilen will, andererseits entstehen so unglaublich viele Konflikte, dass man es kaum für möglich hält, wenn man es nicht selbst miterlebt.

Eines kann ich den Menschen nicht abnehmen, nämlich die Veränderung ihrer Herzenshaltungen, dass sie nicht nur einmal oder zweimal zu vergeben lernen, sondern in eine tiefe Grundhaltung der Barmherzigkeit hineinwachsen. Dass sie die Gefühle des Misstrauens, des Neides und des Besser-sein-Wollens nicht noch kultivieren, sondern immer wieder ablegen. Dieser Weg wurde mir auch unter den Brüdern im Kloster nicht erspart, dieser Weg wird wohl niemandem erspart bleiben, der näher zum Himmel, zur eigenen Ganzheit will. Denn in dem Maße, wie wir in der Liebe und Barmherzigkeit wachsen, in dem Maße ist der Himmel mitten unter uns.

In Dankbarkeit für den Weg und für all jene, die mitarbeiten, mitbeten und unsere Arbeit mit ihren Spenden unterstützen.

Zum Schluss ein Gebet:

Ehre sei dem Vater und dem Sohn und dem Heiligen Geist. Wie im Anfang, so auch jetzt und alle Zeit, und in Ewigkeit. Amen.

Guter heiliger Gott danke für das Leben, danke für das Schöne und Dunkle. Danke für den Glauben, dass dein Sohn Jesus Christus am Kreuz ins Elend der Welt hineingestiegen ist. Ich möchte für all jene beten, die in den Ketten der Sucht gefangen sind, komm mit deiner Liebe in uns und in all jene, die so gerne wieder Schritte hin zur Liebe und Versöhnung gehen würden. Komm Heiliger Geist und schenke ein neues Pfingsten, auf dass wir erkennen, welches die richtigen Schritte in die Zukunft sind. Komm besonders über alle jene, die sich einsetzen für jene Menschen, die kaum noch Hoffnung haben, schenke ihnen Schutz, Kraft, Motivation und Liebe, auf dass sie Zeugen deiner Erlösung sind und bleiben.

Bruder Benno Kehl

Meditationen der Stille

Franziskanisch geprägte Spiritualität für unsere Zeit

Diederichs Gelbe Reihe
Gebunden mit Schutzumschlag, 224 Seiten
ISBN 978-3-7205-3002-6

Schon seit Jahren beschäftigt sich der unkonventionelle
Franziskanermönch Bruder Benno Kehl mit der Meditation.
Er zeigt, wie christliche Spiritualität ohne Abgrenzung von der
aktiven Welt heute gelebt werden kann. Bruder Benno
führt und begleitet uns auf diesem besonderen Pfad
der Gottes- und Selbsterfahrung durch die Stufen
des Gebets hin zur Stille und wieder
zurück in den Alltag.

Diederichs

Bruder Benno Kehl
Das Lied des Lichts
Der Sonnengesang des Franz von Assisi

Diederichs Gelbe Reihe
Gebunden mit Schutzumschlag, 224 Seiten
ISBN 978-3-7205-2753-8

Schon als kleiner Junge war Bruder Benno Kehl
fasziniert von dem heiligen Franz von Assisi. Heute steht
der charismatische Mönch mit seiner ganzen Persönlichkeit für
dessen spirituelle Botschaft. Das berühmte Gebet *Sonnengesang*
des Franz von Assisi erlebt er täglich neu als Initiation auf seinem
Glaubensweg und gibt diese heilsame und befreiende
Erfahrung begeistert an spirituell Suchende
aller Glaubensrichtungen weiter.

Diederichs